共享交通总论

冯树民 编著

人民交通出版社股份有限公司

北京

内 容 提 要

共享交通是在城市交通压力日益增大的大背景下,将"互联网+"与共享经济相结合的新型出行模式,顺应了低碳出行、节能减排的号召,为居民出行提供了新的便捷、绿色的出行方式。共享交通整合闲置车辆、车内空间或驾驶技能等交通资源,通过大数据计算高效匹配出行供给与需求,实现共享出行。本书构建了共享交通的概念体系,并对各种共享出行方式按"适用性—应用规律—需求预测—发展策略—供给能力—调度管理"的顺序进行详细介绍,最后对各种出行方式之间的关系进行分析。

本书可作为交通运输工程等专业本科生、研究生的教材,也可作为相关领域管理者和专业技术人员在规划、设计与管理时的参考书。

图书在版编目(CIP)数据

共享交通总论 / 冯树民编著. — 北京:人民交通出版社股份有限公司,2023.9
ISBN 978-7-114-18899-2

Ⅰ.①共⋯ Ⅱ.①冯⋯ Ⅲ.①交通运输系统—资源共享—研究 Ⅳ.①F502

中国国家版本馆 CIP 数据核字(2023)第 135059 号

Gongxiang Jiaotong Zonglun
书　　名:共享交通总论
著 作 者:冯树民
责任编辑:齐黄柏盈
责任校对:刘　芹
责任印制:张　凯
出版发行:人民交通出版社股份有限公司
地　　址:(100011)北京市朝阳区安定门外外馆斜街 3 号
网　　址:http://www.ccpcl.com.cn
销售电话:(010)59757973
总 经 销:人民交通出版社股份有限公司发行部
经　　销:各地新华书店
印　　刷:北京建宏印刷有限公司
开　　本:787×1092　1/16
印　　张:17.25
字　　数:349 千
版　　次:2023 年 9 月　第 1 版
印　　次:2023 年 9 月　第 1 次印刷
书　　号:ISBN 978-7-114-18899-2
定　　价:68.00 元

(有印刷、装订质量问题的图书,由本公司负责调换)

FOREWORD 前言

为控制小汽车数量、减少交通拥堵,交通运输部门采取了一系列措施,其中,大力发展共享出行是行之有效的措施之一。2019年9月,中共中央、国务院印发《交通强国建设纲要》,提出"大力发展共享交通,打造基于移动智能终端技术的服务系统,实现出行即服务"。

在"互联网+"的背景下,共享交通是传统出行需求与大数据、移动互联网等新技术交叉组合、叠加应用下的全新出行模式,成为影响范围较广、活跃程度较高、备受消费者追捧和市场关注的热门领域。共享交通是指在共享经济的大背景下,以互联网平台为依托,整合闲置车辆、车内空间或驾驶技能等交通资源,通过大数据计算高效匹配出行供给与需求,实现共享出行的各种智慧出行方式的总和。共享出行是多个用户均能使用从而实现不同出行目的的交通服务,包括共享停车、共享单车、共享汽车、定制公交等。

全书共分11章:第1章介绍共享经济、共享交通的服务定位、特性和发展趋势;第2~10章针对现有各种共享出行方式的特征及优化方法,按"适用性——应用规律——需求预测——发展策略——供给能力——调度管理"的顺序进行详细介绍;第11章对各种出行方式之间的关系进行分析。

全书由冯树民拟定写作大纲、撰写和统筹定稿,黑龙江省交通规划设计研究院集团有限公司王新宇参与撰写第3~5章,东北林业大学孙祥龙参与撰写第6~9章。

本书的出版得到了国家自然科学面上项目"城市轨道交通客流与网络系统耦合演化模型、方法与应用研究"(课题编号:72171061)的支持。本书在编写过程中参阅了大量的国内外资料与著作,吸收了同行们的辛勤劳动成果,在此向他们谨表谢意。衷心地感谢参与和支持本书出版的所有同志。

由于本书内容涉及众多方面,尽管作者阅读了大量的研究文献和成果报告,但科技的发展是没有止境的,加上学识所限,书中不妥之处,敬请批评指正。

作　者

2023 年 6 月

CONTENTS 目录

1 共享交通的定位与发展趋势 / 001

1.1 共享经济的定义 ……………………………………………… 001
1.2 共享交通的定位 ……………………………………………… 002
1.3 共享交通的特性 ……………………………………………… 003
1.4 共享交通的发展趋势 ………………………………………… 005

2 共享停车 / 007

2.1 共享停车的特征 ……………………………………………… 007
2.2 共享停车泊位需求预测方法 ………………………………… 008
2.3 共享停车场选址优化 ………………………………………… 017
2.4 配建停车场泊位共享停车时间窗口优化 …………………… 019

3 共享单车 / 022

3.1 共享单车系统特征 …………………………………………… 022
3.2 共享单车时空分布 …………………………………………… 024
3.3 租赁点的选择与布局 ………………………………………… 030

3.4 共享单车投放总量 ·· 036

3.5 共享单车管理调度 ·· 044

4 共享汽车 / 052

4.1 共享汽车的使用流程及特征 ·· 052

4.2 共享汽车网点选址方法 ·· 056

4.3 汽车共享系统调度 ·· 062

4.4 公司合作与竞争关系下的共享汽车调度 ························· 071

5 网络预约出租汽车 / 076

5.1 网络预约出租汽车运营模式 ······································· 076

5.2 网络预约出租汽车出行需求分析 ································· 078

5.3 网络预约出租汽车运营调度优化 ································· 083

5.4 网络预约拼车 ··· 085

5.5 城际网络预约出租汽车 ·· 097

6 合乘出租汽车 / 103

6.1 出租汽车合乘制度 ·· 103

6.2 出租汽车合乘的组织模式 ··· 107

6.3 带软时间窗的多车辆合乘算法 ···································· 109

6.4 基于合乘模式的出租汽车定价 ··································· 119

7 定制公交 / 123

7.1 定制公交系统 ··· 123

7.2 定制公交网络模式 ·· 128

7.3 定制公交站点规划 ·················· 135
7.4 定制公交线网规划方法 ·············· 138

8 需求响应公交 / 151

8.1 需求响应公交系统 ·················· 151
8.2 需求响应公交开行设置 ·············· 156
8.3 需求响应公交运行与调度方法 ········ 165
8.4 需求响应公交案例分析 ·············· 174
8.5 需求响应公交适应性评价 ············ 187

9 响应型接驳公交 / 199

9.1 响应型接驳公交系统 ················ 199
9.2 响应型接驳公交运行路径优化 ········ 205
9.3 响应型接驳公交调度 ················ 219
9.4 响应型接驳公交运行路径与调度的协调优化 ·· 225
9.5 多换乘站点的响应接驳公交行驶路线优化 ···· 229

10 预约公交 / 240

10.1 预约公交出行系统 ················· 240
10.2 预约公交线路生成与优化 ··········· 243
10.3 实时预约公交系统的构建 ··········· 246

11 出行方式间关系分析 / 250

11.1 居民出行方式选择过程 ············· 250
11.2 基于条件变量的个体出行方式选择 ···· 252

11.3 出行方式协同合作 …………………………………………… 256
11.4 出行方式竞争关系 …………………………………………… 258
11.5 出行方式转换机理 …………………………………………… 259

参考文献 / 265

1

共享交通的定位与发展趋势

1.1 共享经济的定义

所谓共享,即"共同拥有"和"共同分担"。在传统社会中,借书或在朋友之间分享信息,包括邻居之间借用东西等都是一种共享形式。在现代社会中,从电话聊天到论坛发帖、分享音乐和视频,以及与他人分享想法和行为等,都是共享。在互联网新时代,共享已成为一种不可替代的潮流,从网络到现实,无处不在。

共享经济是指以获得一定报酬为主要目的,基于陌生人且存在物品使用权暂时转移的一种新的经济模式。拥有闲置资源的机构或个人,有偿让渡资源使用权给他人,让渡者获取回报,通过分享自己的闲置资源创造价值。共享和共享经济均是将自身拥有的物品共享给他人,但两者存在根本上的差别:共享行为不是以互惠为导向的,而共享经济则一定是以互惠为导向的。

人们需要的是产品使用价值,而非产品本身,租用比购买更加实惠。共享经济的核心是共享,即通过面对面或网络来联系、汇聚并组建社群,将每个人的物品和个体进行匹配,把一个个"点对点"的分散需求变成"多对多"的平台需求。共享经济思维的本质在于将所有权转化、淡化,充分利用闲置资源,从而提高供需效率。随着云计算、大数据、物联网技术的不断发展,共享经济不断延伸,拓展到公共交通、旅行住宿、物流等经济领域中,覆盖的范围越来越大。

共享经济主要包含以下几方面关键要素:

(1)大众参与(条件)。公众的广泛参与是共享经济发展的基本条件,越来越多的人愿意分享,越来越多的人加入共享群体,为共享经济提供了肥沃的生存土壤。

(2)互联网技术(支撑)。各种类型的共享经济能够运行发展,主要依赖于互联网技术。互联网技术的应用改变了人们的消费模式,提高了交易共享的透明度,降低了参与风险。

(3)信任机制(基础)。共享经济取决于信任机制,但也会扭转社会信任。在共享经济中,消费者信心的建构主要依赖于建立良性信任机制的共享平台。

（4）闲置资源（前提）。社会中存在大量闲置资源是共享经济发展的先决条件。一方面，社会中有大量的需求无法满足；另一方面，确实有很多浪费和闲置的资源，即"一边闲置，一边短缺"的情况，这加强了共享经济平台连接资源不对称两端的需要。

（5）效率最高（目标）。首先是低交易成本，技术的发展导致交易成本不断下降。其次是数据智能，共享经济需要大规模地调度和处理用户数据，同时，这些共享经济平台获得的数据也促进了共享经济智能化的发展。最后是移动支付，移动支付的全面应用已成为确保共享经济平台便利性和中介性的最重要条件，大大提高了支付效率。

（6）用户体验（核心）。共享经济强调的是：不求拥有，但求所用，实质就是使用权与产权分离，强调以用户体验为核心。共享经济使人们能够规避所有权并专注于"使用权"的用户体验，以实现共享时间、空间、知识、产品和服务的目标。

1.2 共享交通的定位

在传统思维中，城市出行方式可以划分为两大类型：公共交通和私人交通。近年来，伴随着网络预约出租汽车（简称网约车）、共享单车和汽车租赁等新型交通服务业态的发展，一种新的交通类型——共享交通越来越引发各方面的关注。共享交通是在城市交通压力日益增大的大背景下，将"互联网+"与共享经济相结合的新型城市交通出行模式，顺应低碳出行、节能减排的号召，为居民出行提供了新的便捷、绿色的出行方式。

共享交通是指在共享经济的大背景下，以互联网平台为依托，整合闲置车辆、车内空间或驾驶技能等交通资源，通过大数据计算高效匹配出行供给与需求，实现共享出行的各种智慧出行方式的总和。共享出行是多个用户均能使用从而实现不同出行目的的交通服务，包括共享停车、共享单车、共享汽车、定制公交等。

共享交通是指交通工具、交通设施或交通服务的共用、合用。共享交通既可以作为个体交通工具被大众使用，又可以通过公用提高整体的使用效率，是一种可持续交通模式。各类共享交通的交通工具与传统城市出行方式相似，通过交通工具的使用权分享，进一步提升客运系统的资源利用效率和出行者便利。典型共享交通服务特点及与既有交通的关系见表1-1。

典型共享交通服务特点及与既有交通的关系　　　　表1-1

共享出行方式	解决的出行痛点	与既有交通的关系
共享单车	短距离出行不便捷	与有桩公共自行车竞争；公交接驳
网约车	中长距离出行不便捷、不舒适	与巡游出租汽车（简称巡游车）竞争

续上表

共享出行方式	解决的出行痛点	与既有交通的关系
汽车租赁	长距离出行费用高、公交服务盲区	与私家车竞争；弥补公交服务空白
定制公交	中长距离公交直达性差	弥补中长距离高品质公交服务

共享交通模式，从服务对象和运营模式角度来看，属于公共服务类型；而从出行方式和空间资源使用角度来看，则仍然属于私人出行方式类型。尽管共享交通具有私人交通出行方式的特点，但是并不妨碍它成为城市中不可或缺的公共服务。

1.3 共享交通的特性

共享交通是以市场需求为导向、以服务效率为基础的新型交通模式，其特征如下：

(1) 共享交通的优势：运行高效率。

共享交通的优势在于拥有更高的效率和更好的用户体验。网约车服务通过简化乘客打车行为，消除了乘客等待出租汽车的麻烦，解决打车困难的问题；顺风车服务通过"顺路"模式，减少打车费用，降低交通出行成本；共享单车服务相比于过去的公共自行车，具有方便取车、方便还车的便利。总之，共享交通的价值和高效率在于，乘客获得服务更方便，服务质量更高，价格更便宜。

(2) 共享交通的基础：技术先进性。

共享交通是基于"互联网+信息技术"的出行方式。网约车采用大数据、云计算、移动视频监控、移动互联网、移动智能终端、卫星定位系统网络平台等技术，实现了两点间有效约车服务、定位服务、网上乘车确认和付费服务、驾驶员与乘客互评服务；共享单车通过定位技术和智能锁技术实现无桩停车和任意地点借还车。这些技术为共享交通服务的高效率奠定了坚实基础。

(3) 共享交通的保障：制度先进性。

共享交通的制度基础是共享经济和协同消费制度。这是一种新的交通产权制度，最大限度地利用闲置资源实现资源共享，使资源使用者与资源供给方互惠互利，为两者进入共享交通市场提供了机会选择。通过开放的市场为不同市场主体参与交通服务竞争提供了制度激励，通过市场竞争提高了交通资源的配置效率。

共享交通的作用主要体现在以下几个方面：

(1) 减少社会资源闲置。

从共享交通工具的种类来看，专车、拼车、租车等都是利用闲置的交通工具实现资源共享，借助互联网平台对信息进行匹配,实现信息实时互通。信息自动匹配能使车辆使用率大幅提高,提高了出行效率,减少了尾气排放,降低了能源消耗。虽然共享单车是由平台企业自己提供自行车,表面上看可能会引起更多的资源闲置,实际上从产业链来看,共享平台打通了上下游产业链,带动了自行车产业转型升级,通过平台集中采购,及时跟进反馈,减少了不必要的销售环节。

(2)有效补充公共交通。

现有的交通体系是以公交车、地铁、出租汽车为主的公共交通体系,公共交通网络并没有覆盖到各个角落。共享交通可以缓解这种公共资源紧张的局面,尤其在面对天气不佳、时间仓促、地点偏僻、出行高峰等各种非常态出行需求时,共享交通的优势明显。共享交通的蓬勃发展从整体上遏制了交通拥堵,缓解了交通压力,改善了交通组成结构,是城市公共交通的重要补充。

(3)提升公共服务水平。

各类应用程序(App)将共享交通通过互联网平台进行整合,产生了多种出行选择,创新了出行服务模式。有的是能够按照乘客要求到指定地点接客,有的是能够搜索最近范围内可使用的交通工具,有的可以在指定地点或任意地点归还,满足乘客高品质、多样化、差异性的出行需求。共享交通平台有服务评价系统,与传统公共交通相比,有利于倒逼传统公共交通和共享平台企业进行改革,提供更优质、更高效的服务,为公共服务水平的提升提供有效的保障。

(4)大幅增加就业机会。

共享交通平台使更多拥有闲置资源和空闲时间的人们参与进来,如顺风车在给出行者带来便利的同时能够让驾驶员赚取一定的费用补贴油费。网约车平台公司给数以万计的下岗职工、转业军人、贫困家庭提供了一个增加收入的机会,对扩大就业有着积极影响,在增加就业机会的同时能够调整产业结构和消费体系,实现了驾驶员和产业的双赢。

共享交通对城市交通系统的影响体现在以下方面:

(1)促进城市交通协调发展。

共享交通通过"互联网+"的共享经济模式,整合了现有交通资源,增加了城市交通供给,在一定程度上缓解了城市交通的供需矛盾,弥补了公共交通出行与个体出行间的空白,促进城市交通系统协调发展。同时,共享交通丰富了交通出行选择,提升交通资源利用率,完善公交接驳水平。

(2)冲击传统交通出行模式。

随着共享交通的持续发展,传统的道路路权、停车等资源配置结构难以适应新型交通出行需求。共享单车普及前,非机动车出行需求较小,大部分城市非机动车设施配置较少;随着共享单车的广泛使用,非机动车出行比例显著提升,非机动车道拥堵、非机动车无处停放的现象突显,对非机动车路权提出了新的要求。共享交通是市场发展的产物,若任由其发展将导致系统失衡,超过合理容量,破坏居民出行环境。

(3)影响城市交通秩序。

共享交通在为居民出行提供便利的同时,也对城市交通秩序造成了较大影响。由于网约车平台由企业自身运营管理,有关部门难以对其进行有效监管,乘客乘车存在安全隐患。共享单车普遍存在胡乱停放的问题,尤其在地铁站口、公交车站、商场等重点交通集散点,共享单车随意摆放情况较多,不仅占用道路资源,造成人行道拥挤,也影响城市景观。

1.4 共享交通的发展趋势

随着经济和科技的发展,共享交通将面临以下发展趋势:

(1)网络化、规模化。

由于共享交通从速度、舒适度、安全性、成本、可达性、可靠性和便捷性等方面适应了运输市场的新需求,其飞速发展的趋势总体还将持续,进一步进行网络化、规模化扩张。共享交通网络将由大城市向中小城市,由中东部向西部,由城市向农村逐步拓展。

(2)重使用、轻拥有。

人们出行需要的是运输工具的使用权而不是所有权,共享交通服务通过"共享",使人们不需要拥有交通工具就能够实现个性化出行,这一改变影响了人们购买交通工具的行为,逐步实现由拥有交通工具到消费交通服务模式的转变。当共享交通服务的覆盖范围达到一定程度,人们无须购买自行车、汽车等交通工具即可实现个性化出行,且这种出行相比于拥有交通工具更经济、更便利。

(3)集成化、系统化。

整合出行服务是全球公共交通行业的发展趋势之一,各种创新的共享出行服务正在引起公共交通行业的变革。未来,共享交通的服务商也会融合到统一的平台为人们提供价格合理、便利、人性化、智能化的出行服务。未来,人们会像购买捆绑的互联网和电话套餐一样购买出行服务提供商提供的上门出行服务,而共享交通也将成为出行服务的一个重要组成部分。

(4)智能化、绿色化。

未来的互联网将逐步演化成为一个万物感知、交互联动、无处不在的泛在网络。互联网也会连接所有交通工具,整个城市的交通也会通过大数据的形式实时、动态展现。共享交通未来将进一步与新技术相结合,实现共享交通的智能化发展,以车辆为媒介的共享汽车、定制公交、顺风车等共享出行方式将呈现"共享+新能源+智能"的新趋势。

对共享交通的发展建议如下：

(1) 明确共享交通定位。

共享交通是一种新的交通业态，不同共享出行方式本身在综合交通运输体系中就具有不同的定位。从共享交通整体看，共享交通与公共交通相互补充，是公共交通"第一公里"和"最后一公里"可选择的便捷出行方式，它与公共交通可形成一个完整、连贯的出行解决方案，应将其定位为介于个体交通和公共交通间的准公共交通方式。从具体的共享出行方式看，更要跳出其运输方式原有的定位，比如共享汽车虽然是小汽车的交通方式，但从其大多使用新能源汽车、未来可能替代私家车等特点看，它是介于个体交通和公共交通间的准公共交通方式，是未来"出行即服务"的必要组成部分。

(2) 出台支持鼓励政策。

建议以"出行即服务"的理念为指针，以共享交通与公共交通合理分工、协作配合、融合发展为导向，推进共享交通与公共交通由竞争向竞合发展。对于共享出行方式与公共交通的有机衔接，建议坚持共享交通适度超前发展的原则，对共享交通给予适当的政策支持。在设施方面，因地制宜，进行共享出行方式与公共交通的有机衔接布局。在运输服务方面，以人为本构建旅客出行服务链系统，进行分阶段的"出行即服务"模式试点，通过利用新兴技术和数据交换来实现个人出行的安全、快捷、舒适、智能。

(3) 创新监管方法手段。

通过市场力量、政府力量和科技力量的有机结合，促进共享交通监管思维、监管模式、监管手段、监管工具的创新，以符合互联网时代的特征，用企业、政府、社会的合作治理模式替代传统的政府单一管制模式。促进建立共享交通相关的企业联盟，由企业联盟实行行业自律管理。

(4) 调整交通资源配置。

有关部门、机构应深入研究共享交通发展后的城市交通出行形态，并针对性地提出空间布局和路网结构优化方案，使城市空间形态、街区尺度、交通设施布局与共享交通出行模式相匹配。深入研究城市交通系统，合理配置交通资源，使共享交通与传统交通相辅相成，协同发展。合理控制共享交通规模，制定合理的共享交通市场管制方针。应合理分配道路及停车资源，引导城市交通合理、有序发展，以适应共享交通盛行后的交通出行环境。

2 共享停车

2.1 共享停车的特征

土地综合开发的类型主要分为两大类:纵向混合用地和横向混合用地。纵向混合用地上的建筑物是指同一个建筑物的不同楼层有着不同建筑功能,比如建筑物第一层用作商业、其他层用作办公或者居住等;横向混合用地上的建筑物是指某一地块内两个或者多个不同的单一功能建筑物群毗邻而建。

不同性质规划用地的停车需求具有时间差异性,相互之间可以形成互补,实现不同性质规划用地之间泊位的共享。城市土地综合开发模式下的停车泊位配建数量可以适度减少,从而使得停车泊位的利用率提高。

停车问题的产生不仅是泊位供给和需求的不平衡,还有一个重要的原因是停车资源的利用效率低,主要为停车资源的利用存在时间和空间上的不平衡。时间的不平衡表现在:同一停车空间在不同时间段存在较大的停车需求差异(如商业综合体白天营业时间的停车需求较大,而夜晚情况相反,停车位大量闲置)。空间的不平衡表现在:同一时间段不同用地性质的停车空间存在较大的停车需求差异(比如夜晚时,居住区车位供不应求,而商业区车位大量闲置)。当不同性质规划用地的高峰停车需求时段存在显著差异时,例如某一天中地块之间的高峰停车需求时段不同,一周中停车需求高峰日不同,甚至一年中高峰季节存在差异时,泊位共享就能使得区域减少停车泊位、节省土地资源。相比于为各种性质规划用地配备独立的停车场,共享停车可以有效地降低总的停车泊位数量,缓解城市中心区土地资源紧张的压力。

共享停车是指两个或者两个以上的地块使用同一个停车区域,考虑了不同的高峰时段停车需求,因此能够降低需求车位总量。共享停车有利于降低停车位配建标准,减少停车位数量。共享停车模式可以减少停车设施出入口,降低停车用地使用量,提高停车系统使用效率,缓解中心城区的停车矛盾。

对于停车设施对外共享,时间上要求闲置特性存在互补,空间上要求在使用者可接受的步行距离之内,只有同时满足这两个条件,不同用地性质之间的停车泊位共享才是可行的。泊位共享的条件是:

(1)建筑物停车需求高峰不同。由于共享停车的主要依据是不同类型建筑物的停车需求时间分布存在差异,如果停车需求高峰时刻不同的地块分布在相邻位置,通过停车泊位共享,就可以有效地提高停车设施的供给能力。因此,建筑物配建停车设施对外共享的前提就是要找到相邻建筑物间存在停车闲置时间特性互补的区域,在区域内部建立共享停车机制,从而有效缓解区域停车泊位不足的问题。

(2)停车后步行距离适当。虽然停车泊位共享能够提高停车设施的利用率,但要实现共享停车,不仅要保证建筑物的停车需求高峰时间不同,还必须考虑不同停车者的停车行为特性。最为首要的因素就是停车者停车后步行到目的地的距离必须在停车者心里可接受的范围之内,同时要做好共享停车区域至目的地行人通道的连接。

共享停车主要有两种实施模式:一种是两个相邻的不同用地性质地块共享,又称协议式共享;另一种是整个区域内(包括两个或者两个以上的不同用地性质地块)的大范围共享,又称为街区式共享。

(1)协议式共享停车模式。必须确定两个地块有着不同的高峰停车时间/日/季节。为了保证共享停车的有序实施,共享设施双方必须达成共享协定。共享停车的实施应当通过相关部门的审批和认证,并做关于停车需求的时间分析和成本分析,通过谈判磋商与相邻地块投资者达成协议,并在双方签字后生效。

(2)街区式共享停车模式。街区式共享停车是指在一个街区内,全部的建筑或者大部分建筑都有特定的高峰停车需求时间,或者是主要的停车需求点与其他的需求点有着不同的高峰停车时间,在一个街区范围内实现共享停车。此模式下,每个位于街区内的单位都分担建设共享停车场的费用,街区负责与停车相关设施的维护、安保、税务、管理等。

2.2 共享停车泊位需求预测方法

2.2.1 概率函数法

基于不同停车类型停车时间分布不同的思想,采用同时间点各类停车需求叠加的方式确定停车规模。对第 i 种类型建筑而言,设 $f_i(T)$ 为时刻 T 第 i 种类型建筑停车需求的概率函数

(在一个城市,针对不同性质的建筑,该函数可以通过停车调查统计获得),当第 i 种类型建筑停车满载时,$f_i(T)=1$,无停车时,$f_i(T)=0$,则时刻 T 第 i 种类型建筑停车需求 $P_i(T)$ 为:

$$P_i(T) = p_i f_i(T) \quad (2-1)$$

式中:p_i——第 i 种建筑规模(标准计量单位)。

因此,可以得出时刻 T 综合开发地块总停车需求 $P(T)$ 为:

$$P(T) = \sum p_i f_i(T) \quad (2-2)$$

在一天中任意时刻同时满足各类型建筑停车需求的情况下,综合开发地块停车泊位规模取一天中的最大值,即 $\max\{P(T)\}$。

假设某园区内有一处办公楼与一家餐厅相邻,两家的投资者拟使用共享停车形式。两个地块的数据见表2-1。

实例用地数据　　　　表2-1

用地	建筑面积(m^2)	配建指标(个/100m^2)	车位数(个)
餐馆娱乐	20000	0.75	150
办公室	50000	0.8	400

根据停车调查数据,通过办公类和商业类用地停车需求变化,可以预测两个地块的停车使用情况,见表2-2。

办公室和餐厅在一天中不同的停车需求率　　　　表2-2

时间	办公室停车需求(每100m^2)	办公室总的需求量(个)	餐厅停车需求(每100m^2)	餐厅总的需求量(个)	总需求量(个)
7:00	0.60	300	0.08	16	316
8:00	0.70	350	0.11	22	372
9:00	0.80	400	0.15	30	430
10:00	0.89	445	0.20	40	485
11:00	0.89	445	0.29	58	503
12:00	0.80	400	0.49	98	498
13:00	0.80	400	0.60	120	520
14:00	0.85	425	0.55	110	535
15:00	0.68	340	0.55	110	450
16:00	0.68	340	0.49	98	438
17:00	0.41	205	0.68	136	341
18:00	0.21	105	0.88	176	281
19:00	0.06	30	0.98	196	226
20:00	0.06	30	0.98	196	226
21:00	0.03	15	0.90	180	195

计算过程如下：

(1) 确定每个地块各自的配建停车位数量。

$$需求停车位数 = 建筑面积 \times 配建指标率$$

根据配建标准，有：

$$办公室的停车需求 = 50000 \times 0.80/100 = 400(个)$$

$$餐厅的停车需求 = 20000 \times 0.75/100 = 150(个)$$

$$总计 = 400 + 150 = 550(个)$$

(2) 在确定了停车需求小时变化后，确定各个地块在高峰时刻的两个地块的停车总需求。根据表 2-2，两个地块的停车高峰时刻可以确定如下：

11:00 办公室停车需求达到最高峰，此时两个地块的总的停车需求为：

$$11:00\ 的停车需求 = 500 \times 0.89 + 200 \times 0.29 = 503(个)$$

19:00 餐厅停车需求达到最高峰，此时两个地块的总的停车需求为：

$$19:00\ 的停车需求 = 500 \times 0.06 + 200 \times 0.98 = 226(个)$$

对比表 2-2 中最后一栏，两个地块总的停车需求在 14:00 达到最大值：

$$500 \times 0.85 + 200 \times 0.55 = 535(个)$$

(3) 对比结果，选取几个高峰时刻中的最大值作为两个地块共享停车位的需求值。按照配建标准，两个地块的最小配建停车位数量为 400 + 150 = 550(个)，使用共享停车时，高峰停车需求为 425 + 110 = 535(个)，可节省 15 个停车位。

共享停车在满足两个地块最大停车需求的情况下，可以将停车位数量减少 15 个。

2.2.2 折减系数法

对于综合开发用地的停车需求，一般是通过叠加计算其内各单一用地性质的地块停车需求来求得，在引入共享停车模式后，按照单一地块需求叠加获得的需求值显然超出了实际需求。共享停车中存在时间变化、用地性质、区位影响、出行方式调整等相关影响因素，应对其进行修正，这种共享停车需求预测的方法称为折减系数法。

考虑折减量的共享泊位需求预测模型由两部分组成。第一部分为不同时刻各地块停车需求的叠加，取其中的最大值。但是，叠加的量没有考虑由于停车地点至目的地所需的时间过长而带来的共享不便，需要增加一定量的泊位进行缓解。第二部分为增加的泊位量，可理解为对共享泊位效用的折减量，这一折减量与共享设施有关，良好的共享设施可以减少从停车地点至目的地的时间。共享模式下停车需求预测模型考虑了停车后步行至目的地的时间，将不能忍受这一时间的人数比值记为模型的折减率。需求预测模型如下：

$$P_s = \max(P_i) + [P - \max(P_i)]f(t) \tag{2-3}$$

$$P_i = \sum_{j=1}^{J} P_{ij} = \sum_{j=1}^{J} F_j L_j \lambda_{ij} \tag{2-4}$$

$$P = \sum_{j=1}^{J} F_j L_j \tag{2-5}$$

式中：P_s——共享模式下停车需求量；

P_i——i 时刻停车需求量；

P_{ij}——i 时刻 j 类用地的停车需求量；

P——常规停车需求量；

$f(t)$——共享效用折减率，指从停车后步行至目的地时间 t 的函数；

F_j——j 类用地的停车配建指标；

L_j——j 类用地的建筑面积；

λ_{ij}——共享停车高峰参数，即 i 时刻 j 类用地的停车需求占停车高峰需求的比例。

以长沙洋湖垸片区停车规划为案例，考虑折减量的折减系数法计算停车泊位需求数量，以明确基于泊位共享的长沙洋湖垸总片区停车泊位需求数。表2-3为停车配建指标 F_j，表2-4为总部经济区各用地类型的共享泊位高峰参数 λ_{ij}，表2-5为洋湖垸片区规划各用地类型的停车泊位需求 L_j，已知共享泊位效用折减率 $f(t)$ 为61%。求：

（1）常规停车需求量 P；

（2）采用共享泊位模式时，所需的停车需求量 P_i；

（3）采用共享泊位模式时，共享模式下停车需求量 P_s；

（4）在理想状态下，计算采用共享模式的泊位数量比采用常规模式的泊位数量减少的量和减少的泊位数占总泊位数量的百分比。

停车配建指标 F_j　　　　表2-3

用地类型	商业 (泊位·100m²/ 建筑面积)	办公 (泊位·100m²/ 建筑面积)	餐饮 (泊位·100m²/ 建筑面积)	住宅 (泊位/户)	住宅 (泊位/户)	剧院 (泊位/100座)	学校 (泊位/班)
指标	1.8	1.4	3.4	1.1	0.8	5.7	2.3

各用地类型的共享泊位高峰参数 λ_{ij}　　　　表2-4

用地类型	平日					假日				
	10:00	13:00	17:00	20:00	22:00	10:00	13:00	17:00	20:00	22:00
商业	50	75	75	65	25	50	100	90	65	35
办公	100	90	50	5	5	15	15	10	10	5
餐饮	20	70	70	100	95	5	45	60	100	95
住宅	30	50	40	85	100	70	60	75	95	100

续上表

用地类型	平日					假日				
	10:00	13:00	17:00	20:00	22:00	10:00	13:00	17:00	20:00	22:00
酒店	45	30	60	90	100	40	30	60	90	100
剧院	20	60	60	85	85	30	70	70	100	100
学校	100	90	60	10	5	20	15	10	5	5

各用地类型的停车泊位需求 L_j 表2-5

用地类型	F_j	L_j	P	P_{ij}									
				平日					假日				
				10:00	13:00	17:00	20:00	22:00	10:00	13:00	17:00	20:00	22:00
商业	1.8	1363	2453	1227	1840	1840	1595	613	1227	2453	2208	1595	859
办公	1.4	14173	19842	19842	17858	9921	992	992	2976	2976	1984	1984	992
餐饮	3.4	456	1550	310	1085	1085	1550	1473	78	698	930	1550	1473
住宅	1.1	5996	6596	1979	3298	2638	5606	6596	4617	3957	4947	6266	6596
酒店	0.8	4850	3880	1746	1164	2328	3492	3880	1552	1164	2328	3492	3880
剧院	5.7	39.4	225	45	135	135	191	191	67	157	157	225	225
学校	2.3	42	97	97	87	58	10	5	19	14	10	5	5
总计	—	—	34643	25246	25467	18005	13436	13750	10536	11419	12564	15117	14030

由此求得：

$$P = \sum_{j=1}^{J} F_j L_j = 1.8 \times 1363 + 1.4 \times 14173 + 3.4 \times 456 + 1.1 \times 5996 + 0.8 \times 4850 + 5.7 \times 39.4 + 2.3 \times 42 = 34643(\text{个})$$

计算过程以时刻 i 为平日上午 10:00 为例，查表 2-4 得到 i 时刻下不同类型用地的共享泊位高峰参数 λ_{ij}。数据为表 2-4 第一列的取值。

$$P_{10:00} = 1.8 \times 1363 \times 50 + 1.4 \times 14173 \times 100 + 3.4 \times 456 \times 20 + 1.1 \times 5996 \times 30 + 0.8 \times 4850 \times 45 + 5.7 \times 39.4 \times 20 + 2.3 \times 42 \times 100 = 25246(\text{个})$$

其余的计算依此类推，结果见表 2-5 中最后一行。

$$P_s = \max(P_i) + [P - \max(P_i)]f(t) = 25467 + (34643 - 25467) \times 0.61 = 31064$$

$$P - P_s = 34643 - 31064 = 3579(\text{个})$$

$$\frac{P - P_s}{P_s} \times 100\% = \frac{3579}{31064} \times 100\% = 11.5\%$$

常规停车需求为 34643 个泊位，而采用共享泊位模式，则只需各时段累计的最大泊位数，即 25467 个泊位，理想状态下可减少泊位数 9176 个。采用共享泊位模式共需设置 31064 个泊位，较采用常规模式减少泊位数 3579 个，占总泊位数的 11.5%。

2.2.3 共享因子法

城市综合用地停车时出行者在一次停车中可以访问多处不同建筑物,可以对综合用地的停车需求作折减,即引入共享因子 k,考虑出行者访问建筑物次数与建筑物数量来计算共享模式下停车需求。考虑共享因子的共享停车需求模型为:

$$P = \sum_{i=1}^{n} P_i(1 - k) \qquad (2\text{-}6)$$

$$k = \frac{a - 1}{n} \qquad (2\text{-}7)$$

式中:P——综合用地停车高峰需求量;

P_i——综合用地中第 i 种用地停车高峰需求量;

n——综合建筑物数量;

k——共享因子;

a——访问建筑物数量均值。

某一综合性用途的大厦包括商务、餐饮、办公和酒店四种用地类型,已知驾车出行者百分比(停车后访问不同数量建筑物的自驾车出行者所占比例),见表 2-6。

停车访问建筑物驾车出行者百分比　　表 2-6

访问建筑物数量(座)	1	2	3	4
自驾出行者百分比(%)	22	56	14	8

大厦中每一种用地性质的建筑的高峰时刻停车需求量经过实际调查得到,结果见表 2-7。

单一用地性质建筑物的高峰停车需求量　　表 2-7

建筑物用地性质	商务	餐饮	办公	酒店
高峰停车需求量(辆)	239	564	376	325

根据以上内容计算:

(1)商务、餐饮、办公和酒店四种用地性质建筑物的总高峰停车需求泊位数:

$$\sum_{i=1}^{n} P_i = 239 + 564 + 376 + 325 = 1504(\text{个})$$

(2)当采用停车泊位共享时,求综合性用途的大厦的高峰停车需求泊位数:

$$a = 1 \times 22\% + 2 \times 56\% + 3 \times 14\% + 4 \times 8\% = 2.08$$

$$n = 4$$

$$k = \frac{a - 1}{n} = \frac{2.08 - 1}{4} = 0.27$$

$$P = \sum_{i=1}^{n} P_i \cdot (1 - k) = 1504 \times (1 - 0.27) = 1098(\text{个})$$

(3) 采用停车泊位共享前后，大厦的高峰停车需求泊位数量变化和变化率分别为：

$$\Delta P = P - \sum_{i=1}^{n} P_i = 1098 - 1504 = -406（个）$$

$$\frac{\Delta P}{\sum_{i=1}^{n} P_i} \times 100\% = \frac{-406}{1504} \times 100\% = -26.99\%$$

采用停车泊位共享后，停车泊位数量比未采用泊位共享时的单一用地性质停车泊位叠加数量减少了 406 个，变化率为 −26.99%，表示比原来减少了 26.99% 的停车泊位。

2.2.4 修正系数法

对综合用地泊位共享模式下的停车位需求进行预测，应考虑各类性质用地间的相容性、关联性因素，结合区域所处的具体区位情况进行修正。考虑以停车生成率模型为基础，结合研究区域所处的实际条件，建立泊位共享模式下停车需求预测模型。

考虑时间、区位、公交出行方式及步行距离等因素，共享模式下停车需求预测模型如下：

$$P_s = \sum_{i=1}^{n} [P \times H_i \times \alpha \times \beta \times \lambda] \tag{2-8}$$

$$P = \sum_{k=1}^{n} \alpha_k \times X_k \tag{2-9}$$

式中：P_s——共享模式下停车需求；

　　　H_i——时间变化系数；

　　　α——地理区位影响系数；

　　　β——公共交通出行调节系数；

　　　λ——停车可接受步行距离影响系数；

　　　P——停车泊位需求总量；

　　　α_k——k 类建筑物的配建停车指标；

　　　X_k——k 类建筑物的建筑面积；

　　　n——区域用地类型总和。

横向综合用地的建筑物是指某一地块内两个或多个不同的单一功能建筑物群毗邻而建，这类用地停车需求受到时间、地理区位、公共交通的发展水平、停车后的步行距离等因素影响。因此，在停车泊位需求预测中要对这些因素进行修正。

(1) 时间变化系数。

在横向综合用地中，不同建筑物类别的停车需求高峰时间不同，一天中综合用地建筑物的综合高峰停车时间与单一建筑物类别的停车高峰时间存在差异。把每一类用地在一天中的高峰时间的停车需求与综合用地一天中的高峰时间的停车需求的比例关系定义为时间变化系数,选择按小时调节计算时间变化系数,即按照一天停车需求的时段变化特征,对综合用地停车需求以 1h 为单位进行分析,表达式如下:

$$H_i = \frac{d_i^T}{d_i^{T_i}} \tag{2-10}$$

式中:H_i——第 i 类建筑物小时调节系数(时间变化系数);

d_i^T——第 i 类建筑物在 T 时刻的停车需求;

T——整个综合用地的综合停车高峰小时;

$d_i^{T_i}$——第 i 类建筑物在高峰时段的停车需求;

T_i——第 i 类建筑物的高峰时段。

(2)地理区位影响系数。

由于同一性质的建筑位于城市中心区和郊区的停车需求具有较大差异,因此,对位于不同区位的多功能建筑物停车需求进行修正。地理区位影响系数为区位因素对停车需求的影响程度,该影响系数 α 的取值见表 2-8。

地理区位影响系数 α 表 2-8

地理区位	市中心	市区边缘	郊区	郊区边缘
影响系数 α	1.0	1.0	1.1	1.2

(3)公共交通出行调节系数。

公共交通对小汽车出行也有一定的影响,一个城市的公共交通的服务水平越高,出行者选择公共交通出行的比例就越大,驾车出行的比例就会相应降低,停车需求也随之减少,即公共交通的服务水平对小汽车出行具有反作用。以项目用地为中心,周边路网内公交站点的数量为因子,计算公共交通出行调节系数 β。

$$\beta = (1-p)^k \tag{2-11}$$

式中:p——公交出行比例年均增长率;

k——项目周边公交站点数量。

(4)停车可接受步行距离影响系数。

虽然停车泊位共享可以节省资源,但还要考虑停车后的行为特性。如果停车后出行者步行距离过长,则会产生新的停车问题,因此,采用停车泊位共享时还要考虑出行者对停车后步行距离的心理接受程度。不同出行目的以及不同停车时间的停车者所接受的步行距离有很大不同,如果停车者所需的停车时间越长,那么,他所能接受的步行距离就会越远。在一些人口数在百万以上的中大型城市中,95% 以上的停车者能接受的步行距离是 220m 左右,步行距离超过 350m,则停车者心理接受程度大为降低。因此,定义停车可接受步行距离影响系数 λ 如下:

$$\lambda = \begin{cases} 1.5 & k \geq 350 \\ 1.2 & 220 \leq k < 350 \\ 1.0 & k < 220 \end{cases} \tag{2-12}$$

式中：k——停车后的步行距离(m)。

某建设项目位于城市中心，是一处典型的集住宅、购物中心、酒店式公寓的混合开发项目。项目占地面积 $0.353km^2$，总建筑面积 90.95 万 m^2，其中住宅面积 $91347.55m^2$（954 户），酒店式公寓 $103494.42m^2$，购物中心 $82500m^2$，行政办公 $58320m^2$。该市的建筑物停车泊位配建标准见表 2-9。

某市建筑物停车泊位配建标准　　　　表 2-9

建筑物类型	单位	配建指标
住宅	泊位/户	1.0
酒店式公寓	泊位/100m^2 建筑面积	0.5
商业中心	泊位/100m^2 建筑面积	1.0
行政办公	泊位/100m^2 建筑面积	0.8

以住宅类建筑项目为基准，根据不同建筑物类别的停车高峰时间对停车周转率因子进行取值，得到时间变化系数，见表 2-10。

时间变化系数表　　　　表 2-10

建筑物类别	住宅	酒店式公寓	商业中心	行政办公
时间变化系数	1	0.85	0.9	0.79

项目位于城市中心，地理区位影响系数 $\alpha = 1$。通过调查近几年该市的公共交通出行比例，计算出其公共交通出行比例年均增长率为 1.5%。项目周边共有 5 个公交站点。计算得到公共交通出行影响系数 $\beta = 0.927$。项目停车场位于地下 2 层，停车后步行距离在 220m 以内，因此，停车可接受步行距离影响系数 $\lambda = 1.0$。

计算得到共享停车下的停车需求，同时计算传统的停车泊位需求，见表 2-11。

停车泊位需求预测结果对比　　　　表 2-11

建筑类型	住宅	酒店式公寓	商业中心	行政办公	总计
共享停车泊位(个)	885	409	689	342	2325
传统方法停车泊位(个)	954	518	825	467	2764
差值(个)	69	109	136	125	439

由表 2-11 可知，基于共享停车方法的停车泊位规模需要 2325 个，比传统预测方法减少了 439 个泊位，节省 15.8%，若按每个泊位占地 $30m^2$ 计算，可减少建筑面积 $13170m^2$。

2.3 共享停车场选址优化

泊位共享停车场选址规划受停车场投资成本、驾驶员时间成本以及政府的停车场建设引导政策等各方面的影响。影响泊位共享停车场选址的因素如下：

(1)停车后步行距离。驾驶员在到达停车场后步行返回停车需求点的距离,所有驾驶员都期望停车后步行距离可以最短,通常情况下驾驶员的停车后步行时间为 5~6min 比较适宜,可忍受的最远距离为停车后步行不超过 500m。

(2)停车收费水平。停车收费水平随着城市所处地段和建筑服务业态的不同而采取不同的收费价格。在其他条件相同情况下,驾驶员更倾向于选择停车收费低的停车场进行泊车。

(3)停车场建筑形式。驾驶员对停车场的建筑形式有一定考量,考虑到停车的便捷和排队程度,通常会优先选择地面停车场,再选择地下停车场和停车楼。

(4)满足区域内停车需求。停车场选址可建设的泊位数要满足该停车场服务半径范围内的停车需求总量。

(5)停车场的可达性。表现为到达泊位共享停车场的交通路网的畅通度,驾驶员会根据连通停车场道路的通行能力来优先选择道路通行状况良好的停车场,节省停车时间。

(6)停车场建设费用。停车场建设费用包括停车场设备费用、施工建设费用等。受政府建设资金的条件约束,会综合考虑停车场的投资成本与回收成本的社会经济效益。

(7)促进城市旅游发展。旅游高峰时期,景区停车点需求旺盛供不应求,在此期间,为了满足旅客的停车需求,在停车场建设规划中应加大市内景区的停车泊位建设数量。

(8)资金约束条件。资金约束条件影响城市停车场宏观总量的可控制性、规划管理的可操作性、分期建设的可行性。科学合理地安排规划期内各待建项目的前后顺序,在达到宏观调控目的的同时,使城市提供的停车泊位供给能够满足必需的停车需求。

(9)政策鼓励停车场集约性。政府提倡以地下停车为主体、地面社会公共停车场为辅助、道路临时停车空间为补充的建设性意见。提倡节约用地、因地制宜,在用地紧张区域多布置立体停车场,同时可以解决地面停车场影响城市景观的问题。

已知城市的某一范围内有六个不同用地性质的建筑物,包括学校、住宅区、商业、综合体等,将此六个地块分别标号 $A1\sim A6$,如图 2-1 所示。已知这六个建筑物具有建设共享停车场的特性,可以建设共享停车场,圆圈表示建筑物标定点,三角形表示共享停车场建设候选位置。各地块用户到不同共享停车场候选位置所花费的最长时间见表 2-12,要求任一地块的用户能够在 5min 内到达共享停车场。根据此条件在给出的六个建设共享停车场候选位置中,求出较优的共享停车场选址方案。

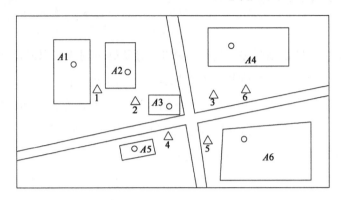

图 2-1 共享停车场与地块位置图

各地块用户到不同共享停车场候选位置所花费的最长时间(单位:min)　　表 2-12

候选位置	地块序号					
	A1	A2	A3	A4	A5	A6
1	2	2	4	7	4	8
2	4	2	2	6	3	6
3	7	5	2	2	5	3
4	6	4	2	6	2	4
5	8	5	3	5	4	2
6	9	6	4	2	7	3

假设停车场均设置为地下停车场,不考虑用户到达停车场所经过的垂直距离,只考虑用户在水平距离上花费的时间;不考虑各个候选位置共享停车场建设费用的差异,仅需尽可能使总建设成本最小。

较优的共享停车场候选位置,应该满足处于任一地块的用户有需求时,能够于 5min 内到达共享停车场。故将此条件抽象理解为以共享停车场的候选位置为中心,作半径为 5 的圆,若圆的范围内有地块,则此地块的用户能在 5min 内享受到共享停车场的服务。

定义 i 表示地块序号,$i=1,2,3,\cdots,6$;j 表示共享停车场候选位置,$j=1,2,3,\cdots,6$;参数 R_{ij} 为每个共享停车场候选位置的服务性:

$$R_{ij} = \begin{cases} 1 & 共享停车场候选位置 j 可以服务地块 i \\ 0 & 共享停车场候选位置 j 不可以服务地块 i \end{cases} \quad (2\text{-}13)$$

由表 2-12 中各地块用户到不同共享停车场候选位置所花费的最长时间,可以得到参数 R_{ij},见表 2-13。

示例中参数 R_{ij} 值　　　　　　　　　　表 2-13

候选位置	地块序号					
	A1	A2	A3	A4	A5	A6
1	1	1	1	0	1	0
2	1	1	1	0	1	0
3	0	1	1	1	1	1
4	0	1	1	0	1	1
5	0	1	1	1	1	1
6	0	0	1	1	0	1

定义决策变量 x_j：

$$x_j = \begin{cases} 1 & \text{共享停车场候选位置 } j \text{ 可建设} \\ 0 & \text{共享停车场候选位置 } j \text{ 不可建设} \end{cases} \quad (2\text{-}14)$$

建立数学模型如下：

$$\begin{cases} \min f(x) = \sum_{j=1}^{6} x_j \\ \sum_{j=1}^{6} x_j R_{ij} \geq 1 \quad i = 1, 2, \cdots, 6 \\ x_j \in \{0, 1\} \quad j = 1, 2, \cdots, 6 \end{cases} \quad (2\text{-}15)$$

求解得到候选位置1和候选位置6为满足条件的较优共享停车场建设方案,在任一地块的用户有需求时,能够于5min内到达共享停车场。

2.4　配建停车场泊位共享停车时间窗口优化

配建停车场泊位共享条件的判定：

(1)泊位条件。配建停车场泊位占用随时间而不断变化,泊位占用会呈现出不同的高峰、低谷,且高峰与低谷之间存在较大差异。在高泊位占用率情况下,不可能一出现空余泊位就对外共享,这样很容易无法保证共享泊位的停车需求。只有当空余泊位数满足一定条件时,才适合对外开放共享,这样既能给自身停车需求的波动预留一定空间,也能在关闭共享时给予一定的过渡时间。由此,提出了开启共享的泊位占用比基准线,当低于该基准线时,开启共享;高于该基准线时,则关闭共享。交通工程学中将85%位车速确定为最高车速限制指标,借鉴该思想,取85%位的泊位占用比作为基准线,即一天白天时段最高泊位的0.85。对于白天时段而言,当泊位占用数少于最高泊位的0.85时,符合共享开启的泊位要求;当泊位占用数多于最高泊位的0.85时,则关闭共享。

(2)时长条件。对于白天时段而言,除了泊位条件要求外,共享停车的开启还需要有时间条件的制约,一旦某一时间段内出现泊位空余,就开启共享,一是无法满足外来共享停车者的停车需求,二是频繁地开启、关闭共享,会给实际实施带来巨大的困难,因此,在实施共享停车时,需要界定共享时间窗口开启的最低时长限制。依据不同用地类型的停车时长研究,提出配建停车场开启共享时长,最低时长要求为1.5h。

共享时间窗口是指一日内停车场可以进行共享停车的时间段集合。在确定共享时空窗口时,应根据建筑物自身的停车需求预测和车辆停放特性,如平均停放时长等指标,在空余泊位的基础上综合考虑进行。

共享时间窗口的制定,既要保证本建筑物的停车需求,不能因为共享停车而使已经到达本建筑物的车辆无处停放;又要使共享停车具有可实施的意义,当可共享的泊位数太少时,共享可操作性不强,不适宜实施共享停车。此外,共享时间窗口的确定,需考虑共享车辆的停车时长,使共享窗口能满足一定的停车时长。因此,提出了最小共享泊位数 k_{share} 和最短共享时长 t_{share} 两个参数,作为共享时间窗口确定方法的控制指标。

①最小共享泊位数 k_{share}:实施共享停车时,最少应提供的共享泊位数。若可提供的共享泊位数小于此值,不实施共享停车,该指标的取值可以参考停车场的停车到达率。

②最短共享时长 t_{share}:实施共享停车时,最短的连续共享时长。若某时段连续时长小于该指标,不实施共享停车,该指标的取值可以借鉴停车场的平均停车时长等特性。

配建停车场共享时间窗口的确定方法和流程如下:

(1)停车需求预测。确定当日停车需求的各时段需求量,如图2-2所示。

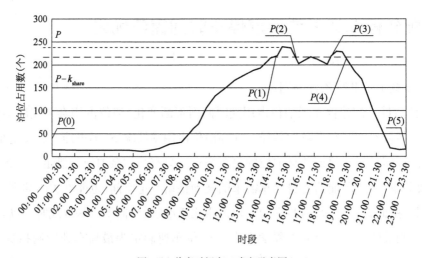

图2-2 共享时间窗口确定示意图

(2)k_{share} 判定。根据停车需求时变预测结果,P 为停车场现有泊位数,对于需求值在($P-k_{share}$,P)间的时段,不实施共享;对于其他时段,进入下一步判定。

(3) k_{share}编码。对停车需求预测曲线上数值等于$(P-k_{share})$的点进行编码：$P(1), P(2), \cdots$, $P(n)$, 若等值点与波峰重合, 不进行编码。将 0:00 和 24:00 分别编码为 $P(0)$、$P(n+1)$, 根据停车场停放特性和停车需求预测曲线类型, 可知 n 为偶数。

(4) t_{share}判定。将该 $n+2$ 个点按所在时刻从小到大顺序, 两两作为一组。对一组内两点所在时间差进行判定, 若该两个点的时间之差大于 t_{share}, 该两点之间的时间段实施共享; 否则, 不实施共享。

对某医院, 预测后一天的以 15min 为间隔医院停车泊位占用数如图 2-3 所示。只有当泊位数线位于该基准线下方时, 才具备对外开放的初步条件。对外共享的最低时长要求为1.5h, 因此, 判断停车泊位占用曲线与基准线的交叉点时刻 T_1、T_2, 若交叉点时刻所形成的时段区间 $T_2 - T_1 \geq 1.5h$, 那么以这两个时刻为起止时刻的时段即为共享时间窗口; 反之, 则不能作为共享时间窗口, 即不能对外共享。

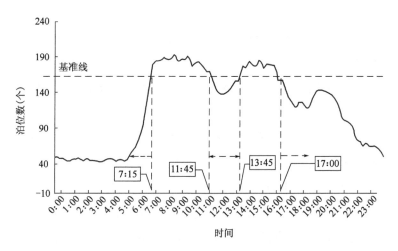

图 2-3　某医院工作日共享时间窗口的确定

根据分析, 得出医院的共享时间窗口为 11:45—13:45、17:00—次日 7:15。这两个窗口正好符合两个共享时段, 分别满足外来共享者的短时停车需求、长时停车需求。其中, 11:45—13:45 处于中午时段, 可以为餐饮类群体提供停车需求, 而 17:00—次日 7:15 则能为居住类群体提供夜间停车需求。

3 共享单车

3.1 共享单车系统特征

共享单车业务是一种新型的自行车租赁业务,以互联网平台为基础,通过手机客户端App,将传统自行车行业、物联网和共享模式结合起来,为用户提供出行服务。共享单车的出现替代了部分步行和出租汽车的使用,有效实现了公交车和地铁的无缝衔接,真正意义上解决了"最后一公里"的问题。

目前共享单车的应用场景主要有以下两个:①城市公共交通的接驳换乘,包括首末公里出行、地铁站与公交站点之间、公交站与公交站之间等;②短途出行。

共享单车作为一种便捷的出行方式,不但成本低,而且灵活度高。使用共享单车的出行者,借助手机便可以在任意停放有共享单车的地点租用车辆,骑行至目的地后停车关锁即可。共享单车使用者不需要对单车进行保管和维护,不必承担车辆失窃的风险,还不受往返路程的约束,灵活度更高。共享单车随取随用,不受租还地点的约束,缩短了与起始地和终到地间的距离,使用更为便捷。

共享单车系统实现用户手机端交互功能,用户可通过手机客户端App实时查看车辆分布信息和具体位置,通过移动支付手段完成租车、还车等操作。完善的共享单车系统由信息系统、共享单车车辆、道路系统、运维系统四部分组成。

(1)信息系统。

基于移动互联网技术,共享单车系统采用了高度集成的信息系统,信息系统集成了用户信息、车辆信息、用车操作、用户反馈和信息发布等功能,通过手机客户端App实现。用户可以通过手机客户端App查看车辆分布,通过电子地图和卫星定位查找附近的车辆,或者预约车辆,用户通过扫描共享单车唯一识别的二维码来实现解锁用车和锁车归还操作。并且,用户可通过App向企业反馈信息、提供建议或寻求帮助。运营企业也会通过App发布最新的消息。

(2)共享单车车辆。

共享单车车辆是经过特别设计的,具有独特二维码标识和智能车锁,并满足用户骑行舒适度。车辆承担用户获取车辆信息、实时反馈车辆地理位置、感知停车需求、实现信息数据的上传与下载等功能。

(3)道路系统。

共享单车系统依赖于现有的城市公共资源,完善的慢行交通网络和自行车停车设施是共享单车系统的关键组成部分。依靠卫星定位技术和蓝牙技术,"电子围栏"的自行车停放点设置减少了对固定设施的依赖,降低了建设运营成本。优化慢行交通组织,完善道路标志标线,纠正违法占用非机动车道等行为,提高自行车道路的网络化和通达性是今后城市交通发展和规划的重要内容。

(4)运维系统。

智能化的运维系统可以记录每一辆单车的运动轨迹、损坏和报修情况,极大地方便了线下运营和维护。智能车锁通过自诊断功能记录和上报车辆软件问题,运维人员依托平台对故障车辆进行寻回、修理和车辆调配,避免车辆长期闲置和违法停放,保障用户用车需求。

共享单车具有以下交通特性:

(1)摇摆性。共享单车车体较小,转向灵敏,由于是后轮驱动,在骑行过程中会左右摆动呈蛇行状态。

(2)群体性。共享单车骑行高峰多在早晚高峰等时段,目的地为地铁公交换乘点或者工作地附近且相对集中,高峰时段,路段上的共享单车骑行群体保持至少20人成群前行。交通信号灯对共享单车的聚集与释放作用,使得多个共享单车群体于交叉路口处聚集后统一通过交叉路口,使得共享单车的群体性更为明显。

(3)离散性。平峰时段,共享单车出行更加随机,骑行者的骑行目的地也更加多元化,呈离散性。

(4)潮汐性。共享单车的出行具有明显的潮汐特性,在不同时段,其出行目的地、停车地点均有所不同。早高峰时段,其出行目的地多集中于工作地点、学校等;晚高峰时段,出行目的地多集中于居住区。

(5)多变性。共享单车机身灵活多变,机动性强。在转向、加减速行驶时比较灵活,速度变化频率较高,超车、穿插空当现象明显,这使得共享单车的速度、方向呈多变性。

(6)可压缩性。共享单车在使用过程中骑行速度不同,自由流状态下骑行速度较大、间距也大,集聚状态下由于车辆密集,速度和间距较小,骑行时均能够及时进行自我调节,即共享单车具有可压缩性和膨胀性。

共享单车带来比较突出的问题有：

(1)占用大量停车空间。热点地区附近人行道空间被严重挤占、部分因各种原因废弃的共享单车不能得到及时清理，导致共享单车在某一位置积压过量，影响行人通行。

(2)乱停乱放。乱停乱放的原因，除了个别使用者素质不高外，主要还是在局部热点地区，共享单车数量过多导致积压，无处停放，影响周围的正常交通。

(3)供应量不均衡。在使用高峰期，需求量大的地点出行者无车可用，而夜间和非高峰时间，甚至季节性不良气候情况下，都会产生大量积压自行车无人使用，从而影响共享单车的良性发展。例如在早高峰时段，大量出行者从居住地出发，晚出门者往往找不到可用单车，影响使用体验。

3.2 共享单车时空分布

3.2.1 共享单车用户特性

出行者选择共享单车出行的意向很大程度上取决于主观因素，包括出行者性别、收入和出行习惯等。基于比达咨询2017—2018年中国共享单车用户调查报告数据，从以下几个方面对共享单车用户特征进行分析。

(1)用户的性别和年龄分布。

从图3-1中可看出，男性使用共享单车的人数比女性多4%，这是由于男性的体力优于女性，在骑行中更有优势；此外，女性对安全性的考虑更为谨慎，而自行车出行的安全系数较低。从图3-2中可看出，19~49岁年龄段的出行者是使用共享单车的主力军，出行占比最大，高达93.1%；而50岁以上和18岁以下的出行者相对较少。分析原因，19~49岁的出行者多是学生和"上班族"，体力更好，出行更考虑经济性和便捷性；50岁以上的出行者体力较弱，其出行更多是休闲出行，考虑步行或代步车的可能性更大；18岁以下的出行者出行随意性较大，更考虑安全性，出行需求较少。

(2)用户的职业和收入情况。

图3-3和图3-4分别给出了不同职业和不同月收入层级的共享单车用户占比。公司普通职员和月收入1万元以下的共享单车用户居多，而两者多是年轻"上班族"。显然受职位和收入水平的影响，其考虑出行的因素和意向不同，收入高的人，更关注出行时间的延误性和舒适度，收入低的人更考虑出行的经济性，其出行多采用公共交通，短距离出行使用共享单车的需求更高。

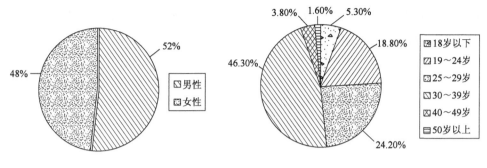

图 3-1　共享单车用户性别分布图　　　　图 3-2　共享单车用户年龄分布图

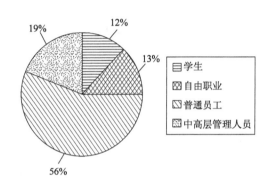

图 3-3　共享单车用户职业分布图

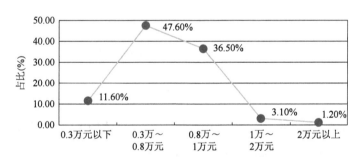

图 3-4　共享单车用户月收入分布图

(3) 用户的使用方式及场景。

共享单车作为公共交通组合出行中的末端接驳出行,已成为越来越多出行者的选择。分析 2017 年、2018 年共享单车出行数据,发现接驳出行用户占比高达 69%(图 3-5),其余 31% 的用户倾向于直接使用共享单车到达目的地。

其次,对比 2017 年、2018 年数据(图 3-6),共享单车用户的使用场景发生了明显的变化。2017 年,76.80% 的使用场景是交通站点附近,到 2018 年,交通站点附近使用率有明显下降

（一方面是由于共享单车体量从2017年到2018年呈急剧增长，另一方面是由于交通站点附近单车服务质量的下降导致一部分出行者舍弃单车），居民区使用率提升至第一位，占到52.70%，而其余使用场景变化不大。

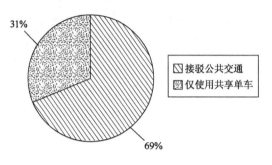

图3-5　共享单车用户使用方式分布图

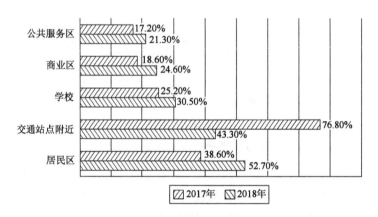

图3-6　2017年、2018年共享单车用户使用场景变化图

（4）出行频率。

共享单车用户的使用频率如图3-7所示。每天至少使用2次单车出行的用户占比从2017年的24.30%下降至2018年的18.20%；中频用户中，每月使用10次左右的用户比例从2017年的42.40%上升至2018年的48.40%；低频用户中，平均每月使用1~5次的用户比例也从2017年的4.80%上升至2018年的8.70%。

3.2.2　共享单车出行时间特征

借助2017年5月北京市摩拜单车用户信息系统数据对单车出行时间特征进行分析，发现用户选择单车出行在工作日的时间特性不同于周末。工作日出行有明显的潮汐效应，即早晚高峰时段，单车的借还需求会显著增加；但在周末，用户出行时间变化在整天趋于稳定，单车的借还需求相对均衡。

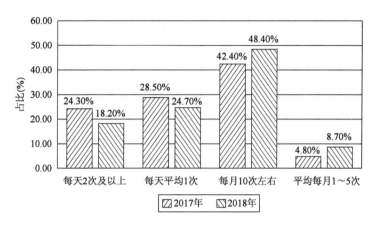

图 3-7　共享单车用户使用频率变化图

(1)工作日和非工作日的出行特征。

选取单车用户信息系统数据,分析 2017 年 5 月 10—16 日一周的摩拜单车骑行用户数据(图 3-8),从总数上来看,周末的平均出行量较工作日约少 4.3 万人次。这是由于工作日时,出行者多为通勤出行,通勤出行末端一般采用共享单车来完成,借还需求较大;周末,共享单车的通勤特性减弱,更多的出行者多是休闲出行,共享单车代步特性增强,出行人数较少。

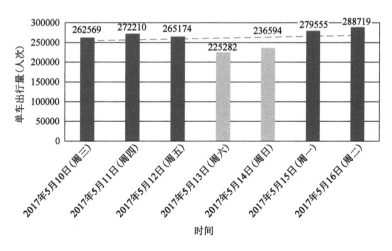

图 3-8　北京市 2017 年 5 月摩拜单车周出行量(人次)

(2)同一天不同时段的出行特征。

对摩拜单车用户出行时间以小时为单位做进一步的细化研究,对比工作日和周末单车小时出行量(图 3-9、图 3-10),其小时出行量差异更加显著。工作日小时出行量曲线呈"三峰"分布,即早中晚三个高峰时刻,潮汐性明显,7:00—9:00 属早高峰,对应于通勤上班出行;

12:00—13:00 属午峰值,对应于午间就餐出行;17:00—19:00 属晚高峰,对应于下班回家出行。周末小时出行量曲线稍显平缓,主要是由于通勤潮汐性减少。

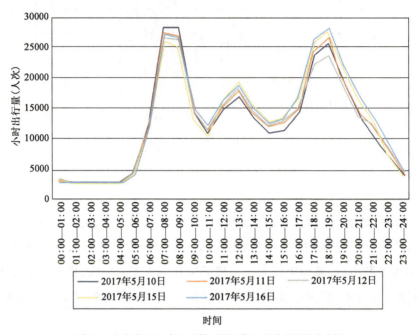

图 3-9　北京市 2017 年 5 月第二周工作日小时出行量分布图

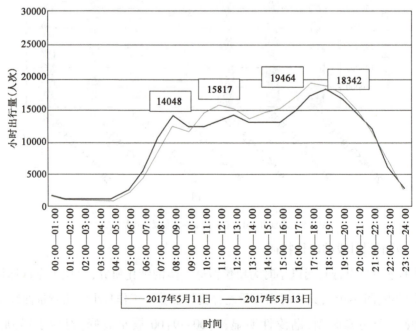

图 3-10　北京市 2017 年 5 月第二周周末小时出行量分布图

3.2.3 共享单车出行空间特征

结合共享单车出行规律和摩拜共享单车官网信息,根据共享单车站点的空间位置附近的用地属性,可以将共享单车站点分为商业类、办公类、枢纽类(公交站点和轨道交通出入口)、居住类和校园类五大类,其高峰时段和用车需求特征见表3-1。

各类共享单车站点的需求特征　　　　　　表3-1

站点类型	高峰时段	用车需求特征
商业类	借车高峰:18:00—19:00 还车高峰:8:00—10:00	早高峰还车比例大,晚高峰借车比例大,平峰借还量相对均衡
办公类	借车高峰:17:00—20:00 还车高峰:8:00—9:00	潮汐现象明显,通勤上班早高峰还车比例大,下班晚高峰借车比例大
枢纽类	借车高峰:17:00—20:00 还车高峰:7:00—9:00 和 17:00—20:00	接驳换乘的站点,晚高峰借车量大于还车量,且晚高峰持续时间长
居住类	借车高峰:7:00—8:00 还车高峰:9:00—11:00 和 8:00—20:00	服务通勤出行
校园类	无明显的高峰时刻	借还车量在各个时段比较均衡

3.2.4 出行需求特性

单车用户对共享单车的投放地点和投放时间也有具体的需求特性,在对投放地点的需求中(图3-11),地铁站、公交站附近是最主要的区域,占比在70%上下,日常通勤需求是用户的主要需求。

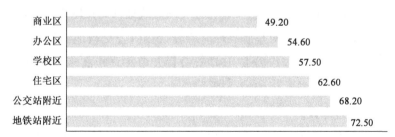

图 3-11　2018年共享单车用户对投放地点需求

3.3 租赁点的选择与布局

3.3.1 租赁点布局原则与影响因素

共享单车的租赁点布局需要从宏观角度和微观角度综合考虑。宏观上，依据城市各项规范的要求，综合考虑服务点吸引范围内的周边标志性建筑物的分布、人流密度、居民出行方式；微观上，租赁点布局受到站间距、租赁点规模、邻近的道路条件、交通状况以及使用意愿等因素的影响。理想的共享单车租赁点布局网络中，租赁点位置的选择和规模的合理布置不仅要平衡租赁点间的借还车要求，还要产生良好的经济、交通、社会效益。租赁点布局时应考虑以下原则：

(1) 效益最大化。

在共享单车系统建设规模化后，会吸引越来越多的用户选择共享单车作为出行方式，在一定程度上显示出其带来的社会效益。因此，共享单车骑行热点区域应作为租赁点的重点布设考量区域，从而使得共享单车服务更多的出行需求。

(2) 接驳城市公共交通，出行便捷。

共享单车租赁点的布置要尽量满足与地铁、公交系统等之间的有效换乘，缩短中转距离，节约出行时间，实现与其他公共交通的有效衔接，从而提高出行的便捷性。不同的地铁站点和公交站点有其各自相应的单车集聚范围，因此，应将站点周边单车集聚最多的范围作为租赁点设置的重要考量距离。在道路网络周边依据自然屏障和内部道路对地块进行分隔，在地铁站点及其出口、公交站点以及重要城市热点站点周边合理设置。

(3) 统散结合，疏密有别。

租赁点的间距要尽量适中，在人口密集的小区以及人流量较大的公共设施附近应适当提高布置密度，在郊区布设租赁点时尽量布设在公交站点或地铁站点附近，社区较多而公交线路很少的居住区应布设租赁点。针对早晚高峰时段骑行热门公交与地铁站周边，租赁点的设置不仅需要考虑这些区域巨大的骑行需求，还应充分顾及单车早晚高峰潮汐分布差异与骑行流向，进行合理的调度，以保证单车系统的合理运转。

(4) 因地制宜，合理布设。

将一般租赁点具体划分为以下五类：居民小区租赁点、接驳交通租赁点、公共建筑物租赁点、风景区租赁点、院校租赁点。居民小区租赁点布置在小区进出口处，便利居民的日常出行，如上下班、休闲娱乐、购物等出行要求。接驳交通租赁点布置在地铁、公交站点附近单车重点集聚范围内,方便乘客的换乘需求。公共建筑物租赁点布置在公用建筑设施包括商场、公园等,布置这类租赁点主要为居民日常休闲娱乐购物提供便捷服务,在此类人流密集地区,可以提高共享单车的使用效率。风景区租赁点布置在风景区出入口位置,为游客提供旅游观光的边界服务。院校租赁点布置在学校出入口位置、主要教学楼、学生公寓周边,满足学生及教职工的日常出行。

为了使共享单车系统在投入后能持续高效运行,避免随意停放车辆导致的一系列问题,需要科学合理地选择共享单车租赁点的位置,因此要对租赁点选址影响因素进行全面分析。共享单车租赁点的选址主要受以下因素影响:

(1)日均人流量。

为了让更多的居民选择绿色环保的共享单车作为交通方式完成出行,租赁点的设置必须使居民尽可能便捷地接触到共享单车系统。在人流密集的区域投放共享单车不仅能增加共享单车的利用率、周转率,同时也能使共享单车运营企业获得持续性收益,保证共享单车系统持续稳定运营。

(2)租赁点的建设成本。

共享单车租赁点一般建设在人流量多的繁华地段,而这些地段的特点是土地资源紧张、租借成本高。共享单车系统由企业运营,所以在选择租赁点时必须在投资成本与收益等方面进行相应权衡。

(3)换乘便利性。

共享单车系统定位于配合其他公共交通出行方式,破解"最后一公里"问题,实现交通出行的无缝衔接,满足常规公共交通出行无法服务的需求,因此,应该在尽量靠近公共交通站点的区域设置共享单车租赁点,以实现与其他公共交通的换乘和接驳。

(4)有效道路比例。

有效道路比例是指自行车专用道和非机动车道没有被机动车等侵占的道路长度占共享单车租赁点覆盖范围内道路总长度的比例。该比例较低时,用户骑行共享单车出行的安全性和效率都会同时降低,严重影响用户选择共享单车出行的意愿,因此,选择在有效道路比例高的区域设置共享单车租赁点能够提高共享单车的使用率、周转率。

(5)需求覆盖量。

共享单车租赁点的需求覆盖量是指以共享单车租赁点位置为圆心、以合适距离为半径的圆形区域内的共享单车需求用户总数量。共享单车租赁点的服务能力随着租赁点需求覆盖量的增加而提升,即租赁点需求覆盖量越大,该租赁点就能为更多居民提供租借服务。

(6)广告效益。

共享单车车棚不仅可以保护车辆不受日晒雨淋,在延长车辆使用时长的同时减少车辆维护成本,并且可以通过在车棚灯箱上投放户外广告的形式获得运营收益,而其价值大小取决于租赁点位置。从共享单车运营企业的角度考虑,产生高价值广告收益的位置更适合设立共享单车租赁点。

3.3.2 最大覆盖问题模型

覆盖问题是研究如何选择设施点的位置,使得需求点被覆盖得最多或全部覆盖的问题。覆盖问题有两种基本类型:已知需求点集合和候选点集合,对于给定的服务半径:①当设施点的数量不确定时,计算得到一种设施点的空间配置方式,可使用最少的服务设施覆盖所有的需求点,该问题为集合覆盖问题;②当设施点的数量一定时,计算得到一种设施点的空间配置方式,使得设施点集合覆盖尽可能多的需求点,该问题为最大覆盖问题。

图3-12给出了集合覆盖模型和最大覆盖模型的示例图。覆盖半径类似于服务半径,数字1代表需求点,圆代表设施点的服务范围。从图中左侧部分可以看出,所有的需求点都被覆盖,不限设施点的数量;而在图中右侧部分,则以特定数量(4个)的设施点,覆盖最多的需求点。对于共享单车租赁点选址问题而言,由于现实生活中存在建设成本、场地的限制,最大覆盖模型方法更为适用。

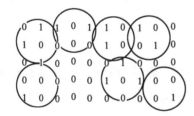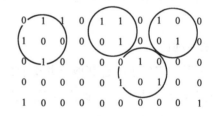

图3-12 集合覆盖模型和最大覆盖模型

某地区共享单车需求点与备选租赁点的位置分布情况如图3-13所示,其中I表示需求点,J表示候选租赁点。

图中有16个共享单车需求点,26个共享单车候选租赁点,需求点需求量见表3-2,需求点和候选点的位置分布如图3-14所示(其中●代表需求点,★代表候选点),图中横纵坐标仅代表租赁点的相对位置。

需求点位置坐标及需求量   表3-2

序号	1	2	3	4	5	6	7	8
需求量	86	52	79	95	97	85	93	62
序号	9	10	11	12	13	14	15	16
需求量	94	84	75	61	45	65	87	62

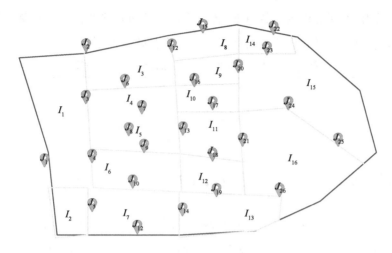

图 3-13 某地区共享单车需求点与备选租赁点的位置分布

为满足市政规划的需要,假设租赁点的服务半径为 300m,分别限制租赁点数目不超过 3 个、6 个和 9 个,以 60% 为最小覆盖度,得出租赁点选址方案,如图 3-15 ~ 图 3-17 所示,图中横纵坐标仅代表租赁点的相对位置。

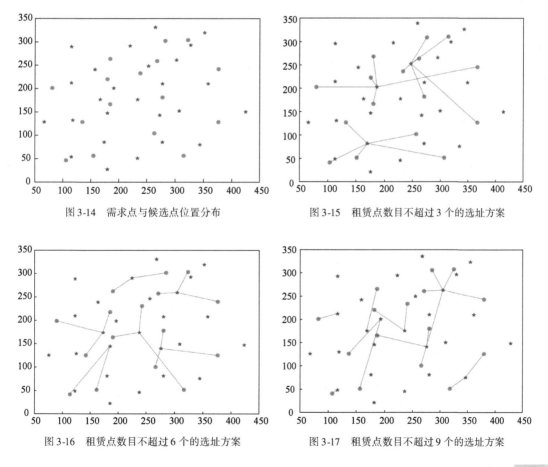

图 3-14 需求点与候选点位置分布

图 3-15 租赁点数目不超过 3 个的选址方案

图 3-16 租赁点数目不超过 6 个的选址方案

图 3-17 租赁点数目不超过 9 个的选址方案

由此可以看出,不同的租赁点数目下,各租赁点服务的需求点和覆盖范围也有所不同。以租赁点数目不超过 9 个为例,租赁点与其服务的需求点见表 3-3。

租赁点数目不超过 9 个条件下的租赁点选址方案　　　　表 3-3

租赁点	3	5	7	8	13	18	20	26
服务的需求点	1	2	6、7	3	4、10	5、11	8、9、12、14、15	13、16
租赁点配置(个)	86	52	178	79	179	172	369	107

3.3.3　建设成本最小-需求覆盖最大化模型

从最大覆盖问题中,可以明确,在不同的租赁点数目下,租赁点的选择和其相应所服务的需求点有所不同。但不同位置的租赁点因其所处位置及周围环境的不同,其建设及运营成本也有差异,所以仅靠限制租赁点的数目并不能很好地反映出企业运营成本的大小,故也应将建设成本作为一个考虑因素,提出建设成本最小-需求覆盖最大化模型。

对于最初的候选租赁点,经过层次分析法筛选后,将得到的优良候选点集合作为模型的候选点集合,在预先设定的计划建立租赁点数的基础上,确定最终的选址方案,以达到租赁点建设总成本最小且需求覆盖最大的目标。

假设需求点 i 及共享单车候选点 j 的位置已知,候选点 j 的完全覆盖半径为 R,且能为距离为 R_{max} 以内的需求提供服务,如图 3-18 所示。

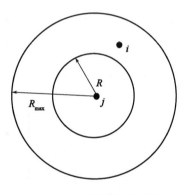

图 3-18　需求覆盖示意图

根据需求点 i 与候选点 j 的距离 d_{ij} 可以定量确定候选点 j 对需求点 i 的覆盖程度 f_{ij}:

$$f_{ij} = \begin{cases} 1 & d_{ij} \leq R \\ \dfrac{R_{max} - d_{ij}}{R_{max} - R} & R \leq d_{ij} \leq R_{max} \\ 0 & d_{ij} \geq R_{max} \end{cases} \quad (3-1)$$

式中:　i——区域内需求点编号,$i = \{1, 2, \cdots, I-1, I\}$;

j——候选点编号,$j = \{1, 2, \cdots, J-1, J\}$;

d_{ij}——需求点 i 与候选点 j 之间的距离;

R_{max}——租赁点能覆盖需求点的最大半径;

R——租赁点能完全覆盖需求点的半径。

决策变量：

$$x_j = \begin{cases} 1 & \text{在候选点 } j \text{ 建共享单车租赁点} \\ 0 & \text{不在候选点 } j \text{ 建共享单车租赁点} \end{cases} \quad (3\text{-}2)$$

$$x_{ij} = \begin{cases} 1 & \text{需求点 } i \text{ 被租赁点 } j \text{ 服务} \\ 0 & \text{需求点 } i \text{ 不被租赁点 } j \text{ 服务} \end{cases} \quad (3\text{-}3)$$

基于租赁点建设成本最小化的目标函数：

$$\min F_1 = \sum_{j \in J} C_j \cdot x_j \quad (3\text{-}4)$$

基于需求覆盖最大化的目标函数：

$$\max F_2 = \sum_{i \in I} \sum_{j \in J} f_{ij} \cdot x_{ij} \quad (3\text{-}5)$$

通过赋予 F_1 和 F_2 不同的权值，将多目标优化问题转为单目标优化问题：

$$\max F = \beta F_2 - \alpha F_1 \quad (3\text{-}6)$$

$$\begin{cases} \sum_{j \in J} x_j \leq P & \\ x_{ij} \leq x_j & \forall i \in I, j \in J \\ d_{jk} \geq x_j \cdot x_k \cdot d_{\min} & \forall j, k \text{ 且 } j \neq k \\ d_{jk} \leq x_j \cdot x_k \cdot d_{\max} & \forall j, k \text{ 且 } j \neq k \\ x_j \in \{0, 1\} & \\ x_{ij} \in \{0, 1\} & \end{cases} \quad (3\text{-}7)$$

式中：α——租赁点建设成本权重值；

β——需求覆盖程度权重值；

P——计划建设的共享单车租赁点数；

$d_{\min}$、$d_{\max}$——被选中的两个候选点之间允许的最小距离与最大距离；

C_j——候选点 j 的建设总成本。

约束表示选择建立的租赁点数不得超过计划建立的租赁点数；只有租赁点 j 建立，需求点 i 才能被租赁点 j 所覆盖；任意两个被选中的共享单车租赁点之间的距离不得小于最小允许距离；两个共享单车租赁点之间的距离不能超过最大允许距离；限制决策变量取值为 0 或 1。

16 个需求点需求量见表 3-2，26 个候选点的建设总成本见表 3-4。

候选点的位置坐标及建设成本（部分） 表 3-4

序号	1	2	3	4	5	6	7	8	9	10
建设总成本（万元）	347	456	399	528	654	426	387	597	482	439

其余各项参数见表3-5。由于共享单车服务于用户才能产生收益,租赁点覆盖到更多需求用户,收益则越多,故取得 $\alpha=0.35, \beta=0.65$。

其余各项参数　　　　　　　　表3-5

参数	取值	参数	取值
租赁点建设成本权重值 α	0.35	需求覆盖程度权重值 β	0.65
租赁点间允许最小距离 $d_{\min}(\mathrm{m})$	95	租赁点间允许最大距离 $d_{\max}(\mathrm{m})$	235
租赁点完全覆盖半径 $R(\mathrm{m})$	300	租赁点可覆盖最大半径 $R_{\max}(\mathrm{m})$	500
计划建设共享单车租赁点数 P(个)	9		

将以上数据代入计算,可得最终选址方案,见表3-6。

模型求解结果　　　　　　　　表3-6

租赁点	3	10	12	13	17	18	20	23	26
租赁点配置(个)	165	230	84	170	62	97	148	159	107

3.4　共享单车投放总量

3.4.1　投放总量的影响因素

城市共享单车的投放总量可以在源头上调控共享单车的合理布局,使其与出行需求尽量匹配。影响城市共享单车投放总量的主要因素如下:

(1)气候条件。寒冷的天气会影响居民的骑行体验,从而使冬季共享单车的使用率非常低。比如哈尔滨,从10月至次年4月,温度较低,故在这段时间共享单车的使用率非常低,会出现大量的闲置车辆。

(2)人口因素。人是共享单车的使用者,尤其是青年。据调查统计,在共享单车的使用者中16~35岁用户占比超过80%,所以一个城市中总人口数、人口密度、青年的比例对于确定该城市共享单车的投放总量密切相关。一般而言,城市总人口数越多、人口密度越大、青年占比越大,城市共享单车的投放总量也就越大。

(3)基础建设水平。城市自行车道路的基础建设水平可以用自行车道路网的承载力表示。自行车道路网承载力是指一定服务水平下,城市内自行车道路网络中所能承担的自行车最大值。对于自行车路网承载力,需要根据自行车交通流特性确定,其外界干扰主要受机动车和行人的影响。

(4)经济和信息化水平。因为共享单车是一种通过用户手机端卫星定位,利用扫码等智能方式一键解锁自行车,骑行后通过手机支付的出行方式,所以共享单车的使用离不开智能手机等移动设备。一般来说,城市的经济发展水平与信息化程度是正相关的,城市经济发展水平越高,信息化程度越高,城市居民对共享单车的使用需求越会有所增加。

3.4.2 混合用地共享单车泊位配建方法

影响共享单车泊位需求的因素很多,有人口规模、工作岗位、城市停车发展及管理政策等宏观因素,也有用地特征、开发强度、交通区位、地铁站点、泊位周转率及道路承载能力约束等。预测方法在基础理论上与机动车泊位需求预测方法近似,包括泊位生成率模型、概率分布模型、静态交通发生率模型、相关分析模型等一系列方法。

由于混合用地中不同功能建筑产生的停车需求在时间和空间上的分布特征不同,因此可以进行泊位共享。考虑混合用地特征及交通环境特征对泊位需求的折算影响,对用地内各功能建筑面积所需的停车泊位数量进行叠加,再考虑各种调整因素,可以形成一套较为完整的混合用地共享单车泊位配建方法。

结合土地利用指标,估算研究区域的总体出行需求,确定研究区域的自行车出行比例、出行量及共享单车出行占自行车出行的比例。由于共享单车出行多为短距离出行,不考虑过境需求,可得到各用地类型的共享单车高峰小时泊位需求量模型,公式如下:

$$P_i = \sum_i S_i C_i^h \times P_{ai} \times P_{bi} \tag{3-8}$$

式中:P_i——第 i 类用地的共享单车高峰小时泊位需求量;

S_i——第 i 类用地规模,一般选用建筑面积计算;

C_i^h——第 i 类用地在高峰小时 h 的出行率[人次/(100m²·h)];

P_{ai}——第 i 种用地类型中自行车出行占总出行需求的比例;

P_{bi}——第 i 种用地类型中共享单车出行占自行车出行的比例。

混合用地共享单车泊位需求,除了考虑错峰共享外,还受地铁站点、自行车道基础设施泊位、区位条件以及混合用地类型等因素影响。综合考虑共享单车泊位需求的影响因素,对模型方法进行优化调整,得到推荐泊位配建值,其计算模型为:

$$P = \sum P_i \times \lambda_a \times \lambda_b \times \lambda_c \times \lambda_d \tag{3-9}$$

式中:P——混合用地项目的高峰小时泊位需求总量(辆);

P_i——混合用地中第 i 种用地类型的配建泊位数;

λ_a——地铁站点泊位需求调整系数；

λ_b——自行车道基础设施泊位需求调整系数；

λ_c——区位因素泊位需求调整系数；

λ_d——混合用地泊位需求调整系数。

式中各参数计算过程如下。

(1)地铁站点因素折算。

由于共享单车接驳地铁站点十分便利，地铁站点周边共享单车泊位需求量大，车辆利用率较高，"共享单车+地铁"已经成为重要的接驳出行方式。因此，地铁站点周边项目的共享单车所需泊位相对更高。

为分析地铁站点对周边项目共享单车出行比例的影响，选取长沙1号线、2号线的五一广场站和长沙大道站周边开发项目及非地铁站点周边项目进行了调查分析，调查结果见表3-7。数据显示，地铁车站周边地块不同用地共享单车出行方式较非地铁周边地块增长了5%~15%。

不同用地类型的共享单车停放比例　　表3-7

不同用地类型	非地铁站点周边项目(%)	地铁站点周边项目(%)	地铁站点周边项目比非地铁道站点周边项目增长比例(%)	地铁站点周边项目距离地铁站点距离(km)
商业	15~25	25~30	5~10	0.5~1.0
办公	20~33	25~35	2~5	<0.5
住宅	30~40	35~50	5~10	1.0~1.5
酒店	20~30	28~40	8~10	1.0~1.5
餐饮	20~30	35~38	8~15	0.5~1.0

将地铁站点1.5km范围内的项目算作地铁站点影响范围，其具体折算比例 λ_a 见表3-8。

地铁站点不同距离泊位需求调整系数 λ_a　　表3-8

与地铁站点距离(km)	泊位需求调整系数(%)
<0.5	5
0.5~1.0	15
1.0~1.5	10

(2)周边自行车道基础设施条件折算。

共享单车出行率与周边道路空间基础设施条件密切相关，周边自行车道等基础设施越完善，则骑行需求越高，对应的泊位需求就越多，反之亦然。将自行车道基础设施条件划分为5个等级，通过对城市各个区域的自行车道基础设施进行等级划分并给出相应的泊位需求调整系数，对各区域内的泊位配建数量进行调整。等级评定应考虑交叉路口间距、路网结构、机非隔离形式、自行车道数量及连续性等多种指标进行评定；考虑到对自行车道基础设施较差的区域不宜降低标准过多以陷入恶性循环，因而对低等级区域的折算系数应适当缩窄，参考指标见表3-9。

自行车道基础设施条件等级划分及泊位需求调整系数 λ_b　　　表3-9

等级	泊位需求调整系数	等级	泊位需求调整系数
一	1.20	四	0.95
二	1.10	五	0.90
三	1.00		

（3）区位因素折算。

项目所在的城市区位对共享单车的需求量有显著影响。通常而言，应基于不同区域的出行特征或规划目标来调整泊位供应。区域类型分为绿色新城示范区、主城区、其他城区3类。对不同区域分别提出泊位需求调整系数 λ_c，见表3-10。一般而言，绿色新城示范区，提出较高的绿色出行规划目标，宜设置较高的共享单车泊位配建标准；主城区由于公交系统发达，交通拥堵，共享单车也有较高的分担率；对于外围其他城区，则由于交通较为畅通，公交系统相对不发达，因此人们更偏向不采用共享单车出行。

共享单车泊位需求调整系数 λ_c　　　表3-10

区域类型	影响因素		泊位需求调整系数
	土地开发与利用情况	共享单车出行特征	
一类区：绿色新城示范区	土地开发及利用以"绿色低碳"为目标的规划示范区域	共享单车出行分担率很高	1.3
二类区：主城区	高密度开发或城市集中建设的城市中心区域	共享单车出行分担率较高	1.1
三类区：其他城区	其他区域	共享单车出行分担率低	0.7

（4）混合用地泊位共享折算。

混合用地的泊位配建需要进行折减，主要是考虑两个方面的因素：其一，由于不同用地的交通产生和吸引特征差异性较大，存在停车忙碌与空闲时段差异，导致不同用地的停车高峰时刻不一样，相互之间可以形成互补，从而满足泊位错峰共享的要求。因此，对于混合用地项目，应考虑泊位错峰共享因素。在政策实践上，可以根据主要用地的互补性及建筑面积对配建车位总数进行适当调整，从而提高泊位利用率。其二，在混合用地项目中，到访者平均访问的项目业态数量往往不止一个，而是具有多样性，一次泊车即可完成多个出行目的。

在城市用地最为常见的业态中，主、次业态以建筑面积大小来进行划分。当混合用地中住宅用地建筑面积最大时，其为主业态，则商业业态和办公业态为次业态，次业态的泊位配建指标相对折减调整。混合用地次业态泊位调整系数见表3-11。

次业态泊位需求调整系数表　　　　　　　　表 3-11

主业态	次业态		
	住宅	商业	办公
住宅	—	-0.1	-0.15
商业	-0.1	—	-0.05
办公	-0.15	-0.05	—

项目 A 位于长沙市南湖新城片区，已于 2015 年建成并投入使用。该小区规模位置较优，周边城区各项配套成熟，较为繁华，共享单车的使用率较高，同时满足了商业、办公和居住等混合用地需求。

项目 A 主要涉及办公、住宅、商业 3 种业态，为确定该混合用地类型是否满足实现泊位共享的条件，选取了与项目 A 周边 500m 范围内各用地类型规模与功能定位相似的单一用地进行调查，将各用地不同时段的共享单车停车生成率作为项目 A 的共享单车停车生成率，如图 3-19～图 3-21 所示。办公用地的高峰时间出现在 10:00—11:00 和 16:00—17:00，住宅用地基本与办公呈互补形态，高峰时段为 18:00—21:00，商业用地与办公用地的高峰时段相似，但其变化趋势较为平缓，说明这 3 种用地之间可以形成互补，印证了项目 A 可实现错峰共享。

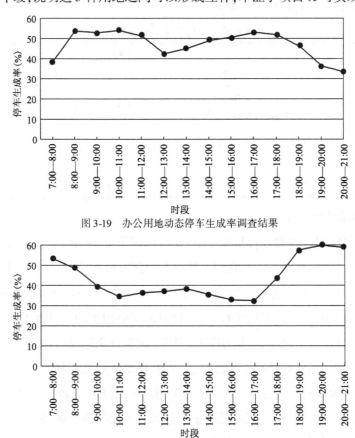

图 3-19　办公用地动态停车生成率调查结果

图 3-20　住宅用地动态停车生成率调查结果

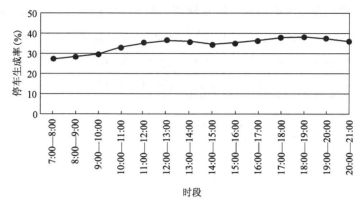

图 3-21　商业用地动态停车生成率调查结果

项目 A 位于长沙市中心城区,属于二类分区,项目周边用地开发已较为成熟,当前经过的地铁站点与线路较少,靠近地铁 1 号线涂家冲站 1km 左右,项目周边多数道路采用机非共板的形式,周边道路多为次干路与支路,自行车道设置不完整,路网条件不佳且为坡地,再加上违章停车现象很多,导致自行车道连续性较差,增大了安全隐患,也使得有效道路大打折扣。综合考虑以上因素后,确定地铁站点泊位需求调整系数 λ_a 取 1.15,即增长 15%,自行车道基础设施泊位需求调整系数 λ_b 为 0.90,区位因素泊位需求调整系数 λ_c 取 1.1,见表 3-12。

项目 A 混合用地共享单车泊位调整因素取值　　　表 3-12

用地类型	调整因素			
	地铁站点泊位需求调整系数 λ_a	自行车道基础设施泊位需求调整系数 λ_b	区位因素泊位需求调整系数 λ_c	混合用地泊位需求调整系数 λ_d
住宅	1.15	0.90	1.1	—
商业				0.90
办公				0.85

通过对项目 A 进行调研,确定了自行车出行中,住宅、商业、办公用地的共享单车骑行分担率占比如图 3-22 所示。

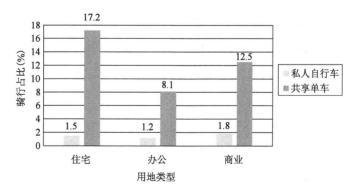

图 3-22　共享单车在自行车出行中的分担率

从《长沙市建设项目交通影响评价技术导则(试行)》中选取各业态的高峰小时出行率参考值,由土地利用指标可知,住宅为该项目的主要业态,需对商业和办公泊位系数进行折减,考虑相应调整因素后,最终计算出项目 A 的泊位配建指标为 1096 个,计算过程见表 3-13。

项目 A 共享单车泊位配建指标计算　　表 3-13

用地性质	建筑面积 (m²)	参考高峰小时出行率指标 (人次/100m²)	出行总量 (人次/高峰小时)	共享单车出行分担率(%)	泊位配建指标 (个)	调整后泊位配建指标(个)
住宅	284376.41	1.2	3274	17.20	563	641
商业	20538.03	15.0	3081	12.50	385	394
办公	25816.44	3.0	774	8.10	63	61

3.4.3　基于供需平衡的总量预测模型

基于供需平衡理论的共享单车投放总量预测模型,其变量为共享单车总的有效行驶里程,该变量可以清晰地反映出共享单车的需求量,同时,也可用来检验城市共享单车实际供给量的合理程度。

(1)基于共享单车需求的有效行驶里程 L。若要满足共享单车用户的需求,其有效骑行的总里程为:

$$L = P \times \lambda \times P_b \times D \tag{3-10}$$

式中:L——利用需求量算出的共享单车的有效骑行总里程(km);

P——城市常住人口与流动人口的总量(人);

λ——城市常住人口与流动人口的人均日出行次数(次);

P_b——出行者选择共享单车出行占总出行方式的比重(%);

D——出行者选择共享单车的平均出行距离(km)。

(2)基于共享单车供给的有效行驶里程 L'。类比共享单车的空驶率,共享单车企业为了获取利益,在计算投放量时会综合考虑共享单车的人车配比率。假设共享单车的调度优化使其达到最优配置从而实现单车的人车配比率达到 2.5。人车配比率计算如下:

$$\Pi = \frac{L'}{T \times \bar{V} \times n \times \frac{1}{\Pi}} - 1 \tag{3-11}$$

式中:Π——共享单车企业定制的人车配比率;

L'——利用共享单车供给量所得到的共享单车的有效骑行总里程(km);

T——一天中共享单车的平均运营时间(h);

$\overline{V}$——共享单车的平均骑行速度(km/h);

n——城市共享单车数量(辆)。

将上式进行变形,可得城市共享单车的有效骑行总里程为:

$$L' = \frac{(\Pi + 1) \times n \times \overline{V} \times T}{\Pi} \tag{3-12}$$

(3)基于供需平衡理论的共享单车投放总量模型。由供需平衡理论知,共享单车供给量和需求量二者达到平衡的时候是最稳定的状态。即 $L = L'$ 时,共享单车的供给量与需求量才能达到平衡。在一定的人车配比率下,一个城市共享单车的投放总量为:

$$n = \frac{L \times \Pi}{(\Pi + 1) \times \overline{V} \times T} \tag{3-13}$$

(4)对共享单车投放总量模型的修正。上述模型是在假定调度完全理想的条件下得出的,但是由于共享单车需要人为调度来供给用户使用,存在移动时滞性,因此假设单车的调度效率为 η。同时,共享单车的投放总量会受到不同时间段内用户分布的差异以及其他公共客运交通方式的建设量等因素的影响,故引入波峰系数 s 对模型进行修正。在共享单车的运营过程中会发生一定程度的损坏,所以引入坏车率 $(1-\theta)$,并将坏车率控制在一定的范围内,以免对共享单车行业的效益产生不利影响。

所以,城市共享单车的投放量模型为:

$$N = \frac{L \times \Pi \times \delta \times \eta \times s}{(\Pi + 1) \times \overline{V} \times T' \times \theta} \tag{3-14}$$

式中:N——测算的城市共享单车投放总量;

δ——一天中共享单车主要运营时间所占出行量的百分比;

η——调度效率;

s——波峰系数;

T'——一天内共享单车与主要营运时间段相对应的时间(h);

θ——可用单车比例,一般取 97%~99%。

根据 2018 年对宁波市的调查所得,模型中各参数见表 3-14。

宁波市 2018 年共享单车供需平衡测量模型参数　　　　　表 3-14

参数	P(万人)	λ(次)	P_b	D(km)	Π	$\overline{V}$	η	δ	s	T'(h)	θ
数值	426.5	2.3	0.39	2.58	2.5	8.3	1.21~1.24	0.98	1.2	8.9	0.97~0.99

将以上参数代入可得,当 $\eta=1.21$、$\theta=0.99$ 时,城市共享单车投放总量的下限为 13.44 万辆;当 $\eta=1.24$、$\theta=0.97$ 时,可以得到城市共享单车投放总量上限为 14.35 万辆。所以,宁波市 2018 年共享单车投放总量应为 13.44 万~14.35 万辆。

3.5 共享单车管理调度

3.5.1 共享单车调度

在地铁车站、热门旅游景点或大型商场等热门地点,共享单车用户在某一地点大量还车,导致该地点长时间积存有大量共享单车。共享单车积压时占用面积大,严重挤占了公共空间,导致行人和机动车通行困难;共享单车大量集中于一点,导致周围区域单车供应不足,很多共享单车用户无车可用;大量共享单车长时间无人使用,降低了周转率,影响了运营商的收益。共享单车积压问题的实质,是共享单车在时空分布上不均衡的问题,也可以说是共享单车供需不均衡的问题。

出现共享单车积压问题的地点,根据积压数量时空上的变化,可分为三种类型:

(1)单调型,即数量不断增加,越来越多。例如某些公交车站,早高峰时大量用户于此处还车并换乘公交车,晚高峰时于对面公交车站下车,因为距离问题并不再过道路把车骑走,造成一侧单车越来越多,只增不减。这种类型积压点的产生,一般是由道路条件限制或是公交车站位设置造成的。出行者在这种积压点,往往租车和还车所耗费的时间成本或舒适度成本不对等,因此大多数出行者在此仅选择单向出行。

(2)周期型,即数量以一定周期变化,数量多时积压,数量少时不再积压。例如某些地铁车站,早高峰时用户于此处还车并换乘地铁,晚高峰时又有大量用户骑走,积压问题只在早高峰和晚高峰之间发生。这种类型积压点的产生,一般是由以通勤乘客为主的规律出行者在时间上分布的不均衡造成的。

(3)非规律型,即没有显著规律,常有大量积压。例如某些热门景点,在一些特殊时段,入口处常有大量单车积压,借还"两旺"。此类积压点,产生的原因仅为选择共享单车前往此处的出行者过多。

共享单车调度是指通过分析运营区域内的共享单车时空分布情况,根据出行者的需求,借助调度运输车辆,合理安排调度计划,对分布在整个区域中的共享单车数量和布局进行调整的过程。调度的目的是保证共享单车在指定时间和区域能满足出行者的使用和停放需求,避免出现"无车可用"和"车辆堆积、闲置、无处停车"的情况。合理的调度可以提升运营服务水平，节约运营成本，增加用户的满意度。

调度问题，即在单车使用高峰期使用人工或其他方式，将大量共享单车从供大于求的地方转移到供不应求的地方。共享单车的调度问题实际上是共享单车系统网络的再平衡问题。从用户的角度来看，共享单车在网络中的流动是网络自平衡的主要原因，是一种自然调度。此外，利用用户对价格的敏感程度，采用基于用户的调度策略，可以激励或约束用户的用车行为，从而达到调度的目的。从运营企业的角度来看，调度人员通过人工移动共享单车车辆，将之重新分配到网络中以满足用户需求，是一种人工调度。共享单车系统的人工调度问题可以抽象成为车辆路径问题，即针对一系列给定的站点，组织适当的调度车辆行驶路线有序地通过，在满足车辆容量限制、行驶里程限制、时间限制等约束条件的情况下，实现路径最短、费用最低等目标。

一般来说，在不考虑时间变化需求的情况下，夜间进行的共享单车人工调度行为称为静态调度；在调度需求预测的基础上，则可以实现动态调度。在实际操作过程中，根据是否能够满足网络的平衡状态，可以将人工调度进一步分为全局调度策略和局部调度策略，全局调度策略以实现满足网络中所有站点的需求为目标，局部调度策略仅以满足大多数站点或重要站点的需求为目标。

根据对象的不同，共享单车调度又可以分为基于用户的调度策略和基于运营企业的调度策略。基于用户的调度策略：通过价格和优惠措施来激励、引导用户的用车行为，一般适用于对价格敏感的用户群体，以及非高峰时段。基于运营企业的调度策略：使用调度运输车将共享单车车辆重新分配到网络中，需要付出较高的人力、资金成本，适用于用车高峰时段。人工调度策略的优缺点对比见表3-15。

人工调度策略的优缺点对比 表3-15

调度策略	优点	缺点	适用条件
基于用户的调度策略	不需要调度车参与，环保、成本低	不能立竿见影，难以把握用户的意愿	调度需求低的站点、非高峰时段
基于运营企业的调度策略	调度效率高、可靠、能够和车辆维护同时进行	调度成本较高，增加碳排放	调度需求高的站点、高峰时段

合理运用人工调度手段，能够提高共享单车系统的使用效率和用户满意度。以共享单车需求预测为前提，对调度需求较低的站点优先采用基于用户的调度策略，对调度需求高的站点采用基于运营企业的人工调度手段，能够在满足用户共享单车出行需求的基础上降低运营成本。结合两种调度手段，能够达到更好的调度效果。

3.5.2 共享单车车辆调度模型

在对共享单车站点特性、接驳特性的分析和调度时间、调度需求量预测的基础上,单车调度问题变为车辆路径优化问题。将单车路径优化问题定义为:对研究区域内地理位置分散的有调度需求的共享单车接驳点,根据调度规则,在最优目标函数的导向下确定调度路线,完成调度任务。

根据研究区域的大小,车辆调度车场分为单车场和多车场;根据调度车辆与调度车场的隶属度,调度问题又分为封闭式、开放式和半开放式车场,即调度车辆是否必须回到原车场。考虑共享单车网络的大规模化和高密度分布特性,在实际调度时,仅靠单调度车场很难完成区域内的调度工作,当路径较远时调度车辆从原车场出发再回到原车场,无疑会浪费调度车辆的运力;在实施具体调度任务时,应对调度车场和调度站点的可达性协同考虑,实现区域内不同站点的统一调度,以便求解最优调度路径。

共享单车多车场调度问题:区域内有多个调度车场$M_i(i \in Z^+)$,调度车从调度车场M_i出发,在最优目标函数的导向下对有调度需求的调度站点$N_j(j \in Z^+)$进行调度,在调度任务完成后,调度车辆可就近返回任意一个车场M_{i+k},如图3-23所示。

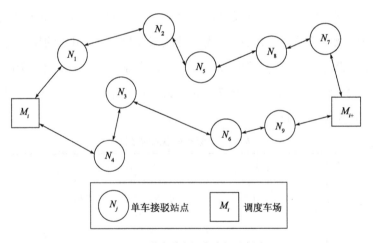

图3-23 共享单车调度路径示意图

由于单车调度路径优化模型不同时段的调度内容及过程是一致的,选取高峰时段的调度路径优化问题,将调度问题转化为数学模型时,作出如下假设:

(1)半开放车场:研究区域内包含多个调度车场,调度车辆必须从某一调度车场出发,但调度结束后,不必返回原车场。

(2)调度车辆假设都是同一种车型,即其装载容量、运行里程相同。

(3)调度车场与各单车调度站点的位置已知,并能借助车辆和用户信息系统数据确定其经纬度,计算其空间距离。

(4)实际调度时,不考虑交通运输网络中车流拥堵、天气状况等因素的影响,即假设调度车辆能以某一确定的速度行驶,可以求得调度车场及各调度站点之间的行驶时间。

(5)调度中每个调度站点,只能被同一调度车服务一次。

(6)不同调度站点的调度完成时间应在该站点调度时间窗之内完成,最晚不能晚于调度时间窗的最终时间。

基于上述假设,构建以调度效率和调度成本为目标函数的调度模型,要求在满足约束条件的前提下,使调度效率最高、调度成本最低。模型描述如下:

有 $M_i(i \in Z^+)$ 个调度车场,负责对研究区域 $N_j(j \in Z^+)$ 个调度站点执行调度任务,调度车场 M_i 拥有的调度车辆为 K_i 辆,其额定载运量均为 Q,调度站点 $N_j(j \in Z^+)$ 的调度需求量(调入量或调出量)为 $d_i(i \in Z^+)$ 且假设 $0 \leq d_i \leq Q$,$d_i > Q$ 时则需多辆调度车服务。

车辆调度优化模型的目标函数由调度时间效率函数和调度成本函数组成。调度时间效率函数用调度期望时间来表征,其定义为:在一次调度任务中,所有调度车辆所用调度时间的平均值,时间越短,表示效率越高,表示为:

$$\min T = \frac{\sum_{K=1}^{K} t_K}{K} \tag{3-15}$$

车辆总启用成本 C_0 表示为:

$$C_0 = c_0 \sum_{k=1}^{K} \sum_{i=1}^{M} \sum_{j=1}^{N} x_{ijk} \tag{3-16}$$

车辆总油耗成本 C_1 表示为:

$$C_1 = c_1 \sum_{k=1}^{K} \sum_{i=1}^{M} \sum_{j=1}^{N} x_{ijk} d_{ij} \tag{3-17}$$

调度人员成本 C_2 表示为:

$$C_2 = c_2 \times K \tag{3-18}$$

综上可得,单车调度成本的目标函数表示为:

$$\min Z = c_0 \sum_{k=1}^{K} \sum_{i=1}^{M} \sum_{j=1}^{N} x_{ijk} + c_1 \sum_{k=1}^{K} \sum_{i=1}^{M} \sum_{j=1}^{N} x_{ijk} d_{ij} + c_2 \times K \tag{3-19}$$

约束条件如下:

$$\sum_{k=1}^{K} y_{ik} = 1 \qquad i \in N \tag{3-20}$$

$$\sum_{i=1}^{M}\sum_{j=1}^{N}x_{ijk} = \sum_{i=1}^{M}\sum_{j=1}^{N}x_{jik} = 1 \qquad \forall k \tag{3-21}$$

$$0 \leqslant \sum_{i=1}^{M}\sum_{j=1}^{N}\sum_{k=1}^{K}w_{ijk} \leqslant Q \tag{3-22}$$

$$t_{ijk} = \sum_{k=1}^{K}\sum_{i,j}^{N}\left(t_{ik} + t_{ui} + \frac{d_{ij}}{v}\right) \tag{3-23}$$

$$t_{ik} + t_{ui} < t_{id} \tag{3-24}$$

式中：$\{M_1, M_2, \cdots, M_i\}(i \in Z^+)$——$M$ 个调度车场编号；

$\qquad \{N_1, N_2, \cdots, N_j\}(j \in Z^+)$——$N$ 个投放点编号；

$\qquad x_{ijk}$——参数，$x_{ijk} = \begin{cases} 1 & 表示车辆 k 从投放点 i 行驶到投放点 j \\ 0 & 表示车辆 k 没有从投放点 i 行驶到投放点 j \end{cases}$；

$\qquad y_{ik}$——参数，$y_{ik} = \begin{cases} 1 & 表示投放点 i 的运输任务由车辆 k 完成 \\ 0 & 表示投放点 i 的运输任务由其他车辆完成 \end{cases}$；

$\qquad K$——所需调度车辆；

$\qquad c_0$——固定费用，调度车辆的单位启用成本(元/辆)；

$\qquad c_1$——变化费用，调度车辆运输油耗成本(元/km)；

$\qquad c_2$——固定费用，调度人员费用，具体体现为工资水平(元/人)；

$\qquad v$——固定值，调度车辆的平均速度(km/h)；

$\qquad w_{ijk}$——编号为 k 的调度车辆从调度车场或站点 i 到调度站点 j 时，车上的单车载运量(辆)；

$\qquad d_{ij}$——车辆从调度点 i 行驶至调度点 j 之间的距离(km)；

$\qquad t_K$——编号为 k 的调度车辆的调度总时间(min)；

$\qquad t_{ik}$——编号为 k 的调度车辆到达调度站点 i 的时间；

$\qquad t_{ijk}$——编号为 k 的调度车辆从调度站点 i 到达调度站点 j 的时间；

$\qquad t_{ui}$——调度车辆在调度站点 i 的装卸时间(min)；

$\qquad t_{id}$——调度站点 i 调度时间窗的最终时间。

约束条件分别表示各调度站点 i 仅由调度车辆 k 服务；调度车辆 k 调度完成后可就近返回其他车场；调度车辆的额定载运量应尽可能满足各调度点的调度需求量，如一辆不能满足时，增加调度车辆；调度车辆 k 从调度站点 i 到达调度站点 j 所用的时间；在调度站点 i 完成调度的时间应不超过调度时间窗的最终时间。

3.5.3 共享单车调度模型算法

求解单车调度模型的过程分为三步:选择接驳调度站点、选择站点调度路径、调度站点调度车辆的指派。考虑到单车调度网络大规模、高密度的特点,对其利用现代启发式算法求解。遗传算法使用上更加成熟,其性能更稳定,可以进行全局搜索,收敛速度较快,适用于优化大规模网络调度问题。

在进行求解遗传算法设计前,对单车调度过程进一步分析如下:

(1)选择接驳调度站点。调度网络中的调度节点选择用户信息系统数据中借还量较大的节点,确定待需求站点集合。首先分析该集合内调度站点类型及其接驳特性,然后预测不同调度站点的调度时间范围和调度需求。

(2)选择站点调度路径。由模型假设可得,各调度站点的位置已知,通过经纬度坐标可得出不同接驳点距离,依据不同站点间的调度时间窗互补的特性及在最优目标函数的导向下,进行节点之间的配对。

(3)调度站点调度车辆的指派。在完成上述步骤后,接下来就是综合分析调度车场和各调度站点的调度时间和站点需求量,进而确定从各调度车场到各站点的调度车数量。

根据对调度具体过程的分析,设计遗传算法,通过算法的全局搜索能力确定调度车场与各调度站点及各站点之间的调度车辆指派关系,得到调度模型的优化方案。

根据北京市朝阳区内摩拜单车实际运营的数据,选取以下发生较大借还量的15个典型站点进行调度分析,如图3-24所示。

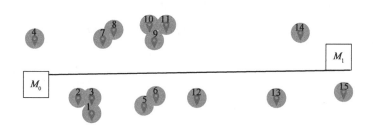

图3-24 北京市朝阳区部分共享单车站点分布区域

在调度案例中,研究区域内设立2个调度车场,15个共享单车接驳站点,调度车辆选用厢式货车。考虑到北京道路状况,将调度车辆行驶速度设定为30km/h,调度车辆额定载运量为60辆,在每个调度点的装卸时间为15s/辆,车辆启用成本为20元/辆,油耗成本为1元/km,由于人工成本为月工资开支,属固定预算,暂且以每人每车10元计算。

根据单车用户信息系统的空间点位数据,得到研究区域朝阳区各单车调度站点之间的空间距离,见表3-16。

不同调度站点的空间距离(单位:m)　　　　　表3-16

节点	节点														
	1	2	3	4	5	6	7	8	9	10	11	12	13	14	15
1	0	385	327	2382	1530	1668	1865	2039	2538	2651	2730	2828	4929	5962	6809
2	385	0	117	1998	1764	1874	1635	1820	2509	2605	2700	3045	5153	6092	7029
3	327	117	0	2075	1647	1757	1597	1779	2417	2516	2605	2928	5036	5980	6912
4	2382	1998	2075	0	3478	3512	1874	1997	3279	3282	3400	4595	6620	7145	8428
5	1530	1764	1647	3478	0	192	2048	2114	1696	1847	1866	1298	3400	4491	5280
6	1668	1874	1757	3512	192	0	1998	2048	1532	1683	1695	1171	3280	4322	5156
7	1865	1635	1597	1874	2048	1998	0	192	1405	1414	1530	2895	4816	5272	6586
8	2039	1820	1779	1997	2114	2048	192	0	1297	1288	1405	2882	4757	5152	6506
9	2538	2509	2417	3279	1696	1532	1405	1297	0	153	192	1856	3512	3868	5220
10	2651	2605	2516	3282	1847	1683	1414	1288	153	0	117	1983	3581	3865	5263
11	2730	2700	2605	3400	1866	1695	1530	1405	192	117	0	1923	3477	3747	5151
12	2828	3045	2928	4595	1298	1171	2895	2882	1856	1983	1923	0	2108	3274	3985
13	4929	5153	5036	6620	3400	3280	4816	4757	3512	3581	3477	2108	0	1821	1880
14	5962	6092	5980	7145	4491	4322	5272	5152	3868	3865	3747	3274	1821	0	1925
15	6809	7029	6912	8428	5280	5156	6586	6586	5220	5263	5151	3985	1880	1925	0

预测得到单车调度站点的调度时间窗和调度需求量,见表3-17。

各单车接驳站点调度时间和调度需求量　　　　　表3-17

节点编码	调度时间窗	调度需求量(辆)	节点编码	调度时间窗	调度需求量(辆)
1	8:44—8:59	+30	9	8:42—8:58	+40
2	8:03—8:19	+14	10	8:23—8:40	+32
3	8:01—8:20	+16	11	8:23—8:40	+29
4	18:00—18:26	+24	12	8:21—8:40	+27
5	8:21—8:50	+36	13	18:11—18:29	+30
6	7:21—7:42	-42	14	18:09—18:32	+36
7	17:12—17:40	+39	15	7:21—7:40	-60
8	7:00—7:20	-31			

注:+表示需调入车辆;-表示需调出车辆。

设定遗传算法的初始参数,染色体种群大小40,染色体基因个数为15,遗传交叉和变异概率分别为0.7和0.01,迭代次数为200。根据迭代收敛效果可知,大约迭代到100代时得到最终的收敛结果,即为该次操作选取的最优调度方案。调度案例双目标调度优化模型的最优调度路线为A→3→2→1→6→5→15→13→B,A→4→7→12→14→A,A→10→11→8→9→A,最终这15个接驳站点的调度平均耗时为65.72min,调度成本为159.266元,见表3-18。

双目标调度模型调度车辆具体的调度计划　　　　　　　　　　　表3-18

车辆编号	调度路径	车辆累计行驶距离(km)	调度用时(min)	调度成本(元)
1	A→3→2→1→6→5→15→13→B	13.347	85.14	63.347
2	A→4→7→12→14→A	6.539	48.27	46.539
3	A→10→11→8→9→A	9.38	63.76	49.38

如果只考虑调度成本最小的单车调度,求解发现其调度的最优调度路线为A→2→3→1→A,A→4→7→15→13→14→B,B→12→5→6→9→8→10→11→B,此时得到15个接驳站点的调度平均耗时为74.05min,调度成本为155.404元,见表3-19。

单目标调度模型调度车辆具体的调度计划　　　　　　　　　　　表3-19

车辆编号	调度路径	车辆累计行驶距离(km)	调度用时(min)	调度成本(元)
1	A→2→3→1→A	3.444	38.888	33.444
2	A→4→7→15→13→14→B	13.161	96.322	63.161
3	B→12→5→6→9→8→10→11→B	8.799	82.93	58.799

对比两种模型,发现双目标调度模型可在一次调度中节约时间约9min,而调度成本相差不大。

4 共享汽车

4.1 共享汽车的使用流程及特征

国际研究机构认为,尽管各种车型、大小、油耗不尽相同,但是总体上来说,汽车的固定成本占到60%左右,而使用成本却占到30%~40%。从成本收益角度分析,很多私家车使用率不高但又不能不用。通过汽车共享可以大大减少汽车的固定费用,汽车共享的好处是将固定成本和使用成本都分摊到每次具体的出行上。

汽车共享出行是一种新型的出行方式,该出行方式允许在一天或者几个小时内多个消费者合用一辆车或者单独一个人租赁一辆车。共享汽车通常具有固定的取车和还车地点,一般按照驾驶的时间和路程来支付使用费用。商家通过投放车辆、布设网点,为人们提供驾车出行服务。

汽车共享出行以精准匹配出行供需资源为目标,在使用时间、合乘空间和汽车使用权等方面进行多维度共享,有效融合乘客出行需求、车辆需求及路网畅通需求的出行方式。汽车共享出行作为智能交通的重要组成部分和智慧城市的关键出行模式,在提升出行效率、合理分配社会资源、促进智慧城市建设等方面起着不可或缺的作用。

汽车共享以会员制为基础,用户只需支付使用过程中的费用,而购买车辆的初始费用、重新配置汽车的费用和车辆停放的费用等都是由汽车共享公司提供。出行者首先注册成为汽车共享公司的会员,然后通过提前预约,再到停车场刷卡取车从而拥有汽车的使用权。在使用的过程中,将按照计时制或计程制收取费用,使用完后,用户可以在离目的地最近的停车场还车。详细流程如图4-1所示。

共享汽车使用流程如下:

(1)注册会员。出行者通过对多家汽车共享公司收费和服务等方面的信息进行比较,选择一家合适的汽车共享公司,在其官方网站上填写个人信息,并同意注册条件,最终成为会员。

目前,大多数汽车共享公司都是通过用户的信用卡实现车费的缴纳,少量汽车共享公司需要用户缴纳一笔押金或者会员费用,以此来规避车辆丢失、车辆损坏等使用风险。

图 4-1　汽车共享使用流程

(2)预约汽车。当用户想要使用汽车时,可以通过电话或者网络预约共享汽车,填写具体的使用时间和取车的停车场等信息。用户的提前预约方便汽车共享公司及时调派相关型号的汽车进行补给,以此来确保良好的用户体验。为了鼓励用户提前预约,部分汽车共享公司还会给提前预约的用户一些奖励。

(3)取车。用户根据预约的信息到指定的停车场取车或者直接到就近的停车场取车。此时,如果是计时制收费,汽车共享系统通过车钥匙使用时间或者会员卡插入读卡器的方式开始计时;如果是计程制收费,汽车共享系统会记录下取车的停车场。

(4)还车。用户在使用完汽车后,可以在离目的地最近的停车场归还车辆。到达停车场后,用户只需将汽车停到指定位置,锁上汽车并将会员卡取下。

(5)付费。用户通过信用卡的方式缴纳汽车的使用费用,根据汽车共享公司的规定按照月结算、周结算或者日结算的方式清算。结算方式依赖于汽车的智能交通系统,该系统会记录下每次使用汽车的车型和时间。

共享汽车出行场景主要分三类,短途出行、短途通勤、远途辅助。其中,短途出行以 10 ~ 100km 的自驾游玩、访友、购物出行为主,使用人群为城市居民、高校学生、外地游客,出行具有多元性、灵活性、私密性和碎片化的特点。短途通勤以上下班通勤、业务出行为主,使用人群包括公司职员、销售等业务人员,主要集中在上下班高峰时期和夜间通勤回家。远途辅助主要表现为机场、火车站、长途客运站出行,这种出行的特点是携带行李时,公共交通慢,出行不方便,巡游车、网约车出行价格贵,共享汽车是比较好的选择。共享汽车出行场景具体见表4-1。

共享汽车出行场景　　　　　　　　　　　　　　　　　表4-1

类别	应用场景	使用人群	特点
短途出行	以10~100km的短途出行为主	高校学生、外地游客、社区居民	出行具有多元性、灵活性、私密性、碎片化的特点
短途通勤	上下班通勤,业务出行	公司职员、销售、业务员	上下班使用时间较为集中,业务多次周转用车
远途辅助	长途出行辅助交通,在机场/火车站/客运枢纽	远途旅客/商旅人士	携带行李时,公共交通慢,不方便,巡游车/网约车出行价格高

汽车共享服务主要是向消费者提供公共交通、私家车以外的流动性服务,与传统的租车服务相比,汽车共享具有价格较低、比较灵活、随时用车、随时获取等一系列特点。会员在住家附近随时都有一辆可供使用的车,既不需要办理租车手续,又不需要像私家车主那样为汽车的性能、成本、技术问题操心。

目前,共享汽车的运营模式有四种,分别为同一网点取还车、任意网点取还车、指定网点取车并自由还车、自由取还车。

(1)同一网点取还车(A2A)。该模式是基于网点的运营,用户从站点A借车出行,完成出行后必须将车还回到借车点A。其优点是运营网点分布紧密、运营管理方便、不需要考虑调度问题,但是会带来用户体验度差、使用场景受限等问题。

(2)任意网点取还车(A2B)。该模式是基于网点的单向运营,用户从站点A借车出行,完成出行后可以将车还回到任意站点B。运营站点通常分布在用户聚集的地区,仅考虑站点间的调度。任意网点取还车是目前中国市场最主要的运营方式,符合客户的需求,但是企业要承担很大一部分的调度费用。

(3)指定网点取车并自由还车(A2X)。该模式下用户必须在指定站点借车,但是可以还车到城市范围内的任意地方,只要该地方是被允许的停车地,如地面停车场、路边停车场等。该模式下需要运营公司或者是用户来承担相应的停车费用,用户用车接近自由流动的状态,用户体验非常好,但企业需要花费大量的人力、物力将分散的车辆运到指定的站点。

(4)自由取还车(X2X)。该模式类似于共享单车,用户可以随时租车并随时停靠,只要周围的停车位上有共享汽车就可进行租用,使用之后可以归还到任意合法的停车位上。该模式的优点是为用户的使用提供了很大的便捷性,提高了车辆流动的灵活性;缺点是高峰时段在中心区域可能会面临停车位难找、找车难的问题,而且运营中会产生停车费用。

分析共享汽车的业务类型和服务人群,发现共享汽车的需求与城市土地利用情况有很大关系,可以将与共享汽车需求关系十分密切的土地利用形式和设施分为六种。

(1) 航空、铁路、公路交通枢纽。在航空、铁路、公路枢纽附近,有大部分外来的商务、旅游客流。这些客流群体,尤其是商务客流群体,有很大的用车需求。在发达国家,旅行者乘飞机从一个城市到达另一城市的长途旅行后,一般会在机场租赁汽车用于城市内或者较短的城市间短途旅行,因此,机场、火车站、水运渡口、公路客运枢纽附近汽车需求旺盛。正常来说,航空枢纽的需求潜力最大,高速铁路枢纽次之,其次为普速铁路枢纽,最后为公路枢纽。此外,枢纽的需求潜力还受到了枢纽交通规模的影响。

(2) 商业区。在商业区、写字楼集中区,企事业单位比较集中,商务和公务租车客户比较集中,在此设立汽车网点,可以满足商务和公务租车群体的需求。另外,这些地段人流量大,潜在的租车散户也比较多,比如白领阶层以及区域内的其他个人用户。汽车网点设在这些地段,可以为汽车经营者创造更多的业务机会,同时,汽车网点除了办理租车手续外,还有一定的广告宣传作用。商业区的需求潜力受到其规模大小和具体用地情况的影响。

(3) 宾馆饭店、卫星城、旅游景点。汽车网点设立在宾馆饭店接待处,已经成为发达国家汽车经营的一种扩展模式。在宾馆饭店中临时居住的商务人员、旅游者一般不会自备车辆,而这部分人群却有很大的用车需求,是汽车租赁的潜在客户。卫星城一般距主城区比较远,公共交通又不能满足"门到门"需求,因此,在卫星城中设置汽车租赁网点,能够满足在主城区和卫星城之间往返的客户群体需求。旅游租车已经成为汽车租赁业务的重要组成部分,在旅游景点设置汽车租赁网点,能够更好地服务这一客户群体。宾馆饭店需求潜力受宾馆饭店等级和规模影响,卫星城需求潜力受到卫星城规模大小影响,旅游景点的需求度与旅游景点的客流量大小有关。

(4) 公共交通站点。由于城市公共汽电车、地铁不是"门到门"的运输方式,一些客流到达城市公交站或地铁换乘中心时,需要租赁车辆完成全程旅行。尤其是对于节假日到市郊旅行的旅游客流,由于城郊之间公共交通很难实现"门到门"运输,一些城市内的居民在节假日外出旅行时,会选择先乘坐公共交通工具离开城市中心,再在城市外围的公共交通换乘中心租赁车辆前往市郊景点。

(5) 住宅区。在住宅区,居民可能由于资金紧张或购车的限制,暂时无法拥有私家车,此时可能会产生长期使用汽车的需求。

(6) 交通主干路繁华区域。交通主干路繁华区域的交通条件比较好,便于用车人前往,交通流量比较大,汽车使用需求比较旺盛。

4.2 共享汽车网点选址方法

4.2.1 选址步骤

　　共享汽车租赁网点的建设是一项考虑因素十分复杂的系统工程,租赁网点一旦建成,再重新选址将会造成投入成本的浪费,影响共享汽车的运营效益。汽车共享网点选址就是要确定汽车共享网点在城市内具体所处的位置。在进行选址时,首先需要确定研究的区域;其次需要收集城市相关信息,对城市的汽车共享需求进行分析,研究汽车共享需求的主要发生点;然后根据需求点的分布情况用一定方法选择汽车共享网点分布的最佳位置。

　　汽车共享网点的选址应当满足如下原则:

　　(1)接近用户。汽车租赁网点由于主要为客户提供面对面服务,满足一定区域内的汽车租赁需求,因此网点的选址应当接近用户,从而保障业务一旦开展后能最大限度地为客户提供更加方便快捷的服务,这样才能够最大限度地吸引汽车租赁需求者到网点办理业务。

　　(2)交通便利。为方便用户到达和车辆进出,汽车租赁网点所在地应当有便捷的道路交通条件,虽然不一定要位居闹市区,但应力求交通便利,最好能与城市主干路相邻。

　　(3)数量适宜。汽车租赁经营场地租赁费用在整个运营成本中占有很大的比重,在选址中,一定要注意经济适用,网点的数量不宜过多,要避免建设过多网点造成的经营成本上升。网点在城市区域内过多设置,容易造成投资成本过大和网点资源闲置浪费,网点过少布设则会导致市场供不应求,长期将使共享汽车无法规模化运营。

　　(4)供需平衡。汽车租赁网点选址的最佳情况就是区域内所有汽车租赁网点的服务能力恰好能满足该区域内的汽车租赁的需求量。

　　网点选址一般是采用建立多目标函数的方法进行区域内选址布局,得到的结果在实际运营中效果良好,但城市内共享汽车租赁点选址特别是大城市网点选址,道路网的纵横交错和城市内部各种建筑林立、结构复杂,增大了用户取还车的难度。如何让用户花费最少的时间到达租赁点,以及在用户用车时网点有可供车辆,在归还车辆时网点有可供车位,需要考虑的因素较多,使得优化模型的目标和约束条件复杂化,这样建立的共享汽车网点选址模型求解一般较为困难。

　　可以将建立评价体系和多目标模型结合起来,通过两次筛选实现共享汽车网点选址优化,将一些较难量化的因素和使优化模型求解困难的约束条件通过建立指标评价体系来简化网点选址多目标数学模型,从而降低优化模型求解的难度。主要过程是:建立评价体系对备选点进行评价,可以得到具体网点的得分情况,获取区域内备选点的局部优化结果,得到备选点集合

I,然后基于集合 I,从成本最小和使用最便利的整体角度出发建立共享汽车网点选址优化模型,得到备选点集合 II,即区域共享汽车网点布局。共享汽车网点选址步骤如图 4-2 所示。

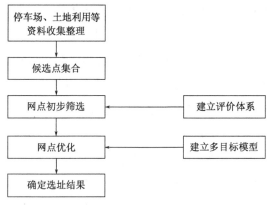

图 4-2　共享汽车网点选址步骤

4.2.2　选址评价体系构建

共享汽车网点评价体系构建旨在简化选址模型,将网点选址模型中部分参数条件通过指标评价实现,并且通过指标评价候选网点,达到初步网点选址的目的,从而简化整个共享汽车选址的过程。

共享汽车租赁网点评价体系是从共享汽车用户可达性角度、网点可供停车状况和充电服务等条件,解决备选点中明显不能作为共享汽车网点的备选点的问题。将所有的备选网点通过建立的评价指标体系在同一尺度下进行评价,从而计算出各个网点的得分,将之排序从而得到备选点的基本情况,并以最大覆盖为目标,以得分排序为基准,将备选点中不合格点删除,得到共享汽车网点选址的初步方案。共享汽车网点评价体系基本思路如图 4-3 所示。

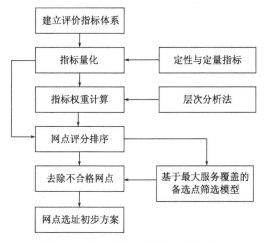

图 4-3　共享汽车网点评价体系基本思路

共享汽车网点布局指标体系是从中观及微观层面出发,结合共享汽车用户停车和用车的发展问题及共享汽车选址因素影响分析,从用户用车的可达性和还车的可达性、备选网点是否可供停车位,以及网点充电服务便利程度三方面研究共享汽车网点评价指标体系。

(1)网点可达性。网点可达性包括用户取车可达性和还车可达性两方面,直接影响用户使用的效率及体验。共享汽车网点作为路外停车设施,其所在地可达性与交通运行状态有直接的关系,且共享汽车用户应是到邻近网点取用车,网点位置的选取应充分考虑用户步行的可达性、站点位置的识别度、道路交通情况等因素,从而提高共享汽车用户用车的便利性。因此,网点可达性应有用户步行可达性、感知可达性、行车可达性三个指标。

(2)网点可供停车位。共享汽车网点的布局不仅要考虑网点地理位置与周边环境的协调,还需从网点本身角度入手。网点停车位的可供程度是共享汽车网点选址评价的重要标准之一,网点提供的停车位越多,该网点能够成为共享汽车网点的可能性越大,反之网点无车位可供,则无法成为共享汽车预备网点。在繁华的商场、密集的居住区、学校等停车需求较大的地区均会出现停车场饱和的情况,无法为共享汽车额外提供停车位;在城市新区等停车需求较为分散的地区,单个备选点的停车位数量和可供车位相对较少,因此城市不同性质的用地的可供车位不同,对共享汽车网点选择有直接影响关系。网点可供车位数与网点所在地区的用地性质有关,受到网点车位总量和车位的日常利用情况的影响,由于用户在用车和还车过程中,需要承担停车费用,将备选点停车收费纳入影响网点可供车位的指标,因此,网点停车位的可供程度应有网点实际面积、车位空占比、停车收费标准三个指标。

(3)网点充电服务。共享汽车由新能源车辆和燃油车辆组成,且现阶段大部分均以新能源共享汽车为主,因此对于长期运营的共享汽车运营商来说,共享汽车网点设置要考虑其充电服务,否则,会加大用户和投资商成本和负担。对于用户来说,在用车过程中,要担心车辆续驶里程能力的问题,直接降低用户体验,间接影响共享汽车整体的运营效益;对于共享汽车投资人来说,车辆网点不考虑充电设施配备和不结合城市共享充电设施服务,将要面对车辆无能源情况下反复调度补充能源的问题,提高共享汽车运营商运营成本,影响共享汽车企业可持续发展,但若考虑租赁网点的充电设施配备的可能性,运营商就必须考虑其配备增加的设施购置成本、建设成本及土地租借成本。因此,网点充电服务层面要兼顾网点自身建设充电设施的可能性和邻近充电服务的便利性,同时邻近无充电设施的情形下网点自身建设成本应并入网点充电设施配备和土地成本两项指标里,故网点充电服务应有充电便利性、网点充电设施配备、土地成本三个指标。

基于以上分析,将网点选址评价指标体系分为目标层、准则层、指标层,目标层是共享汽车网点选址,准则层分为网点可达性、网点可供停车位、网点充电服务三方面内容,指标层则是各准则层下的指标。共享汽车网点评价指标体系具体如图4-4所示。

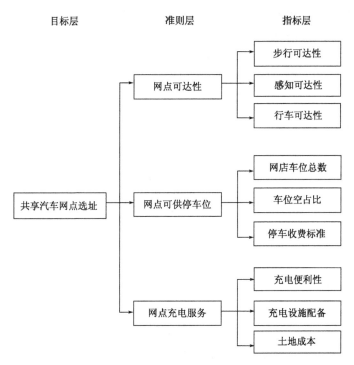

图 4-4 共享汽车网点评价指标体系

结合共享汽车指标评价体系和指标量化方法,对共享汽车网点选址评价指标层各指标采取合适的量化方法(表 4-2),指标按其值大小对评价方案的优劣影响可以分为正向、适中、逆向三类,其中正向指标数值高说明共享汽车备选点适合作为网点,逆向指标值越高说明备选点不适合作为共享汽车网点。

共享汽车网点评价指标量化表　　　　　　　　　　　表 4-2

准则层	指标层	量化方法	指标类型
网点可达性	步行可达性	定量	正向
	感知可达性	定性	正向
	行车可达性	定性	正向
网点可供停车位	网点实际面积	定量	正向
	车位空占比	定量	正向
	停车收费标准	定量	逆向
网点充电服务	充电便利性	定量	正向
	网点充电设施配备	定性	正向
	土地成本	定量	逆向

指标权重的确定方法主要有主观赋权法、客观赋权法和组合赋权法。主观赋权法包括层次分析法、专家咨询法、评分法;客观赋权法有主成分分析法、熵权法、结构方程求解法。客观赋权法确定权重因子需要大量指标及其相关属性的样本数据,主观赋权法则不需要。由于共

享汽车备选点指标数据特性不足以用客观赋权法来确定权重,因此采用主观赋权法确定权重。通过计算得到各指标的权重,见表4-3。

共享汽车网点选址各评价指标权重　　　　　　　　　　　表4-3

准则层	指标层	权重
网点可达性	步行可达性	0.091
	感知可达性	0.032
	行车可达性	0.017
网点可供车位	网点车位总数	0.101
	车位空占比	0.044
	停车收费标准	0.380
网点充电服务	充电便利性	0.035
	网点充电设施配备	0.212
	土地成本	0.087

基于最大覆盖的备选点筛选方法是通过保留满足最大覆盖率的备选点,删除对覆盖率影响极小、功能重复、相对排序较低的备选点。基于备选点评价得分排序和备选点的服务范围,依次比较增加一个网点对区域备选网点服务覆盖面积影响的大小,当增加的网点不能增加区域服务覆盖面积时,则去除该网点,然后继续按照得分排序比较下一网点对区域服务覆盖面积的影响,直至最后一个网点,得到区域最大服务覆盖的备选站点集合,来满足最大的用户出行需求。基于最大覆盖的备选点筛选流程如图4-5所示。

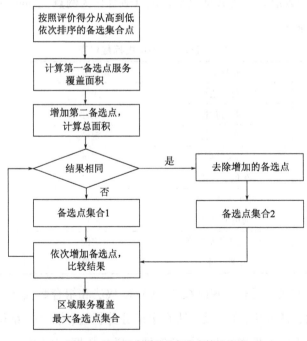

图4-5　基于最大覆盖的备选点筛选流程

4.2.3 选址优化案例分析

共享汽车网点选址优化模型法是在网点经过评价初步筛选的基础上，在考虑网点建设成本、用户使用、网点规模限制、网点容量限制等问题的基础上，进行网点再优化的研究方法。该方法分别以用户和共享汽车企业角度进行网点选址优化，即以用户到达网点距离综合最短和企业投资最少为目标建立函数，以成本约束、车辆约束、需求覆盖约束为约束条件，建立优化模型。

共享汽车网点选址优化模型是多目标优化问题，多目标优化问题的求解常用粒子群算法、遗传算法、蚁群算法等求解多目标优化模型。

上海市黄浦区已建成共享汽车网点 9 个，区域内有各类停车场 144 个，通过数据处理最终得到 45 个停车场作为共享汽车备选点，因此，上海市黄浦区共享汽车网点备选点共有 54 个，基本实现用户需求的覆盖。上海市黄浦区共享汽车备选网点分布如图 4-6 所示。

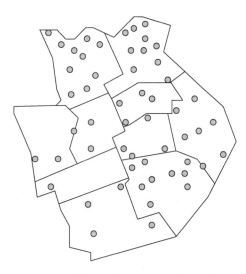

图 4-6 上海市黄浦区共享汽车备选网点分布

以指标评价的方法对共享汽车网点进行初步评价筛选，主要是对各备选网点的可达性、可供车位能力、充电服务能力进行量化，基于各备选点的评价得分，将各备选点按从高到低排序。基于最大服务覆盖的备选点筛选，删除 15 个备选点，保留 39 个备选点。共享汽车规模可以通过万人拥有率法计算得到，预估计算得到黄浦区共享汽车需求量是 528~1654 辆。结合设定参数，优化计算得到黄浦区共享汽车规划网点，分布如图 4-7 所示。

图 4-8 是黄浦区共享汽车原有网点优化之前的共享汽车网点分布，与优化之后的共享汽车网点相比，明显网点覆盖面更大了，弥补了共享汽车服务面不足的问题。

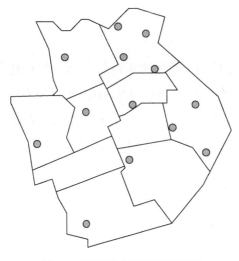

图 4-7　优化后的共享汽车网点分布

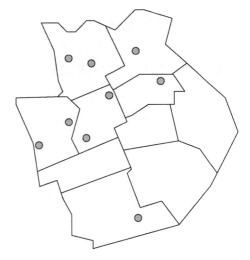

图 4-8　优化前的共享汽车网点分布

4.3　汽车共享系统调度

4.3.1　汽车共享系统调度

因为用户需求的不确定性和分时段波动的潮汐现象的存在,需要根据不同时段不同需求进行车辆调配,以满足更多用户的用车需求,这就是车辆的调度。车辆调度工作主要是基于单向车辆共享系统,即还车点可以与取车点不同的模式。运营者主要是通过长期或者短期的预测,结合运营数据进行判断,当出现站点间车辆分配不平衡,需要车辆调度时,系统给出调度决策,指派相关人员进行车辆搬迁。

汽车共享系统调度是为了平衡各个站点之间的车辆,让用户有车可借,同时,在调度的过程中,确定调度车辆的行驶路径及各个站点之间的运出和运入量,最终以最小的成本完成车辆调度。汽车共享系统具有以下调度特性:

(1)需求动态随机。在调度过程中,车辆从车辆供大于求的站点运出,到达供小于求的租赁站点,将车辆补给到该站点,且在完成整个调度过程中,用户的用车过程并没有停止,新的订单在不断产生,各站点车辆数在运营过程中实时变化。由于在实施调度操作的同时,车辆依旧时刻进行着租还操作,车辆在不同站点之间具有自流动性,从而导致各个租赁站点的供需关系时刻发生着改变。因此,汽车共享系统中各个租赁站点的需求量是随机的。

(2)可同时取送货。汽车共享系统产生调度需求时,部分站点因为供大于求,造成车辆累积,此时需要运出车辆;而另外一部分站点因为供小于求,造成用户无车可租,此时需要运进车辆。因此,在完成整个系统车辆调度的过程中,调度车辆对不同需求的站点完成运出运入服务,实现前点取后点送。

(3)带软时间窗。汽车共享系统作为一种新的出行方式,为了获取更大的市场空间,必须提高顾客的接受度和使用满意度。若用户有用车需求而出现无车可租的情况,又不能在顾客可接受的等待时间范围内实现车辆调度,租赁系统就可能因此失去此次为用户服务的机会,降低了用户对该租赁系统的体验感。因此,在该租赁系统中,各个租赁站点产生的调度需求需要在一个时间范围内对其完成车辆的调度,如果在约束的时间窗的范围之外完成调度服务,就会产生相应的惩罚成本。

在汽车共享的空车调配过程中,要尽量使空车分配的任务需求所创造的收益最大,而空移的成本尽可能低,且不只单纯考虑使每个时段的收益最大或成本最低,而应综合考虑整个服务周期内的收益或成本。因此,车辆在调配过程中应遵循以下原则:

(1)最大收益任务分配原则:在某时段某网点的任务决策时以任务所能创造的收益值大小排序后,优先分配收益较大的任务;该策略能够解决网点同时产生多个任务需求的任务决策,若收益相同,则按时间先后进行排序,优先时间靠前的任务。

(2)最小调配成本原则:在空车调配时,从调配所花成本最小的网点调配车辆到需车网点。这强调的是服务水平,即在尽可能低的花费下满足用户需求。

(3)供需平衡原则:当需求车辆数不足时,从供给车辆过剩的网点调配到缺车网点;当空车位不足时,将该网点的空车调度到停车位过剩的网点;综合考虑车辆供给不足的网点 A 和停车位不足的网点 B,将网点 B 的车辆调度到网点 A,最大限度减少空车的调配量及调配频率。强调尽可能在移动最少车辆的情况下,平衡缺车网点和满车网点的要求。

汽车共享空车调配过程中,运作过程主要分为以下几个步骤:

(1)根据各时段各网点任务需求分配车辆,对于无多余空车满足需求的情况下,从其他有多余空车的网点调配空车到该网点。

(2)根据各网点的任务需求,在下一阶段网点还车数已知且在网点间运行时间假设为一定的情况下,在任务运输过程的同时完成各网点空车的调配,以满足停车位的需求。

(3)各网点处的可用车辆由上阶段完成运输任务到达该网点的车辆、空移到该网点的车辆和上阶段原地停留的车辆共同构成。

(4)各网点根据当时时段的任务需求分配车辆,如有多余,则根据决策情况选择空车移动或原地停留。

按调度决策方法,主要分为人工经验判断法、静态线性规划法和动态随机规划法。

(1)人工经验判断法。运营人员依据经验为共享汽车站点可用车辆数设置上下阈值;将当前车辆数与阈值进行比较,当超过或者低于阈值时触发调度决策机制从而得到调度需求,再由员工自行判断得到调度方案。该方法的缺点是:阈值的设置主要依据调度人员经验,没有科学依据,并且调度方案的生成未经优化。

(2)静态线性规划法。静态线性规划法是为站点车辆数量设置上下阈值,同时将站点间的调度成本考虑进来。以成本最小为目标,利用线性规划求解车辆调配方案。该方法的缺点是:阈值设置没有科学依据;车辆调度为日常短期决策,而且涉及调度成本的因素,如员工数量,短期内为固定不变因素,因此作为目标不合理;静态模型不能应对系统的动态变化。

(3)动态随机规划法。动态随机规划法考虑了更多的随机不确定性因素,将用户需求、使用时间等因素作为随机变量,并引入可靠性指标,动态优化求解车辆调配方案。该方法的缺点是:模型使用中参数标定复杂,且对数据量要求大,易存在数据稀疏的问题;同时,随机规划的求解也比较困难。

根据调度实施主体的不同,共享汽车调度主要是以运营者为主体进行调度和以用户为主体进行调度。

(1)以运营商为主体的调度。通常为运营人员驾驶共享汽车执行车辆重新安置任务,直接将车辆从车辆富余的站点开到另一个车辆紧缺的站点。这种方式的优点是运营人员响应速度快,系统调配操作可控性较高。此种调配的成本主要是员工的人力资源成本,同时,员工调度意味着车辆会存在空载行驶,这一部分没有产生收益,也增加了成本。车辆的调度搬迁分为基于即时的用户需求的搬迁和预测车站车辆的未来需求进行的搬迁。

(2)以用户为主体的调度。车辆重新安置还可以通过系统的用户进行,通过一些手段激励这些用户转移车辆到有迫切需要的特定站点,例如有借车需求而当前站点无可用车辆,或者有还车需求而当前车站无停车位的情况。这种调度主要是通过激励手段使用户将车停在更需要车辆的地方,通过用户进行车辆调动。然而,基于用户激励的车辆调度对用户行为依赖较高,而用户行为不受控制,如果完全采用这种方式,也会影响系统的可控性和机动性。

(3)运营者和用户协同调度。随着技术的不断进步,共享汽车运营平台的不断完善和优化,车载系统、地理信息系统、数据库的不断升级,通信系统和信息系统的不断改进,已经有共享租赁公司开始采用运营者和用户两者协同调度的模式。这种模式依赖快速更新的系统信息,需要综合管理用户端与调度人员端。两者协同进行车辆的调配,可以有效结合两种方式的优点,提高调度效率,维持车辆运行系统的可靠运转,同时降低部分成本,还能尽量地减少对用户体验的伤害。

4.3.2　汽车共享车辆调配过程

车辆调配过程可通过一个静态网络图进行说明,如图4-9所示。图中的网络系统有4个

网点 A、B、C、D，每个网点都拥有 4 个停车位。在某一时段，A 网点有两个用车需求任务 A_1 和 A_2，但仅有一辆空车可供使用，这时就需要考虑从其他网点调配空车过来，与此同时，B 网点有两个还车任务 B_1 和 B_2，但却只有一个可用空车位。这就造成了任务需求无法满足和停车位不足的问题，也正是此类不平衡问题造成了空车调配形式的多样性。此外，根据问题的实际情况，已知运输的整体网络系统布局，且任意两网点间均连通。在一段时间周期范围内，运输网络各网点都会在相同的时间间隔后出现新的用车任务需求以及还车需求。

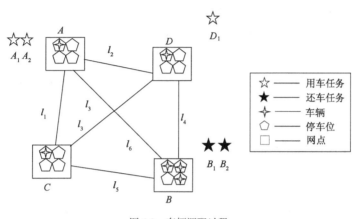

图 4-9 车辆调配过程

在制定每时段车辆调配方案时，不能仅考虑当前时段运输利益最大化，仅把当前时段的运输需求和车辆分布状态作为调配决策制定的依据，而是应将整个服务周期内所获利益的最大化作为问题目标，并且还需考虑未发生的任务需求的分布，以此制定现阶段的车辆调配方案，从而避免问题得到整体最优解而非局部最优解。

车辆调配问题就是要设计在已知任务需求情况下设定周期内各时段车辆的分配方式，具体来说需要包括任意时段、任意网点处哪些任务需要分配车辆服务，各时段哪些空车需要空移为以后阶段做准备，哪些空车在时段内需要选择原地停留等。由此，决策的制定就是在任务分布情况、车辆数量、停车位限制等已知的条件下，求得服务周期内创造的总收益达到最大化。

在运营中，汽车共享服务组织不可能随着任务需求的增加而无限制地购置车辆，而应重点考虑如何合理利用已有车辆，因此，实际运输过程中车辆往往是相对有限的。除此之外，短期内，多车和缺车网点都是不固定的，可能相互转化。因此，对某个确定服务周期内的空车调配方案设计，应首先确定各网点对空车的供应量和需求量，以此得出空车的供给地和需求地，进而在任务需求分配完成后，将多余的空车根据得出的情况选择空移或是原地停留。

任务需求的确定已经决定了车辆的出发地与目的地，而且公司拒绝为用户服务的潜在损失将非常大，比如会造成客户满意度降低，长期出现该情况则会使公司失信于会员造成退会等状况，汽车共享服务公司需要尽量满足任务需求。

需求完全满足的确定性共享汽车空车调配问题是指在已知服务周期内各时段的运输任务需求前提下,汽车共享服务公司如何在成本花费最小的情况下调配车辆,以满足各时段不同网点的任务需求。空车调配方案主要包括各时段每个网点的车辆空移数、空移目的网点、原地停留数等。

需求不完全满足的确定性共享汽车空车调配问题是指在已知服务周期内各时段的运输任务需求情况下,如何设计各时段每个网点的车辆调配方案,以使整个服务周期内公司的总收益最大。空车调配方案仍主要需要决策出各时段每个网点的车辆空移数、空移目的网点、原地停留数等。该问题需要在处理服务周期内任务需求的同时,对某些运力不足的网点的任务需求进行适当取舍。这样,在调配设计时,不能有任务就发送,而是要对车辆进行载人移动、空车移动或是原地停留三种运行状态比较分析,然后根据其对总体收益值大小的影响来确定最终采用哪种方式。

4.3.3 车辆与人员联合调度优化

假设现有订单 a、b、c、d,按照时间顺序依次用车,且订单间相互独立,同时每两个相邻订单不产生冲突。若车辆数目足够多,则每个订单出发场站都配有可使用的车辆,此时无须对车辆和员工进行调度;若减少部分车辆,则需要考虑增加员工进行空车调度;若进一步减少车辆与员工数目,则需要考虑联合调度(即空车调度与人员调度结合),如图 4-10 所示。

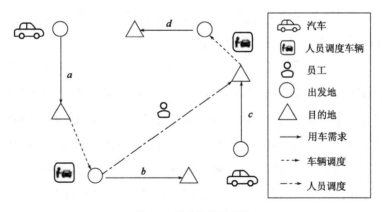

图 4-10 联合调度示意图

订单 a 的目的场站与订单 b 的出发场站不相连,需要员工将车辆从订单 a 的目的场站开至订单 b 的出发场站,即完成一次空车调度。员工为完成订单 c 与订单 d 之间的空车调度,由订单 b 的出发场站移动至订单 c 的目的场站的过程为人员调度。联合调度虽增加了人员调度,却可使同样数目的订单下,车辆与调度员工的数量尽可能少,从而达到成本最低及实现高效的资源利用率。

某共享汽车的 11 个订单涉及 18 个地点,订单数据见表 4-4。

共享汽车用车需求数据　　　　　　表 4-4

订单编号	出发地	目的地	出发时间	到达时间	用车时间(min)
1	①	⑱	09:00	09:22	22
2	②	⑭	17:10	17:30	20
3	④	⑦	10:40	11:10	30
4	⑥	⑩	18:00	18:15	15
5	⑨	③	14:00	14:28	28
6	⑪	⑨	12:30	12:40	10
7	⑫	⑮	09:30	09:47	17
8	⑬	⑧	20:10	20:30	20
9	⑮	⑧	11:00	11:20	20
10	⑯	⑬	18:50	19:05	15
11	⑰	⑥	15:30	15:50	20

将订单数据进行可视化处理,由图 4-11 可知,存在许多连续的用车任务,即一个订单的终点为另一个订单的起点,此情况下,订单间不存在空车调度与人员调度。

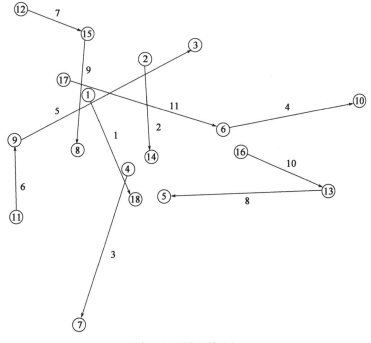

图 4-11　用车订单分布

以调度总成本最低建立优化模型,采用智能优化算法编程计算得到最优或接近最优的结果,得出实际需要车辆数为2,将每辆车负责的订单按地址展开后得到更为清晰的车辆路径,如图4-12所示,箭头表示车辆的行驶方向,横纵坐标则表示车辆的相对位置。

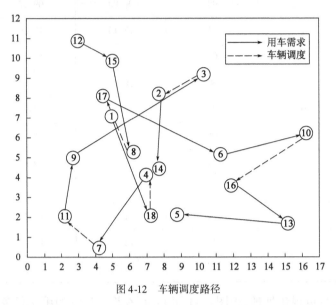

图4-12 车辆调度路径

由调度结果可知,两辆车执行订单任务时车辆总成本最小,这两辆车经过地点的先后顺序与空车调度具体数据见表4-5。

车辆调度优化数据 表4-5

车辆编号	路径	空车调度次数(次)	空车调度时间(min)
1	1→18→4→7→11→9→3→2→14	3	40
2	12→15→8→17→6→10→16→13→5	2	30

观察车辆的行驶路径,发现只有在连续用车任务时订单间没有空车调度,即不需要人员进行车辆调度;车辆1和车辆2路径中均存在空车调度且空车调度次数分别为3、2,即需要人员对车辆进一步调度,而人员数与其路径未知,由此需要优化人员调度路径,使得人员成本最低。优化后可知,完成空车调度需要一名调度人员,人员路径如图4-13所示,其中人员调度箭头表示人员的移动方向,横纵坐标则表示车辆、人员的相对位置。

由调度结果可知,满足空车调度需求的同时且人员成本最低,只需要一名调度人员,该员工经过地点的先后顺序与调度总耗时数据见表4-6。

人员调度优化数据 表4-6

人员编号	路径	人员调度次数(次)	人员调度时间(min)
1	18→4→7→11→8→17→3→2→10→16	4	108

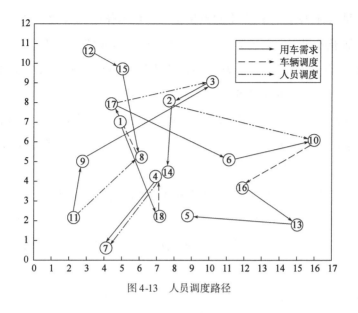

图 4-13 人员调度路径

4.3.4 租赁网点选址和车辆调度联合优化

考虑用户需求和运营期间车辆调度对网点建设的影响,可以将选址和调度问题进行联合研究,决策租赁网点位置、容量以及运营期间车辆调度方案,目标是使企业运营利润最大。将选址和调度进行联合优化,有利于在规划建设阶段结合实际运营情况制定更优的选址方案,合理组织和调配资源,满足顾客需求。对网点选址和车辆调度进行联合优化研究,解决共享汽车系统网点布局不合理、系统供需不平衡的问题,帮助企业作出合理的规划和运营决策,满足用户需求并实现企业盈利。

将共享汽车规划和运营领域的研究分为战略、战术、运营层面三类问题。战略层面的问题包括租赁网点的选址和容量决策;战术层面主要解决系统中人员数量、车辆数量的配置问题;运营层面的问题指人员和车辆的调度管理。

租赁点选址属于战略层面的决定,为尽量缓解供需不平衡问题,在系统选址规划前会充分收集数据,基于用户需求来确定租赁网点的布局及容量、系统车辆数。以用户到租赁网点行走距离最短、网点建设成本最少为目标函数,以租赁网点吸引范围、汽车行驶距离等作为约束条件,建立共享汽车租赁网点布局优化模型。目前在租赁网点选址问题中,常用的优化模型有混合整数线性规划模型、双层规划模型、多目标优化模型等。研究往往从企业角度出发,对网点布局、停车位数、购置车辆进行决策,优化目标多是企业投资建设成本最小或者企业收益最大。但是,目前的租赁网点选址研究较少结合车辆调度问题,大多是将网点选址、容量设置、车辆和人员配置问题结合研究。

在研究调度问题时,学者往往会将网点位置和容量当作已知参数。基于调度方式的不同,车辆调度可分为基于运营商的调度策略和基于用户的调度策略。基于运营商的调度由工作人员进行,将车辆在网点之间进行移动;基于用户的调度采用动态定价或者价格激励,通过价格调节用户需求。目前对于车辆调度的研究多采用模型优化法,通过对运营阶段车辆调度过程的建模,得到合适的车辆调度方案,以达到企业利润最大、运营成本最小、车辆调度请求满足率最大或者用户需求服务率最大等目标。在实际运营场景中,企业多将人员调度作为主要调度方式,而价格激励仅作为辅助手段。

在共享汽车系统规划建设时,考虑汽车调度问题可以更好地帮助企业分析运营期间系统内车辆的流动特性,作出成本更优的选址决策。共享汽车选址及调度问题的模型求解主要使用数学方法、计算机技术等模型求解的理论和方法,结合获取的实际数据或者算例求解模型,并从模型的可行解中选出符合目标函数的最优解,转化为选址和车辆调度方案。目前模型求解方法主要有精确求解算法、智能优化算法等。

共享汽车选址及调度联合优化问题包括以下两个方面:

(1)网点位置选择和规模确定。网点选址是指在一群候选租赁网点中选择真正需要建设的网点,并在这些网点规划停车位数量。选址本质上是 0-1 规划选址问题,网点位置选择用 0-1 变量表示,而停车位数量取正整数。图 4-14 展示了共享电动汽车网点选址和车位建设规划示意图,图中虚线椭圆内表示某一共享汽车企业需要规划的共享电动汽车运营范围,地理区域已按照交通小区进行划分(方格),假设各小区共享出行需求集中在小区中心(用圆圈表示),图中黑色实心方块表示候选租赁网点的位置,用户会选择邻近的候选网点租车和还车。

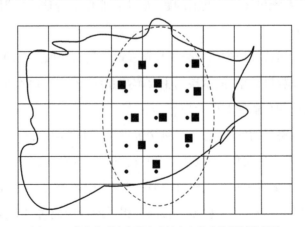

图 4-14 共享电动汽车网点选址和车位建设规划示意图

网点的选择取决于该候选网点是否有用户需求,以及附近是否有类似功能的网点;若某一候选网点用户需求量小,且附近有其他租赁网点分流,则很可能不会被选择。停车位数量取决于运营期间的车辆流动,停车位数量会影响系统可存放的车辆数和可以接纳的客流量。本书假设候选网点用户需求已知,因为在实际规划时,企业往往可以通过分析用户历史出行数据、历史订单数据获取或者预测规划期内各候选租赁网点的用户需求。

(2)运营期间的车辆调度决策。需要通过模型模拟系统内车辆流动情况,并结合用户租赁需求作出合理的车辆安排和调度决策。车辆流动状态包括租赁、调度、充电和闲置,模型需要决策各运营时刻的车辆流动状态,即给出各时刻租赁车辆、调度车辆的移动情况和数量,以及充电车辆和闲置车辆的位置和数量,并以此计算企业运营收益和成本。调度是其中的一个重要决策。

图 4-15 为系统的车辆流动示意图,把系统按照空间和时间划分,k 表示网点,t 表示时刻,圆圈表示各个时刻的租赁网点,例如 $k11$ 表示 $t1$ 时刻的 $k1$ 网点,$k12$ 表示 $t2$ 时刻的 $k1$ 网点。图中的虚线表示等待状态的车辆,例如从 $k11$ 到 $k12$ 的虚线表示,从 $t1$ 时刻到 $t2$ 时刻有车辆处于等待状态。带有充电标志的虚线表示车辆正在充电。实线表示车辆被用户租赁,例如,从 $k11$ 到 $k22$ 的实线表示在 $t1$ 时刻有车辆被用户租赁,并在 $t2$ 时刻到达 $k2$ 网点。图中的点虚线表示车辆被企业调度,例如,从 $k22$ 到 $k13$ 的点虚线表示,在 $t2$ 时刻有车辆被工作人员从 $k2$ 网点调度到 $k1$ 网点。

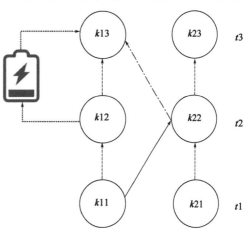

图 4-15　车辆流动示意图

在任意一个时间段,车辆只能处于租赁、调度、充电和等待状态中的一种状态,模型需要决策的就是在运营期间如何安排车辆,即每个时刻车辆应该处于何种状态,使得企业运营利润最大。

4.4　公司合作与竞争关系下的共享汽车调度

4.4.1　共享汽车公司合作与竞争关系

随着共享汽车行业的快速发展,同一地区往往存在两家或多家共享汽车公司,共享汽车之间的合作与竞争不可避免,每家公司都不能忽略其他公司对本公司调度决策的影响。

现在市面上存在多家共享汽车运营公司,但用户只能在同一家共享汽车公司的站点进行取还车完成出行,如图 4-16 所示。这种借还车模式会使得部分共享汽车出行需求无法得到满足,共享汽车出行的可达性较差,从而导致共享汽车的出行服务水平变差,不利于共享汽车行业的发展。盲目地扩充站点数量会带来较高的前期资金投入,风险较大,而且共享汽车站点的停车资源无法得到充分的利用。

因此，寻求共享汽车公司之间的合作，用户的取车站点和还车站点可以不在同一家公司的站点，两家共享汽车公司可以互相利用对方的停车资源。在这种合作关系下，再结合共享汽车的动态调度，可以满足更多的共享汽车出行需求，减少前期投入，最大化利用停车资源。对于用户而言，可以提高其出行效率；对于共享汽车公司而言，可以以较小的前期投入获得较大的利润回报。

共享汽车公司间也存在着竞争关系。共享汽车行业的快速发展，使得同一城市中有多家共享汽车公司运营，在旅游景点、地铁站以及高速铁路车站等共享汽车出行需求较高的地点，往往存在多家共享汽车公司的站点。如图4-17所示，当共享汽车出行者的起终点站点均为重合站点时，出行者只能选择一家公司的车辆出行，出行者会考量两家公司站点的车辆多少、出行定价及车型等因素进行选择。此时两家公司为竞争关系，两家公司从自身的利益出发，都希望获得更多的需求，因此，两家公司都会采取增加站点车辆、降低出行定价或改变车型等方法来获取更多的用户需求。两家公司竞争可能会导致各自的利润减少，但有益于提高用户的出行效率、降低出行成本、提高出行舒适度。

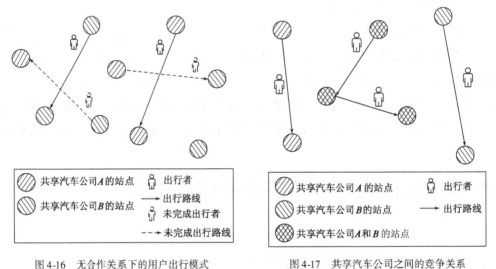

图4-16 无合作关系下的用户出行模式　　　　图4-17 共享汽车公司之间的竞争关系

4.4.2 合作关系下的共享汽车调度

随着共享汽车的快速发展，同一地区往往存在多家共享汽车运营公司，考虑共享汽车运营公司之间合作关系对调度过程的影响，对共享汽车调度问题进行研究。基于共享汽车公司间合作机制，以共享汽车公司日运营利润最大为优化目标，综合考虑调度员路径、车辆取回、站点车数等约束，建立合作关系下的共享汽车动态调度混合整数优化模型，探究建立合作关系对合作各方在利润、需求满足数等方面的影响。

例如,在某区域内同时存在两家共享汽车公司 A 和 B,两家共享汽车公司的站点相距较远,不存在竞争关系,两家公司为了各自的发展选择合作,以提高日运营利润及满足更多的共享汽车出行需求。如图 4-18 所示,当出行者的出发站点和目的地站点不是同一家公司的站点时,出行者可在 A(或 B)公司站点取车,在 B(或 A)公司站点还车。相比无合作关系,两家公司各多满足了一个出行需求。定义取车和还车站点为不同公司的站点的出行需求为异公司出行需求;取车和还车站点都是同一个公司的站点的出行需求为同公司出行需求。

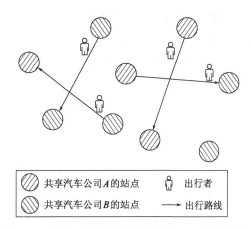

图 4-18 共享汽车公司间合作关系下的出行者出行模式

在此合作机制下,由于在对方站点的车辆无法由返程的用户驶回,在运营过程中就会使得在本公司站点的车辆不断减少,而堆积在对方站点的车辆不断增多,导致后续需求得不到满足,因此,需要在运营时间内不断地取回在对方公司站点停放的车辆。故 A 公司和 B 公司均采取动态调度的方法,即由调度员在运营时间内取回在对方公司停放的本公司车辆,并将共享汽车从车辆较多站点调度至车辆较少站点,进而满足出行需求。

共享汽车动态调度问题可以看作是一种带时间窗的车辆调度路径问题,共享汽车调度员需要在特定的时间将车辆调入或调出某一车站,以平衡共享汽车站点的车辆数,满足不同出行时间的出行需求。如图 4-19 所示,$T=1$ 时刻时,站点 1 无车辆,调度员在站点 2,根据预约信息,出行者 1 在 $T=2$ 时刻将从站点 1 取车,因此,调度人员需要在不晚于 $T=2$ 时刻将车辆从站点 2 调往站点 1。在满足出行者 1 的用车需求后,调度员此时在站点 1,根据预约信息,出行者 2 将在 $T=4$ 时刻从站点 1 取车出发,但站点 1 无可用车辆,调度员骑乘电动自行车(或其他方式)前往站点 2,并于 $T=3$ 时刻到达站点 2,再从站点 2 调度车辆于 $T=4$ 时刻到达站点 2,满足出行者 2 的用车需求。

雇佣每个调度员都需要支付其每天的工资,这是共享汽车公司需要考虑的成本,雇佣更多的调度员虽然可以完成更多的调度任务,但是随着如今人力成本的上升,每个共享汽车公司都不得不考虑限制调度人员的数量。在调度员的调度过程中,调度员接到调度任务后从一个站点驾驶共享汽车前往下一个站点完成调度同样会产生成本,通常为共享汽车的能源消耗如燃油或电量的消耗成本。在进行共享汽车调度时,每位调度员在各个站点的时空分布也会发生变化;在有些情况下,还要重新调整调度员在站点间数量分布,从而完成后续的共享汽车调度任务;调度员完成一次调度后需要以其他的交通方式前往下一调度任务的起点,如乘坐公交、骑乘电动自行车、骑乘折叠自行车或者由共享汽车公司提供接驳车辆等,这个过程也会产生成本。因此,对共享汽车公司而言,优化每位调度员的路径,不仅能减少调度员在调度任务之间的出行成本,还能减少调度员的雇佣数,从而减少车辆调度的总成本,使得共享汽车公司能满足更多的出行需求,提高其日运营利润。

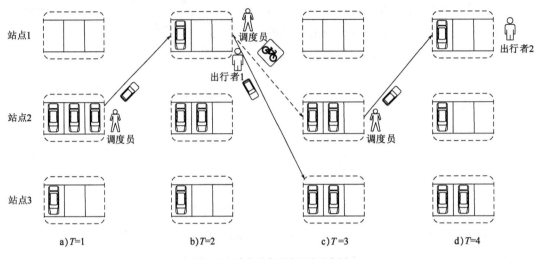

图4-19 共享汽车动态调度示意图

如图4-20所示,为了优化调度员的调度路径,在共享汽车的调度过程中,将每位调度员在站点间的状态分为三种,一是驾驶共享汽车执行调度任务,定义为调度状态;二是完成一次调度任务后自行前往(如骑乘电动自行车等)下一站点执行调度任务,定义为移动状态;三是在当前站点等待执行调度任务,定义为等待状态。

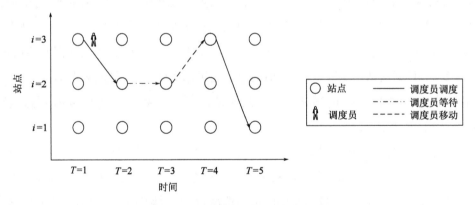

图4-20 共享汽车调度员调度路径图

各公司均希望本公司总日利润最高,在所制定的合作机制下,每个公司的总日利润由本公司日运营利润、其他公司分配的收益和其他公司支付的停车费用组成,但其他公司分配的收益和支付的停车费用与本公司的决策无关。故可以公司 A 角度为例建立优化模型,以日运营利润最大为目标,决策 A 公司应雇佣的调度员数量及制定每位调度员运营时间内的最优路径。

4.4.3 竞争关系下的共享汽车调度

相较于共享汽车公司之间的合作,共享汽车公司之间也存在竞争关系,随着共享汽车行业的不断发展,同一地区往往存在两家甚至多家共享汽车公司在运营,竞争现象较为普遍。由于共享汽车系统的性质及客户出行的不平衡,会导致各站点车辆的不平衡,各公司都会采取调度的方式重新优化各站点车辆分布,以使自己的利润最大化。但不同共享汽车公司的车辆可以相互替代,竞争对手的车辆分布会影响本公司的需求。因此,各公司都必须在预测竞争对手反应的同时调度车辆。

某地区存在两家共享汽车公司同时进行运营,部分站点相近甚至重合,将站点相近或者重合定义为竞争站点。两家公司提供同质服务,出行价格无明显差距。由于手机客户端 App 的快速发展,用户只需要下载共享汽车公司的 App,经过简单的步骤,几分钟内即可完成注册并完成借车操作,因此,不同共享汽车公司之间出行服务可替代性很高,用户可自由地选择不同公司的车辆完成出行。

在每天的夜间或者用户出行较少的时段,两家公司各自派遣调度员进行调度,优化其车辆分布,以使其利润最大。在静态调度中,调度员在站点间有两种状态:一种是调度员从一个站点驾驶共享汽车前往下一个站点的调度状态,另一种是乘坐其他交通工具前往下一个调度任务起点的移动状态,因此,会产生调度成本和移动成本以及雇佣调度员的费用三项成本。

对于共享汽车公司而言,其利润由车辆租赁收入和车辆调度成本组成。虽然向竞争站点调度较多的车辆可以更多地获取在竞争站点的出行需求,但是各公司的车辆总数是固定的,向竞争站点调度更多的车辆会导致本公司其他站点的车辆数减少,使得无法满足这些站点的出行需求,且还要考虑车辆调度所带来的成本问题。所以,要考虑竞争对手在竞争站点的车辆分布,从而制定本公司最佳的调度方案来优化站点车辆分布,以使得本公司的利润最大。该问题实质上是 A 公司和 B 公司通过决策竞争站点的车辆分布进行博弈,以确定每家公司在竞争站点最佳的车辆数分布及在该车辆数分布下的最佳调度员雇佣数和调度路径,以两家公司在竞争站点的车辆数分布为主要决策变量,构建博弈模型来解决该问题。

5 网络预约出租汽车

5.1 网络预约出租汽车运营模式

网络预约出租汽车简称网约车。网约车经营服务,是指以互联网技术为依托构建服务平台,整合供需信息,使用符合条件的车辆和驾驶员,提供非巡游的预约出租汽车服务的经营活动。网约车实质是提供一个让供给者(网约车平台公司和驾驶员)和需求者(乘客)直接进行交易的平台,同时制定一套约束供给者和需求者的规则,通过驾驶员和乘客进行交易,网约车平台公司可从中赚取合理的渠道费用。

网约车运营模式包括一个获利性的网约车服务平台、参与网约车服务的私家车车主即驾驶员,以及具有异质性服务估值的乘客。网约车平台公司作为领导者决策服务价格,而网约车驾驶员作为跟随者决策最优的服务时间量。网约车服务利用车辆的剩余能力为具有出行需求的乘客提供乘车服务,乘客使用网约车服务的过程如图5-1所示。乘客利用网约车服务 App 呼叫车辆,网约车服务平台接收到乘客的出行订单,将订单分配给最近的驾驶员,并将订单信息和乘客位置发送给驾驶员,同时将驾驶员信息发送给乘客。通常,驾驶员在接单后会与乘客沟通其具体位置,完成行程后,乘客采用线上支付方式,与此同时,乘客与驾驶员进行双向评价。

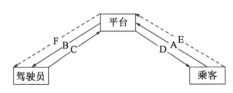

图 5-1 网约车服务过程

A-通过 App 下订单;B-平台指派订单并向网约车驾驶员发送乘客信息;C-确认订单;D-向乘客发送网约车驾驶员信息;E-移动支付和评价;F-支付网约车驾驶员服务费用

与传统巡游车方式相比,网约车具有以下特点和优势:

(1)资源的优化配置。主要是避免了传统方式下为寻找客人而"空跑",大大降低了车辆的"空载率",增加了交易机会,可以让驾驶员快速找到乘客,同时也减少了驾驶员与乘客之间的交易成本。

(2)改变了支付方式。传统支付方式应用最普遍的就是现金交易,网约车只需要线上交易,完成订单任务后,乘客只要付款成功,相应的酬劳就会通过网约车平台公司进入驾驶员账户,不存在安全性和成本问题。

(3)交易数字化且费用透明。网约车平台为供需双方提供实时信息,以供双方选择接收订单和完成订单,驾驶员接单后会根据乘客在平台预留的真实电话与其联系,并确认具体位置。乘客到达目的地后,通过第三方支付平台付款并完成相应的评价,且费用是透明的,在App里显示,不会出现恶意绕路、漫天要价的情况。

(4)安全。网约车作为平台的一种经济模式,有效利用了大数据,在注重驾驶员和乘客双方隐私的前提下推出了车内录音功能,从乘客上车到下车的整个行程,驾驶员与乘客双方的所有行为都被记录下来,因此,无论时间早晚,乘客的安全性都有保障。

网约车服务这一出行方式与巡游车服务相比,同质化程度高,巡游车服务为了解决公共运力不足以及无法满足的乘客个性化出行需求而应运而生,网约车服务提供专车、顺风车、拼车等多种服务,能更好地满足乘客多样化的服务需求。网约车服务能提高车辆的利用率,能增加车辆拥有者的收益,但也影响了巡游车服务的获利能力。乘客选择网约车服务主要考虑较低的服务价格与较短的服务等待时间,主要关注服务价格、服务的便利性、服务的灵活性,与此同时,乘客自身的特点如收入状况、年龄等也对其选择网约车服务具有一定的影响。网约车可以实时获得车辆和需求信息,进行在线的分配调度,大大减少了车辆的空载行驶时间和乘客的等待时间。

网约车平台的运营模式主要有网约出租汽车、专车、快车、顺风车、拼车等,网约车平台分类见表5-1。

网约车平台分类情况表 表5-1

网约车	客户群体	实行形式	突出特点
网约出租汽车	日常出行的乘客	出租汽车公司通过网络将车辆信息进行实时发布	传统巡游车与互联网的结合
专车	个性化需求、高质量服务需求的乘客	乘客通过平台选择自己偏好的服务,然后平台根据乘客需求与附近车辆进行匹配	以移动互联网为媒介,个性化服务,对车辆有较高要求
快车	个性化需求、经济型服务需求的乘客	乘客通过平台选择自己偏好的服务,然后平台根据乘客需求与附近车辆进行匹配	以移动互联网为媒介,对车辆有一定要求

续上表

网约车	客户群体	实行形式	突出特点
顺风车	经济型服务需求的乘客	乘客通过平台选择自己偏好的服务,然后平台根据乘客偏好与附近车辆进行匹配	以移动互联网为媒介,对车辆有较低要求
拼车	平摊成本客户	私家车或者乘客通过平台发布拼车信息,然后平台根据乘客目前地址为其匹配合适的车辆	以移动互联网为媒介实现资源共享

（1）出租汽车模式。与传统巡游车区别不大。一方面驾驶员可以在路边自主寻找乘客，另一方面还可以接收到网约车平台公司指派的订单，驾驶员根据目的地选择是否接受此次指派的订单。费用采用与巡游车相同的打表计价。

（2）快车模式。乘客通过出行 App 客户端将出行请求推送到附近区域的驾驶员。乘客在呼叫快车的时候会出现预估距离、预估时间和预估费用。

（3）专车模式。相比快车模式而言,专车在车型与服务方面更高级一些,如专车有经济、舒适、商务、豪华等车型,可满足不同人群的出行需求。

（4）顺风车模式。网约车平台将私家车主的出行路线与乘客路线相匹配,通过调度系统得到匹配度最高的出行信息。乘客向私家车主支付费用,私家车主的主要目的并不是盈利,而是为了分摊油费、过路费等。这对于缓解高峰期的道路拥堵、提高车辆的利用率有很大的帮助。

（5）拼车模式。拼车模式与顺风车模式较为相似。驾驶员每趟行程中乘客人数都是在两人以上,网约车平台公司将乘客的出行路线预先进行匹配,尽可能将路线匹配程度高的乘客出行需求分发给同一个驾驶员,乘客需要分担行程费用。这种出行方式比顺风车模式中的空座利用率更高。对于节假日、天气较差的情况而言,更容易让乘客打车成功。

5.2 网络预约出租汽车出行需求分析

5.2.1 工作日网络预约出租汽车出行时间需求分析

采用西安某工作日(2016 年 11 月 16 日)的网约车订单数据进行网约车出行时间需求分析,得到的分析结果如图 5-2 所示。

由图 5-2 可知,在工作日中,居民对于网约车的需求在一天中存在早晚两个高峰,出行需求变化相对较大,其余时间段出行需求基本保持稳定,在凌晨时段出行需求较小,达到了一天中的最小值。

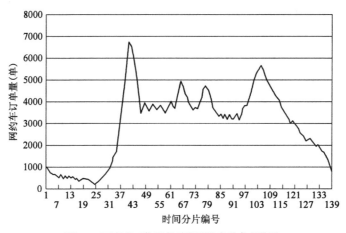

图 5-2 西安市工作日各时段网约车需求变化图

在第 1~31 个时间片段(对应时间 0:00—5:10)中,网约车出行需求订单量持续较低,并在第 25 个时间片段(对应 4:10)时达到了需求最低值。在这段时间中,居民主要进入休息阶段,对应的出行需求较小。在第 32~38 个时间片段(对应 5:20—6:20)中,部分居民产生了出行需求,网约车订单量开始不断提升,逐步进入早高峰阶段。

早高峰阶段峰值较大,最高需求峰值可达到 7000 单左右,高峰时长持续较短,主要分布于第 39~46 个时间片段(对应 6:30—7:40)中。主要原因在于早高峰的出行需求主要集中于工作通勤,短时间内出行需求较高,当到达工作地点后出行需求量就会下降。经过早高峰后,网约车出行需求基本稳定,需求数量的范围集中于 3500~4500 单之间。

在上午平峰阶段中存在两个波动,第一个波动分布于第 68~72 个时间片段(对应 11:20—12:00)中,第二个波动分布于第 78~82 个时间片段(对应 13:00—13:40)中。第一个波动集中在午间下班时间,产生了大量的出行需求。部分人由于公司(学校)与居住地距离较远,在午间下班(放学)阶段不回家,不产生出行需求,所以波动极值达不到早高峰时期极值。第二个波动主要在下午上班(上学)阶段,与第一个波动相同,部分人不产生出行需求,其波动极值与第一个波动较为相似,达不到早高峰出行阶段的峰值。

晚高峰阶段峰值变化较为稳定,低于早高峰阶段,最高可达到 6000 单左右。高峰时期持续较长,主要分布于第 104~118 个时间片段(对应 17:20—19:40)中。主要原因在于居民下班时间可能不统一,且对于回家时间的要求严格程度不如早高峰阶段,故出现了晚高峰阶段需求量分布稳定、持续较长的现象。第 118 个时间片段之后,网约车需求量逐步下降,但仍有部分居民会产生出行需求,因此,网约车订单量仍高于凌晨阶段。

5.2.2 休息日网约车出行时间需求分析

采用西安某休息日(2016 年 11 月 20 日)的网约车订单数据进行网约车出行时间需求分

析,得到的分析结果,如图5-3所示。

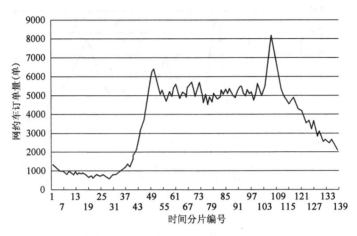

图 5-3　西安市休息日各时段网约车需求变化图

由图5-3可知,在休息日,居民对于网约车的需求在一天中同样存在早、晚两个高峰,出行需求变化相对较大。凌晨阶段,网约车出行需求量与工作日相比略高且持续时间较长,早高峰阶段到达时间更晚。午平峰阶段出行需求量相对工作日变化明显,持续保持较高需求量,晚高峰阶段出行需求在第112个时间片段达到了一天中的最高值,此后逐渐进入下降状态。与工作日相比,休息日凌晨阶段持续时间较长,主要分布于第1~36个时间片段(对应0:00—6:00)。在凌晨的前半阶段,网约车出行订单量逐步下降,并在第31个时间片段(对应5:10)中达到了需求最低值。在这段时间中,居民主要从事休息活动,对于出行的需求相对较少。在第37~42个时间片段(对应5:10—7:00)中,部分居民产生了出行需求,网约车订单量开始不断提升,逐步进入早高峰阶段。

休息日的早高峰阶段在时间上晚于工作日,主要分布于第48~56个时间片段(对应8:00—9:20)中。网约车出行订单量略少于工作日的需求,最高可达到6000单左右,且时间分布范围较广。主要原因可能因为在休息日中,居民无须进行工作通勤,所以出行时间晚于工作日早高峰,而且活动出行对于时间敏感度不高,故时间分布范围较为广泛。经过早高峰后,网约车出行需求基本稳定,需求数量的范围集中于4500~5500单之间。在午平峰阶段,网约车出行订单量基本保持平稳,与早高峰阶段相差不大。且与工作日相比,休息日午平峰阶段没有明显的波动,主要原因在于午平峰阶段的出行原因同样是因为各种活动,没有工作日归家等出行需求,所以短时间内需求没有明显的波动。在午平峰末段,晚高峰开始前期,网约车需求量会有短暂的上升。

休息日晚高峰阶段出行需求要大于早高峰阶段,出行需求量较大且持续时间较长。主要分布于第102~116个时间片段(对应17:00—19:20)中,最高需求量可达到7000单左右。主要原因在于休息日傍晚活动较为丰富,网约车出行需求呈现出多样化的情况,第116个时间片段之后,网约车需求量逐步下降。

5.2.3 网约车出行空间需求分析

采用西安2016年11月16日的网约车订单数据进行网约车出行空间需求分析。分别将网约车OD点(起讫点)数据投射到西安市路网中,得到网约车需求空间分布。网约车出行需求主要分布于市中心区域附近,并随着市中心的向外扩散而减少。主要原因在于城市中心区域设施完善,拥有大量的商业区和休闲区,满足城市居民生活需要。只有少数人会在郊区产生出行需求。

选择西安市主城区作为分析区域,对空间区域进行划分。按照从左到右、从上到下的规则,对划分完成后的空间子区域进行编号。由于一天时间跨度较长,将一天24h切分为三个阶段:凌晨阶段(0:00—6:00)、日间阶段(6:00—18:00)和晚间阶段(18:00—24:00)。通过分析各个阶段网约车出行的空间分布得到网约车出行冷热点。分析结果如下。

(1)凌晨阶段(表5-2)。

凌晨阶段内各时段网约车出行起始量与出行结束量　　　　表5-2

凌晨阶段	子区域编号	出行起始量(单)	出行结束量(单)	出行频率(%)
0:00—1:00	3820	146	92	0.3968
1:00—2:00	3569	124	81	0.3370
2:00—3:00	3569	98	64	0.2663
3:00—4:00	3664	69	31	0.1875
4:00—5:00	3675	81	54	0.2201
5:00—6:00	3820	139	114	0.3778

凌晨阶段网约车出行量呈下降趋势,主要原因在于凌晨阶段一般为休息时间,居民的网约车出行需求相对较少,出行量基本分布100单左右。其中,3:00—4:00阶段出行量最少,最低只有69单,5:00—6:00阶段出行量有所回升,部分居民已经产生了出行需求。

(2)日间阶段(表5-3)。

日间阶段内各时段网约车出行起始量与出行结束量　　　　表5-3

日间阶段	子区域编号	出行起始量(单)	出行结束量(单)	出行频率(%)
6:00—7:00	4185	152	143	0.4131
7:00—8:00	4271	159	183	0.4974
8:00—9:00	4395	174	266	0.7230
9:00—10:00	4203	169	239	0.6496
10:00—11:00	4926	181	210	0.5708
11:00—12:00	4623	195	218	0.5925

续上表

日间阶段	子区域编号	出行起始量(单)	出行结束量(单)	出行频率(%)
12:00—13:00	4531	177	197	0.5354
13:00—14:00	4926	190	190	0.5164
14:00—15:00	4385	178	201	0.5463
15:00—16:00	4367	201	188	0.5463
16:00—17:00	4926	226	181	0.6142
17:00—18:00	4926	252	195	0.6849

在日间阶段中,网约车出行量相较凌晨阶段有大幅提高,每小时的需求量基本保持在200单左右,其中,8:00—9:00阶段出行需求量最大,达到了250单以上。主要原因在于:城市居民的网约车出行需求原因较为丰富,居民进行通勤、旅行、购物等活动均会产生出行需求。

(3)晚间阶段(表5-4)。

晚间阶段内各时段网约车出行起始量与出行结束量   表5-4

晚间阶段	子区域编号	出行起始量(单)	出行结束量(单)	出行频率(%)
18:00—19:00	4926	271	211	0.7366
19:00—20:00	4926	268	202	0.7284
20:00—21:00	4926	240	183	0.6523
21:00—22:00	4926	203	179	0.5517
22:00—23:00	4679	182	152	0.4946
23:00—24:00	4681	159	136	0.4321

在晚间,出行需求主要为通勤和购物需求。网约车需求量相较于日间阶段略有回落,整体出行量呈现逐步下降趋势。每小时的需求量基本稳定在180单左右,其中在19:00—20:00出行需求量较高,达到了250单以上,主要原因为通勤归家所产生的出行。

通过对各个阶段网约车出行量的计算,得到了出行需求最高的子区域为4926区域。本书对于4926区域一天中出行起始量和出行结束量进行分析,得到的结果如图5-4所示。

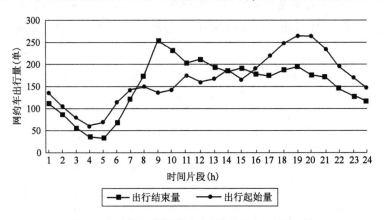

图5-4 子区域各时段网约车出行起始量和出行结束量

在凌晨阶段,该区域的网约车出行起始量多于网约车出行结束量,当到达日间阶段时,网约车出行结束量大幅提升,迅速反超了网约车出行起始量,在 8:00—9:00 时间段内达到了最大值,随后逐渐下降。在晚间阶段,该区域网约车出行起始量显著提升,网约车出行结束量缓慢下降,出行起始量在 18:00—19:00 时间段内达到了最大值,随后与出行结束量基本保持了同步下降趋势。根据该区域网约车需求变化情况,该区域应为西安市中的工作区域,工作通勤为该区域网约车主要需求原因。

5.3 网络预约出租汽车运营调度优化

时空网络是自空间网络发展而来的一种网络类型,网约车的调度时空网络用于表示网约车流在时间与空间上的流动过程。图 5-5 所示为网约车的空间网络,它表示网约车可以由 A 点开往 B 点或者由 A 点开往 C 点,它只能表示在固定时间点上车辆的走向。

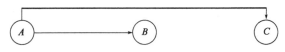

图 5-5　网约车出行空间网络示意图

图 5-6 所示为网约车的时空网络,在时空网络中,网络上的弧则表示网约车在不同时间点的运行路径与运行方式。比如,在 1—2 时间段,网约车由 A 区域开往 B 区域,在 2—3 时间段,由于该车辆在 2—3 时间段没有接到订单或接到的订单是在 B 区域内部运行,故该车辆在 2、3 这两个时间点依然保持在 B 区域。

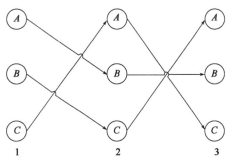

图 5-6　网约车出行时空网络示意图

为了表示城市内部网约车运营的特点,在构建时空网络的过程中,将网约车的一个运营周期划分为 72 个时段,且将城市内的网约车运营区域划分为生活区、服务区、工业区和办公区四种类型,在每一个时间点对网约车的空间模型进行辅助扩展,然后按照网约车在周期内的运行规律,将时空弧进行连接。最终,网约车运营时空网络可以表示为 $G=(S(i,t),E)$,其中 $S(i,t)$ 表示时空网络内所有的节点集合,E 表示时空网络弧的集合。

网约车运营的时空网络是一种将现实中网约车的运行状况以一种简化的形式表示出来的网络,在时间与空间上,都是对现实中网约车状态的一种粗略映射,是为了更加清楚地说明网约车在网络上流动的特点。下面对相关要素进行说明:

（1）时间要素。网约车的运行过程采用了时间阶段而非时间点，这是基于网约车在运行过程中的不确定性考虑的，一是因为在网约车运行过程中不可能做到同钟表般的精确；二是如果将精确的网约车运营时间点代入网络中，网络就会变得更加复杂，这会给问题的求解带来非常大的困难。

（2）网络弧要素。网约车运营的时空网络模型包括走行弧和停留弧两种。其中走行弧表示车辆由于平台调度或乘客要求，向其他运营区域走行的过程；为了方便计算，将相邻的网约车运营区域之间的走行时间 T 规定为 1 个时间段（即 20min），跨区运营的时间由所跨区域的数量 n 决定，$T_{跨区运营}=(n-1)T_{走行}$。停留弧则表示由于该时间段内网约车驾驶员未载客运行且未接到平台的调度要求而停留在该区域，或在一个时间段内网约车驾驶员依然在该区域内运营，此种情况下，网约车会产生时间浪费成本或运营成本。

理论上来讲，网约车运营时空网络的构建完全可以将城市中每条道路作为一个节点，这样就可以使网约车的调度策略精确到每一条线路上。但是如果按照上述规模进行建模，则会使得整个时空网络的规模极其庞大。假设某个城市有 200 条道路，按照每 20min 一个时间节点计算，则其网络弧的数量将达到 14400 条，这对于求解网络流是非常困难的；此外，庞大的空间节点的建立，使得时空网络的精确度也会发生变化，由于道路之间的长度有差距，若要精确地描述网约车的行驶过程，则需要将时间节点精确到 1min 以内，这种变化同样会使模型的规模变得庞大。

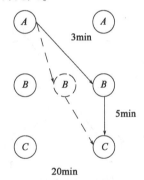

图 5-7　时间阶段过小而导致悖论

很明显，时空网络模型空间规模的选取与时间阶段的划分是密切相关的，如果时间阶段划分跨度较大，而空间规模较为精细，则弧占用的时间很难用时空网络精确地表示，即便是能表示在时空网络上，也会出现车辆调度时的不合理现象。如图 5-7 所示区段，A 区域前往 B 区域需要 3min，B 区域前往 C 区域需要 5min，但 A 区域需要经过 B 区域才能到达 C 区域，而时间阶段设置为 20min，则会出现网约车到达 B 区域的同时也到达了 C 区域的情况，这显然与网约车的运行实际不相符。

因此，在网约车的时空网络的空间规模与时间阶段选取上存在一个平衡性问题，若平衡点取得不合适，则会出现模型描述过于粗糙而无法求解的情况。本书设计了一种空间规模的选取方法，取网约车的平均旅行速度为 24km/h，则网约车在一个时间节点内的运行距离约为 4km，将已经分配好的空间规模进行再次划分，对直径远大于 4km 的区域做再次划分，小于 4km 的区域进行合并，由此便可得到城市区域的简化分布，且区域的选择具有较大的灵活性。

网约车调度方案的优化在于增加网约车驾驶员与平台公司的收益，同时尽可能地减少网约车在运营过程中的成本消耗,在考虑以上两点的前提下将乘客乘车时所等待的时间最小化。网约车调度优化模型的建立旨在将这些问题以数学模型的形式表达出来。

5.4 网络预约拼车

5.4.1 网络预约拼车的特征

一辆可以承载4人的小汽车,在高峰时间段一般只会搭载1~2人,小汽车的低载客率不仅造成了资源的浪费,同时也会在一定程度上导致交通拥堵的产生。有着相同出行路线的人,为了节省出行费用,开始乘坐同一辆车上下班,或者在节假日出游等,车费由搭载同一辆汽车的出行者平均分摊,于是,拼车的概念逐渐形成。

拼车出行不仅降低了人们在出行上所支付的费用,提高了小汽车的座位使用率,而且在某种程度上,提升了城市交通网络的通行效用,缓解了城市道路拥堵和停车困难,减少了汽车的尾气排放和环境污染等。

网络预约拼车(简称网约拼车)为用户通过手机上的打车软件平台,提前发布自己的出行安排,车主选择与本身的出行线路具有一定相似程度的一名或者多名乘客共行。乘客也可以在移动平台上提前发布出行信息,按照自身出行需求选择意向拼车车主。

网约拼车具有以下四个特征:

(1)拼车是在平台上预先发布拼车信息,如出发地点、目的地、出发时间和乘客人数。

(2)拼车发生的前提条件是拼车参与者有共同或者相似的出行路线与出行时间,车辆为多名乘客提供服务。

(3)拼车是自愿性行为,提供公益性质的服务,而非网约车的运营性质。

(4)车主与乘客在出行时,对所产生的费用共同合理分摊。

网约拼车与网约车的区别见表5-5。

网约拼车与网约车的对比　　　　　　　　　　　　　　表5-5

类型	车主性质	收费标准	车辆归属	服务人数	运营性质
网约拼车	业余	里程费	个人	一人或多人	公益
网约车	专职或兼职	里程费、时长费、远途费、过路过桥费等	个人、汽车租赁公司	一人	运营

网约拼车由多个乘客进行合乘,从而节约社会资源,实现网约车平台公司、驾驶员、乘客都得到利益。

(1)减少乘客出行费用。通过合乘,乘客的出行费用相对于单独乘车减少了许多,由多个乘客共同分摊合乘费用,乘客支付的费用减少。同时乘客有合乘需求,只需要利用手机就能提前实时实地预约车辆选择出行,节省了乘客的等车时间,也方便了乘客的出行,极大地提高了合乘的利用率。

(2)增加驾驶员的收入,同时减少驾驶员出行费用。驾驶员在出行中,顺路接上一个或者多个乘客一同前去,增加了驾驶员的收入,也可以说是减少了驾驶员的出行费用。合乘的乘客越多,驾驶员的收入相应地也就越高。

(3)减少了社会资源的消费。不合乘前,每位乘客都要自己单独坐车走相同的路,现在通过合乘,减少了多辆车的能源消耗,减少了多位乘客的总行驶里程,也就减少了这些乘客对能源的消耗,同时还能够缓解交通压力,降低环境污染。

(4)提高人们出行的安全系数。人们在利用网约拼车出行时,都会提前在手机软件客户端进行预约,利用先进的定位系统,乘客的实时地点、驾驶员的实时地点,以及驾驶员与乘客的合乘路线都会在平台上记录下来,而且驾驶员乘客都在平台上进行了实名认证。这一系列的保障措施在时时刻刻保护乘客及驾驶员的安全。

5.4.2 网络预约拼车出行需求特性分析

在苏州居民当中开展了有关"居民日常拼车出行需求情况"的问卷调研。调查对象有外出休闲娱乐的居民、通勤"上班族"、公交站及地铁站等待乘车的乘客、路边或停车场停车的驾驶员等,共计发放问卷200份。虽然没能获取足够多的调查样本,但可以在一定程度上反映苏州市居民日常拼车出行现状。

(1)拼车个体特征。

在200位受访者中,有157人(78.5%)表示愿意或者尝试私家车拼车出行的交通方式,有43人(21.5%)表示无拼车意愿。数据结果表明,绝大多数居民愿意选择拼车出行。从调查对象的性别来看,98位男性居民中有78位愿意拼车出行,占比79.6%;102位女性居民中有79位愿意拼车出行,占比77.5%。结果显示,男、女性受访者中愿意拼车出行的比例相当,并不存在显著的性别分异。

对调查者的月收入水平与拼车意愿进行交叉分析,不同收入水平中居民愿意拼车人数如图5-8所示。从结果可以看出,月收入水平在中等及以下水平人群的拼车意愿更加强烈。

对有过拼车出行经历的122位居民日常拼车时间进行统计得到拼车时间分布图,结果如图5-9所示。从拼车出发的时间看,7:00—8:00之间出发人数最多,其次是8:00—9:00和6:00—7:00,这3个时段早高峰出发的人数占总人数的37.7%。晚高峰17:00—20:00共3h出发的人数占总人数的27.9%,较早高峰相差甚远。可见,苏州绝大多数的拼车行为发生在早高峰(6:00—9:00)。因为绝大多数拼车行为发生在早高峰,由此可以认为这些拼车出行的主要目的是上班,可能由于下班时间往往不固定和夜间出行安全等原因,下班拼车人数占比较少。

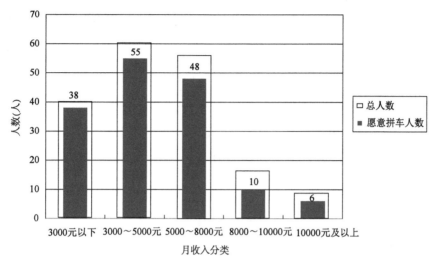

图5-8 月收入与拼车意愿的交叉分析

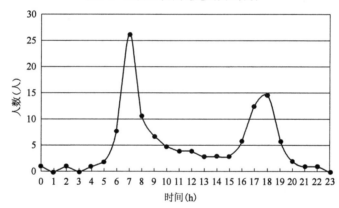

图5-9 拼车时间分布图

(2)影响拼车需求的主要因素。

对收回的200份有效问卷进行分析,受访者最常用的出行方式情况如下:选择公交出行(含公交车、地铁)的受访者共有109位,占比54.5%;选择私家车的受访者共有47位,占比23.5%;选择电动车的受访者共有35位,占比17.5%;选择出租汽车出行的受访者共有4位,占比2.0%;选择其他出行方式出行的人数相对较少,为5人,占比2.5%。通过对交通出行方式与拼车意愿的交叉分析发现,日常选择公交出行与出租汽车出行的居民更愿意选择拼车出行。

为了确定影响居民选择拼车出行的主要因素,对各出行方式中愿意拼车居民进行需求分析。主要方法如下:根据调查结果发现,居民选择拼车出行的原因主要有6项,包括节约时间、节省费用、舒适、减轻停车压力、结识更多伙伴以及缓解交通拥堵、响应环保号召。对各项原因进行成对比较并打分,建立居民拼车原因判断矩阵,矩阵中数字取 2、1 和 0。在当前水平下,若居民认为两项原因同等重要,则每项原因得分都为 1 分;若其中一项比另一项重要,则相对重要的一项得 2 分,另一项得 0 分。各项原因两两对比后,将矩阵中每行得分相加,得到各个原因的重要度值。以公交出行中某愿意拼车出行的个体为例,其对应的拼车原因重要度调查结果见表 5-6。

拼车原因重要度 表 5-6

序号	原因	重要度
1	节约时间	9
2	节省费用	9
3	舒适	6
4	减轻停车压力	2
5	结识更多伙伴	2
6	缓解交通拥堵、响应环保号召	2

对以上各种出行方式中所有愿意拼车的个体进行拼车原因重要度调查,而后对各个原因的重要度得分值进行累加,并进行排序。以①~⑥表示上述 6 个原因,各交通出行方式中居民拼车原因重要度的排序结果见表 5-7。

各交通出行方式居民拼车原因重要度的排序结果 表 5-7

出行方式	重要度排序结果	出行方式	重要度排序结果
公交	①=②>③>⑥>⑤>④	出租汽车	②>①>③>⑥>⑤>④
私家车	②>⑥>①>④>③>⑤	其他	①=②>③>⑥>⑤>④
电动车	①>②>③>④>⑥>⑤		

日常公交出行的群体选择拼车的主要原因是节约出行时间和节省交通费用,其次是舒适。主要原因是公交出行时间消耗多,出行时间包括步行至候车站点时间、候车等待时间、车上出行时间、换乘时间、下车到达目的地步行时间。而网约拼车几乎可以省略步行至候车站点时间、候车等待时间、中途换乘和下车到达目的地步行时间,并且减少乘车时间,实现快捷出行。另外,根据对现有提供相关拼车服务的网站的调查发现,拼车出行费用均不到出租汽车出行费用的一半甚至更少,较低的拼车费用使得原来追求出行快捷,但是因为费用问题放弃选择出租汽车而选择公交出行的乘客转向拼车出行。交通高峰时期,大容量公共交通拥挤不堪,而网约拼车出行能提供公交车提供不了的舒适度。

降低出行成本也是绝大多数私家车主选择网约拼车的主要原因。对于中等收入水平的私家车主而言,日常出行的燃油费对其造成了一定的经济压力,而利用现有车辆的空余资源,搭载相似出行线路的拼车乘客,可以获得一部分报酬用来分担油费。另外,部分私家车车主可以作为乘客参与网约拼车服务,从而减少出行成本以及出行时间。响应环保节能号召、认识更多伙伴等个人因素也是部分居民选择网约拼车出行的原因。

对于日常出租汽车出行的居民而言,同样的出行,拼车只需支付少于出租汽车一半的费用,也解决了在高峰时间打车难的问题,减少了候车时间。另外,居民选择出租汽车出行的本质是追求快捷舒适,而拼车出行能够满足快捷、经济这两项需求,使得居民向网约拼车方式转移。

对于日常骑电动车与其他出行方式出行更多的居民而言,节省时间和费用是首要选择拼车出行的原因。

综上,各出行方式出行的居民,其选择拼车出行的首要原因都是节约时间和节约费用。

由于若干用户无拼车意愿,因此,有必要对无拼车意愿原因展开调查。按照上文中拼车原因重要度确定的方法,对无拼车意愿原因进行分析,排序结果见表5-8。

表5-8 无意愿拼车原因重要度的排序

序号	原因	序号	原因
1	安全得不到保障	4	事故处理得不到保障
2	用户间协调不合理	5	其他
3	响应时间长		

从结果中可以看出,大部分用户担忧拼车出行中的安全不能得到保障,其次是时间与路线的不合理,造成出行延误,时间得不到保障。另外,响应时间长也是用户不愿意选择拼车的原因。拼车需求长时间得不到响应使得用户放弃转而选择其他的出行方式。

对有过拼车出行经历的122位受访者进行拼车满意度调查,调查结果如图5-10所示。结果显示,拼车出行在费用、舒适、安全等方面很好地满足了用户的需求,但是在用户协调合理方面却很低。进一步了解用户在协调方面不满意的原因,发现主要有以下三方面:第一,系统向车主推送的乘客用户不合理,过多的绕行使得车主出行成本和时间得不到保障。第

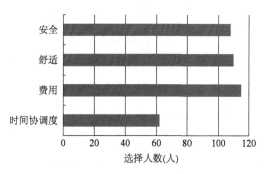

图5-10 拼车满意度

二,车主为搭载其他乘客进行绕行从而耽误了之前搭载乘客的时间。现有的网约拼车平台乘客出行信息设置只有出发时间,无法设置到达时间,正是原因所在。第三,车主搭载多名乘客,但是对于乘客的搭载路径,未进行合理的规划,导致行驶里程的增加,进而造成时间上的延误。

另外,该调查发现某些用户对于拼车出行还有其他方面的需求。比如:乘客在选择车主时会希望对方有较长时间的驾驶经验,女性乘客或者车主在选择其他拼车者时会更偏好对方是同性,不与车内吸烟的车主或者乘客共享拼车服务等。

根据以上调查结果分析得出以下结论：

(1) 大多数居民愿意并且支持拼车出行，拼车需求量、用户意愿都很大。但是，有部分居民因拼车需求屡次匹配失败，使得用户体验下降，进而放弃拼车出行。因此，有必要尽可能地满足更多的拼车出行需求，保持拼车出行对居民的吸引力，这也是提高用户满意度和促进网约拼车持续发展的重要因素。

(2) 居民选择拼车出行很大程度上是因为节省时间，省去了日常公交出行中的冗余时间，以较短的时间完成出行。另外，拼车出行大多发生在早晚上下班高峰时期，无论是车主还是乘客用户对于时间的敏感度都较高。但是在拼车满意度调查中，时间上的及时性满意度反而最低，这与选择拼车出行而节省时间的出行目的相悖。所以，时间因素无论在拼车意愿的影响还是拼车服务质量的衡量方面都显得尤为重要。

(3) 节省出行成本是私家车主提供拼车服务的主要原因。私家车主希望在保证车主自身出行时间需求前提下，以较少的额外绕行费用顺路搭载其他乘客，即以较少的出行成本搭载乘客。

(4) 除去用户获得经济快捷舒适的出行需求，其他拼车参与者还有其他个性化的需求。

5.4.3 网络预约拼车合乘路径优化

在某个固定区域里，有足够数量的网约拼车在道路上行驶，网约拼车的起点、终点、行驶的具体路径、需要的乘客数都不一样。在某个时间段里，一辆网约拼车可以为多个乘客提供服务，每位乘客只能被一辆网约拼车服务，网约拼车将多名乘客送往目的地。网约拼车要服务多名乘客，就需要合理规划搭乘的乘客，优化网约拼车行驶路径，最终尽可能地满足多名乘客以最优的路线及每位乘客支付最少的费用到达目的地。

网约拼车行驶路线经常通过商业区与人流量极大的区域，乘客被网约拼车服务后，由于路线问题与人流问题导致乘客无法按照自己的意愿与时间点到达目的地，因此，网约拼车合乘路径需要设定总合乘费用最少与总合乘时间最短这两个目标。单个乘客搭载网约拼车支付费用较大，但是其舒适度极高，而且行驶路径属于最短化，而合乘导致乘客拥挤从而造成其不舒适；因为合乘乘客的目的地存在一定的偏差，因此设定车辆行驶路径最短这个目标。所以，对于网约拼车合乘路径优化问题，通过优化网约拼车合乘乘客总的合乘时间最短、合乘费用最少、网约拼车行驶路径最短这三个目标，找到一条或多条合理的、最优的车辆行驶路径方案，使得网约拼车能够快速、便捷地将每位搭载乘客送往其目的地。

假定网约拼车搭载乘客数已知；拥有足够多的网约拼车数量；各个乘客的位置已知；网约

拼车搭载第一位乘客开始进入时间窗开始服务;网约拼车在乘客时间窗前到达乘客点,需要等待乘车时间窗开始服务;各个乘客出发与到达的时间点已知;不考虑交通管制、量测手段不同外加其他不可抗力因素等影响条件。构建网约拼车合乘路径优化模型如下:

$$\min Z_1 = \sum_{i \in G} \sum_{j \in G} \sum_{k \in M} d_{ij}^k x_{ij}^k \tag{5-1}$$

$$\min Z_2 = \sum_{i \in G} \sum_{j \in G} \sum_{k \in M} p_{ij}^k x_{ij}^k \tag{5-2}$$

$$\min Z_3 = \sum_{i \in G} \sum_{j \in G} \sum_{k \in M} T_{ij}^k x_{ij}^k \tag{5-3}$$

$$\sum_{k \in M} y_i^k Q_i \leq R \qquad \forall i \in G \tag{5-4}$$

$$\sum_{i \in G} y_i^k = 1 \qquad \forall k \tag{5-5}$$

$$S \leq R \times K \tag{5-6}$$

式中:G——所有节点的集合;

M——网约拼车的集合,$M = \{k \mid k = 1, 2, \cdots, k\}$;

R——网约拼车的车载容量,取值为 3;

d_{ij}^k——乘客从出发点 i 到目的地 j 的距离;

p_{ij}^k——网约拼车搭载单乘客的费用;

T_{ij}^k——第 k 辆车从乘客点 i 到乘客点 j 的时间;

Q_i——第 i 个乘客点需要服务的乘客人数;

S——需要服务的乘客总数;

K——参与运送乘客的网约拼车车辆数;

$x_{ij}^k = \begin{cases} 1 & (\text{第 } k \text{ 辆车从出发点 } i \text{ 行驶到目的点 } j) \\ 0 & (\text{其他}) \end{cases}$;

$y_i^k = \begin{cases} 1 & (\text{第 } k \text{ 辆车服务乘客点 } i) \\ 0 & (\text{其他}) \end{cases}$。

从此模型中可以看出,目标函数表示的是网约拼车合乘的总路径最短,网约拼车合乘乘客的合乘费用最少,网约拼车车辆合乘的总合乘时间最短。

约束条件分别是第 k 辆网约拼车在行驶路径上的乘客车载量不能超过其最大容载量;合乘过程中乘客只能搭载一辆网约拼车行驶,中途不能换乘另一辆网约拼车;路网中所有的乘客出行需求不能超过该路网能够提供的所有供给,即所有需要服务的乘客总数不能超过所有参加运送乘客的网约拼车所提供的最大乘客数。

为了验证网约拼车合乘路径问题的模型和算法的有效性,在路网中通过随机方式生成了

30个节点,各点分布如图5-11所示。同时随机产生了5名乘客的起终点,乘客的信息见表5-9。假设该路网中存在2辆网约拼车,已知网约拼车1初始节点为26,网约拼车2初始节点为28。每个节点的距离已知,如果两个节点之间不连通,则该两点之间距离为∞。假设网约拼车运行速度为30km/h,车辆合乘的起步价为10元,起步距离为3km,超过3km后的距离按1元/km来算,每辆车的最大容量为3名乘客。不考虑交通管制、量测手段不同、外加其他不可抗力因素等影响条件。

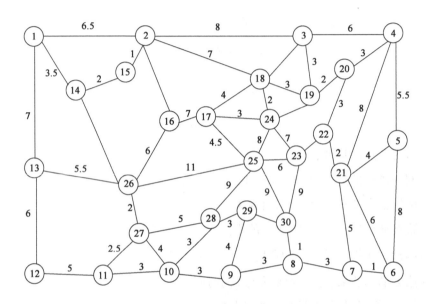

图 5-11 城市路网

乘客时间表 表 5-9

乘客编号	起点	终点	出发时间窗	终点时间窗
a	28	23	[8:30—8:35]	[8:55—9:00]
b	16	20	[8:20—8:25]	[8:40—8:45]
c	30	18	[8:40—8:45]	[9:30—9:35]
d	29	24	[8:38—8:43]	[9:20—9:25]
e	26	18	[8:10—8:15]	[8:30—8:35]

通过图5-11所示的城市路网和表5-9中对每位乘客的出发点和目的地点进行分析比较,参考乘客出行起点与终点的节点,利用遗传算法求得确定情形下网约拼车合乘路径。根据问题规模设种群大小为100,迭代次数上限为200,初始交叉概率为0.8,变异概率为0.01。通过多次运算得到结果,见表5-10~表5-14。

网约拼车合乘车辆路径优化（Pareto 解 1） 表 5-10

车辆	行驶距离(km)	合乘费用(元)	合乘时间(h)
网约拼车 1	16	36	0.66
网约拼车 2	30	87	1

网约拼车合乘乘客路径优化（Pareto 解 1） 表 5-11

乘客编号	a	b	c	d	e
行驶路径	28→29→30→23	16→17→18→19→20	30→23→24→18	29→30→23→24	26→16→17→18

网约拼车合乘车辆路径优化（Pareto 解 2） 表 5-12

车辆	行驶距离(km)	合乘费用(元)	合乘时间(h)
网约拼车 1	18	30	0.85
网约拼车 2	35	76	1.16

网约拼车合乘乘客路径优化（Pareto 解 2） 表 5-13

乘客编号	a	b	c	d	e
行驶路径	28→29→30→23	16→17→24→18→24	30→23→25→24→18	29→30→23→25→24	26→16→17→24→18

网约拼车合乘优化路径 表 5-14

Pareto 解	网约拼车 1 合乘路径	网约拼车 2 合乘路径
Pareto 解 1	26→16→17→18→19→20	28→29→30→23→24→18
Pareto 解 2	26→16→17→24→18→20	28→29→30→23→25→24→18

从图 5-11 中可以看出，以 Pareto 解 1 为例，网约车辆 1 从节点 26 出发先服务乘客 e，之后在下一个节点 16 服务乘客 b，乘客 b 和乘客 e 合乘经过节点 17、18，在节点 18 结束对乘客 e 的服务，最后单独服务乘客 b 经过节点 19，到达乘客 b 目的地节点 20，结束服务。网约车辆 2 从节点 28 出发先服务乘客 a，之后在下一个节点 29 服务乘客 d，网约车辆 2 搭载乘客 a 和乘客 d 一起进入节点 30 再服务乘客 c，合乘经过节点 23 结束对乘客 a 的服务，经过节点 23 结束对乘客 d 的服务，最后单独服务乘客 c 到达目的地节点 18 结束服务。

Pareto 解 1 网约拼车合乘行驶距离最短，但网约拼车合乘费用较高，网约拼车合乘时间也长；Pareto 解 2 在网约拼车合乘费用与合乘时间上得到降低，但其网约拼车合乘行驶距离变大。通过对网约拼车合乘路径优化各个数据分析，使得网约拼车本身运营成本更低，乘客支付费用更少，从而减少了乘客的时间成本，增加了网约拼车驾驶员的收益。

网约拼车合乘在选择合理路径后可以达到多方共赢。在实际城市道路情况中，由于路网的情况比较复杂，在网约拼车合乘路径选择中应考虑更多的因素来选择合理的合乘路径。

5.4.4 机场情景下的网络预约拼车

由于机场一般建在离城市较远的地区，并且客流量大小受航班落地时间的影响，因此实行机场拼车的专项服务来提高运输效率、节约道路资源就显得十分有必要了。目前大部分的拼车都是采用多点上多点下的运营模式，即乘客上车地点是随机的，大部分情况下，多名乘客在同一地点上车的概率是极小的。当在机场运营高峰或一些恶劣天气情景下，由于平台附近匹配的专车数量不足，乘客往往无法及时搭乘车辆。因此，为了更好地使机场专车运输资源得到充分利用，同时为人们提供更便捷的服务，基于机场特定场景的拼车模式诞生了。

针对机场拼车服务，一般通过在机场设立服务点，当乘客到达后前往对应的服务点验票等候，有合适的人一同拼车时，服务点的接待人员将会指引乘客前往停车点上车。这种机场拼车服务类似于站点拼车的模式，相较于搭乘地铁、公交等从机场前往市区的方式，拼车出行的乘坐体验更加舒适，目的地的选择更加灵活，同时与专车等方式相比，拼车的价格更显低廉。

机场拼车与传统的拼车模式不同，机场拼车服务更加侧重于针对机场这一特定场景为乘客提供拼车服务，它的起点为单一固定的，由乘客根据地图位置响应来判断车辆的具体位置，根据实际情况为乘客动态分配专车，地图匹配从定位模块获取车辆方位与位置信息，减少了多起点位置参数的干扰，提高了定位的准确性，减少了车辆迂回行驶公里数，提高了运输效率。同时，它能根据机场客流高峰期动态调整专车数量，综合考虑乘客等待时间和载客率这两个因素，以最小化乘客等待时间和拼车公司的运营成本为目标，对不同乘客的目的地进行分析，实现不同车辆的拼车最优化匹配。

基于机场情景下的拼车匹配路径规划问题是指多辆专车从多个等待匹配的订单中选择合适的拼车对象，并规划出合理的派送顺序，其属于带有硬时间窗且中途不支持换乘的多辆车静态装卸货车辆路径模型。具体表述如下：机场拼车服务平台需要完成对选择机场拼车服务的乘客的运送，所有乘客均从给定发车点出发，每个订单的目的地位置和乘客数量已知，各个目的地之间的距离已知且具有对称性，机场拼车服务使用的车辆均是传统的 5 人座轿车，最多可接受 4 名乘客的拼车请求，每辆车只执行一次运送服务，运送完成后不必返回机场，运送需要满足时间约束和绕路距离约束，要求对现有乘客进行匹配并安排合适的运送顺序，目标使得总行驶距离最短。

建模前有以下几个方面的说明：①乘客在机场的等待时间不超过 30min；②每个订单请求都必须得到派送。

为了提高匹配结果质量，针对机场拼车的特定情景，将研究问题拆分为两个子问题：订单-车辆的匹配问题和车辆的发车策略制定问题。

假设拼车平台采用滚动预约制：所有乘客在下飞机后，来到拼车平台在机场设立的服务点签到，并向平台报告其目的地信息、订单人数。具体来讲，平台在时刻 t 收集上一个决策时段 $[t-\Delta t, t]$ 内的所有订单信息，再调用匹配优化模型进行订单与车辆的匹配。由于平台在进行订单与车辆的匹配时，决策时段内的所有订单信息和车辆信息都是已知的，所以该模型是一个静态的匹配模型。

由于订单-车辆匹配模型并不能保证车辆的上座率,而车辆的上座率又直接影响平台的运营成本,所以在匹配结果的基础上又提出车辆的发车策略制定问题:即第一个子问题决定了哪些订单匹配到一起共乘一辆专车,而第二个子问题按照制定的发车规则来决定是否执行第一个子问题的匹配结果:若执行则将专车发出,若不执行则让相应的订单继续等待下一个决策时段$[t,t+\Delta t]$的匹配。拼车平台运营流程如图 5-12 所示。

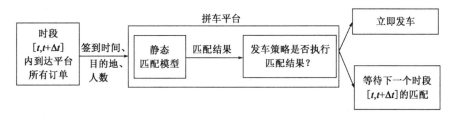

图 5-12 拼车平台运营流程

发车策略的制定直接影响到车辆的上座率,但为了提高车辆的上座率会让乘客的等待时间过长,也会影响到平台的服务水平。因此,给出订单等待时间的定义:从订单签到开始到订单发车之间的时段。为了保证平台的服务水平,并结合携程网的订单签到时间分布数据,将订单等待时间设定为不能超过 30min,即平台保证所有订单在签到后 30min。

拼车平台每隔一个固定的时间(Δt)就调用一次静态匹配模型,得到订单与车辆的匹配结果。在实际的拼车运营中,拼车平台需要考虑运营成本,而提升上座率是降低运营成本的重要手段。此外,拼车平台还需要考虑服务质量。若为了追求提升车辆的上座率,而让乘客的等待时间过长,则会降低平台的服务水平。从实际的运营出发,平台需要同时兼顾运营成本和服务水平,因此提出三种发车策略。

(1) 定时发车策略(S1)。该策略类似于机场大巴的固定班次发车的策略。具体规则为:每隔 30min(因为前面规定了所有订单的最长等待时间为 30min)就对平台上所有订单进行一次匹配,并按匹配结果将所有订单全部发车。

(2) 条件触发发车策略(S2)。在该策略下,平台仍旧每隔一个固定的时间(如 $\Delta t = 5\text{min}$)对平台上所有订单进行一次匹配,订单匹配到车辆后,并不会立即发车,而是需要再判断每一辆车是否到达发车的条件。若车辆未能达到发车条件,则本次的匹配结果作废,车辆匹配到的订单继续留在拼车平台上等待下一个时段再进行匹配。触发发车的条件有 2 个,分别是:①车辆 k 匹配到的所有订单的总人数达到其载客人数上限 g_k,这时车辆上座率达到 100%,立即发车;②车辆 k 匹配到的所有订单中,若其中至少存在一个订单的等待时间已经达到平台规定的等待时间上限 $w_{\max}$,那么无论车辆是否坐满了乘客,都立刻发车。

(3) 根据历史数据预判发车策略(S3)。该策略与 S2 策略相似,平台仍旧每隔一个固定的时间(如 $\Delta t = 5\text{min}$)对平台上所有订单进行一次匹配,订单匹配到车辆后,并不会立即发车,而是需要再判断每一辆车是否到达发车的条件。若车辆未能达到发车条件,则本次的匹配结果作废,车辆匹配到的订单继续留在拼车平台上等待下一个时段再进行匹配。不同的是车辆发车的条件。在该策略下,车辆的发车条件为:①车辆 k 匹配到的所有订单的总人数达到其载客人数上限 g_k,这时车辆上座率达到100%,立即发车;②车辆 k 匹配到的所有订单中,分析每个订单目的地,将订单目的地划分到6个区域中,并根据当前的时间,预估在下一个匹配时段内平台上会达到多个与当前订单目的地相近的订单,当预估的订单数量达到预先设置的阈值时,则不发车,否则,即使所有订单的等待时间都未达到 w_{max},也立即发车。该策略的优势在于,若能通过历史数据准确地预估到未来一个时段内到达平台订单的目的地和数量的分布,就能减少平台上乘客的无谓等待时间,在不影响车辆上座率的同时,提升平台的服务水平。

通过对构建的模型分析发现,在进行订单与车辆的匹配时,默认所有订单都有可能匹配到同一辆车上,即在决策哪些订单匹配到同一辆时会对所有订单遍历一遍,然后再枚举订单运送的先后顺序。因此,当订单的数量增加时,搜索最优解的时间将呈阶乘级增长。

为了解决该问题,采用分治法的思想:首先对所有订单的目的地进行聚类,从而得到多个订单簇,每个订单簇中的订单目的地都很相近,这样便缩小了算法的搜索范围。然后再根据贪婪算法的思想决策订单与车辆的匹配结果以及对应的订单运送顺序。

(1) 第一阶段:订单目的地聚类。本阶段算法的目的是将所有目的地相近的订单通过聚类算法聚合成若干个订单簇,需要说明的是,在两阶段启发式算法中对订单目的地进行聚类的目的是快速找出目的地最相近的订单,缩小算法的搜索范围,提高算法的求解速度。由于在对所有订单进行聚类前,无法明确地知道应该把订单分为多少簇,只能规定当订单目的地之间的距离小于多少时就把它们划分为一个簇,而密度聚类算法刚好能通过样本之间的紧密程度确定如何聚类,非常符合所研究问题的特点。

(2) 第二阶段:决策订单运送顺序和所需车辆数。通过第一阶段的聚类算法,把规模较大的订单集合 $I(t)$ 划分为若干个规模较小的订单簇,并且每个簇内订单目的地也比较相似。所以在第二阶段,针对每个订单簇运用贪婪算法获得所有订单的匹配结果和对应的运送顺序。

将每一辆车模拟成一个队列,初始时找出一个簇中离机场最近的订单,并把其加入队列中,然后每次迭代寻找离队尾订单最近的订单;若该订单加入队列后,队列中所有订单的总人数不超过车辆的载客人数上限,则将其加入队列,否则,继续寻找下一个订单。每个订单簇的输出 R 是由若干个队列组成,一个队列就表示一辆专车,并且订单的运送顺序为从队头到队尾依次运送队列中的每个订单。

综上所述,经过第一阶段的订单聚类和第二阶段的匹配与路径规划,就完成了"订单-车辆"的匹配问题求解。

5.5 城际网络预约出租汽车

城际网约车是在城市网约车基础上发展而来的,满足居民城市间出行需求的网约车服务。跨城出行乘客在通达性基础上,对于便捷、舒适、安全的需求逐步提升,一些传统道路运输企业主动求变,创新运营模式,找准市场定位,发挥公路客运灵活多变的优势,将先进的互联网技术力量与运输企业线下资源相结合,提出了城际网约车的运营模式。

城际网约车发挥移动互联的优势,匹配供需关系。乘客通过手机 App 发布出行需求,企业平台通过匹配出行需求,派发车辆将乘客从其发布的上车地点送至下车地点,提供城市间"门到门"的运输服务。城际网约车方便旅客就近乘车,减少城市内到站换乘的烦琐,极大提高了出行的便捷度,充分发挥了公路客运的灵活性,使公路运输能有效地稳固中短途运输市场。城际网约车通过合理的供需分配,避免了传统进站客运模式的城市内换乘,减少了乘客出行时间,保障了乘客出行品质,同时在减少交通拥堵和保护环境方面也有一定意义。

城际网约车主要包括专车和拼车两种运营模式,凭借其城际出行"门到门"的特点,正逐步成为传统道路运输企业打破市场格局、提升经营效益的一个有效途径。城际网约拼车模式主要包括以下特点:

(1)服务范围。城际网约车大多面向 300km 以下城际出行客流,兼顾高速铁路、民航终端的旅客接驳运输,服务对象瞄准对出行舒适性、时效性要求较高、渴望零换乘以提高出行效率的出行人群,为乘客提供安全、便捷、灵活的点对点上下车出行服务。

(2)收费标准。区别于城市内网约拼车按出行里程收费的模式,城际网约车采用"一票制"收费模式,即运营企业综合考虑出行距离及市场环境,制定城际间出行统一收费标准,不随时段气候变化,长期有效。

(3)车辆。城际网约拼车统一采用小型乘用车,在保证乘坐舒适的同时方便灵活,不易造成道路拥堵。

现有的城际间出行方式主要有民航、高速铁路、传统公路客运、自驾等。由于民航主要服务于长距离运输,且经济性较差,与城际网约拼车并无竞争关系。在 300km 以上的中长距离出行中,高速铁路速度快、乘坐舒适和安全性高的特点使其优势明显,但高速铁路车站大多位于城市郊区,接驳换乘不便,换乘时间长,换乘费用较高,在中距离出行中,换乘时间甚至可达总出行时间的一半。传统公路客运由于私家车的普及以及高速铁路的冲击已逐渐式微,其不仅在出行时间上劣势明显,在服务质量方面也表现较差,且其站到站的运营模式也使其存在换乘不便的缺点。自驾出发时间及路线完全由车主掌握,出行方式灵活,较传统公路客运出行时间短、体验佳,同时其点到点零换乘的特点也使其在300km以下的中短途出行中占有一定比例,但其出行费用最高,且过多的私家车出行也会导致道路拥堵、尾气污染等环境问题。城际网约车综合了高速铁路及自驾的优点,拥有点对点零换乘、乘坐舒适、综合时效较好的优势,但其费用相比传统公路客运略高,在300km以下的中短途城际出行中具有一定的竞争力。现有城际出行方式对比见表5-15。

现有城际出行方式对比 表5-15

出行方式	出行距离	出行时间	乘车便利性	综合费用	安全性
高速铁路	适合300km以上中长距离出行	速度快,出行时间短	车站距市区较远,换乘不便	一般	安全性较高
自驾	适合300km以下中短途出行	出行方式灵活,较传统公路客运时间短	点到点,出行零换乘	最高	安全性一般
传统公路客运	适合300km以下中短途出行	较慢,耗时较长	车站出发,转乘不便	一般	较"黑车"、顺风车高
城际网约车	适合300km以下中短途出行	较传统公路客运灵活,耗时与自驾相当	点到点,出行零换乘	较高	与自驾相当

城际拼车模式为:乘客发布出行需求,网约车平台公司派发车辆,驾驶员和乘客可通过网约车平台公司获取对方的实时位置,表现形式如图5-13所示。城际网约拼车的运营模式为先接A城市的乘客,再将其送至B城市。

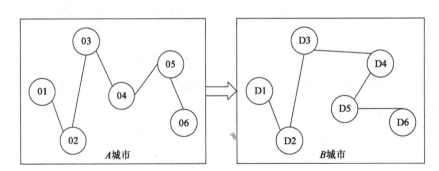

图5-13 城际网约拼车出行表现形式

城际网约拼车出行模式具有跨城且成对性的特点,即每个乘客出行的上车点与下车点成对出现,必须由一辆车提供服务,且先服务A城市的上车点,后服务B城市的下车点。由于上下车先后对于乘客出行时间差异的影响,在考虑降低企业成本、减少绕行的同时,还要统筹乘客上下车顺序,平衡乘客出行差异,兼顾乘客利益。

考虑到费用过高亦是由于车辆绕行产生的成本过高导致的,因此,以完成运输距离最短和乘客间出行时间方差最小为优化目标,对城际网约拼车的末端路径进行优化。具体问题描述如下:乘客通过 App 发布出行需求,即每个乘客的所在位置坐标均为已知,故研究的是静态车辆路径优化,在满足约束条件的前提下,制定合理的行驶路径,在满足总的运输里程最小、减少成本的同时,乘客间出行时间差异也最小,体现乘客出行时间上的公平性。

基于城际网约拼车的特点以及对车辆路径问题的研究和描述,乘客出行需求点已知,车辆路径先串联乘客的上车点,再到达乘客下车点,提出以下假设条件:

(1) 所有乘客的出行需求点事先已知,即上车点和下车点都是事先确定的。

(2) 一辆车可以为多名乘客服务,但乘客被服务次数不超过一次,不存在换乘的情况。

(3) 乘客在约定时间约定地点等候车辆到达,不存在车辆到达指定点而乘客未到达情况。

(4) 忽略车辆的停车起动时间和乘客上下车时间。

(5) 所有车辆以相同的速度在道路上匀速行驶,不存在交通拥堵情况。

(6) 所有车辆车况良好,不存在故障等特殊情况。

(7) 每个地点假设只有一个乘客,一个地点多个需求乘客的情况表示为一辆车连续访问距离极近的多个地点。

城际网约拼车的路径优化可以从图论角度描述为一个完全赋权图 $G=(V,A)$。其中 $V=\{0,1,\cdots,n\}$ 表示顶点集,由于不考虑车场的路径,0 视为虚拟车场,表示行程的开始和结束。顶点 $i=\{1,2,\cdots,n\}$ 代表顾客需求点。$A=\{(i,j)|i,j\in V,i\neq j\}$ 表示边集。

假定运营商最多可以用 k 辆车为 m 个乘客提供服务,则车辆集合 $k=\{1,2,\cdots,k\}$,乘客集合 $P=\{1,2,\cdots,m\}$,服务车辆为 7 座小型乘用车,最多可搭乘 6 名乘客,则 $k=\left[\dfrac{m}{6}\right]+1$,符号 [ ] 表示取整。乘客的上车点编号集合为 $O=\{1,2,\cdots,m\}$,下车点编号集合为 $D=\{m+1,m+2,\cdots,2m\}$,上下车点成对出现,上车点编号函数为 $P^+(i)=i$,下车点编号函数为 $P^-(i)=m+i$,所有上下车点集合为 $P=O\cup D$,起终点城市高速出入口集合为 $S=\{2m+1,2m+2\}$,出入口和所有乘客上下车需求点的集合为 $H=S\cup O\cup D$,总的需求点共有 $2m+2$ 个。每辆车的最大载客量为 6 人,需求点 i 到需求点 j 的运输距离为 d_{ij}。此处不考虑从车场出发接第一个乘客和运送完最后一个乘客后回运营车场的距离,即 $d_{Oi}=0,d_{iO}=0$。车辆行驶到 j 点的时间表示为:

$$t_j=\frac{\sum\limits_{k\in K}\sum\limits_{i\in H}d_{ij}x_{ijk}}{v} \quad j\in H \tag{5-7}$$

式中:v——车辆行驶的平均速度;

x_{ijk}——二元变量,当车辆 k 从 i 点到 j 点时,x_{ijk} 为 1,否则为 0。

由此,建立城际网约拼车路径优化模型为:

(1) 目标函数：

$$\min Z_1 = \sum_{k \in K} \sum_{i \in H} \sum_{j \in H} d_{ij} x_{ijk} \tag{5-8}$$

$$\min \delta^2 = \frac{\sum_{k \in K} \sum_{i \in H} (t_{L+i} - t_i - \mu)^2 y_{ik}}{m} \tag{5-9}$$

式中：y_{ik}——二元变量，当 i 点由车辆 k 配送时，y_{ik} 为 1，否则为 0。

目标函数描述为运营商安排合理的行驶路径以使总的行驶里程最小和乘客间出行时间方差最小。δ^2 表示乘客间出行时间方差，通过使乘客间出行时间方差最小，使城际网约拼车乘客间的出行时间趋于一致，控制乘客间的出行时间公平性，其中 μ 为乘客出行时间的均值。

(2) 约束条件：

$$1 \leq \sum_{i \in o} y_{ik} \leq 6 \quad \forall k \in K \tag{5-10}$$

$$\sum_{j_1 \in o, j_1 \neq i} x_{ij_1 k} - \sum_{j_2 \in H, j_2 \neq m+1} x_{j_2, m+1, k} = 0 \quad \forall i \in O, k \in K \tag{5-11}$$

$$t_i \leq t_{L+i} \quad i \in O \tag{5-12}$$

$$\sum_{i \in H, i \neq j} x_{ijk} \leq 1 \quad \forall j \in H, k \in K \tag{5-13}$$

$$\sum_{j \in H, j \neq i} x_{ijk} \leq 1 \quad \forall i \in H, k \in K \tag{5-14}$$

$$\sum_{k \in K} y_{ik} = 1 \quad \forall i \in H \tag{5-15}$$

约束条件分别为：①容量约束，表示每辆车的载客数不能多于 6 人；②上下车点对应约束，由于每个乘客的上下车点都为成对出现，起终点必须由同一辆车服务；③服务顺序约束，由于城际网约拼车模式为从 A 城市接上乘客至 B 城市下车，故车辆应该按先访问上车点再访问下车点的顺序提供服务；④车辆行驶路径约束，表示车辆服务一个地点的次数不超过一次；⑤车辆服务约束，表示每个需求点都有车辆服务，且只能被一辆车服务。

由于乘客必须提前 1h 发布出行需求，故网约车平台公司根据 1h 的需求再派发车辆。下面选取成都悠途公司 2018 年成都至自贡某天高峰小时乘客发送量 28 人，共 52 个上下车节点的旅客运送数据进行研究。

旅客运送数据包括车辆的卫星定位数据及乘客下单数据。城际网约拼车的服务车辆统一安装了车载卫星定位系统，卫星定位数据包括经纬度坐标、瞬时速度、车牌号及时间等车辆信息的实时数据，通过将经纬度坐标导入电子地图，能够得到各个时段网约车的行驶路径。乘客下单数据为乘客通过手机 App 发布的需求数据，包括乘客的上下车点地址、经纬度坐标及下单时间。通过将乘客出行时段内的车辆卫星定位数据与乘客下单数据中上下车点经纬度坐标进行比对，可整理出实例分析所需要的信息。实例数据中，5 辆车共服务 28 位乘客，车辆总行驶里程为 1364.8km。

采用最短路径算法计算各个节点间的最短路径，获得各节点间的距离矩阵，根据卫星定位系统数据中记录的各路段平均速度,获得各节点间的时间矩阵。

实例中共有28位乘客、56个上下车需求点,需要5辆车提供服务,设计混合遗传算法编程实现,程序运行取最优的路径成果,如图5-14和图5-15所示。

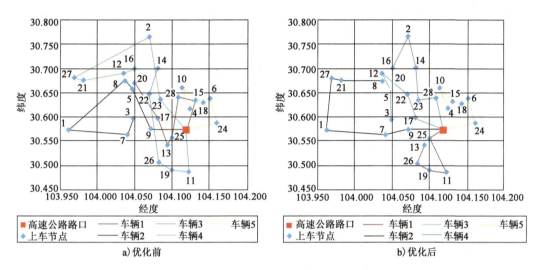

图 5-14　成都端优化前后路径对比

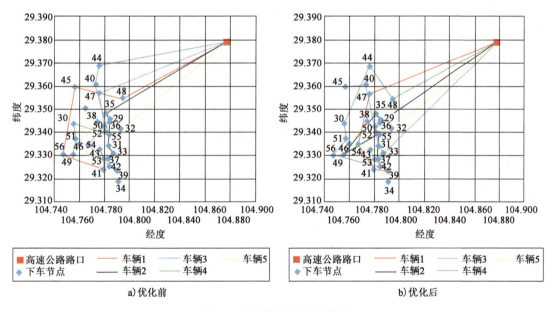

图 5-15　自贡端优化前后路径对比

由图5-14和图5-15可看出,原车辆配送路线为:

车辆1:3→7→1→8→5→9→35→29→36→31→33→37;

车辆2:16→12→21→27→2→23→44→40→55→30→51→49;

车辆3:20→17→13→25→28→15→48→45→56→41→53→43;

车辆4：14→22→26→19→11→47→50→54→42→39；

车辆5：4→10→18→6→24→32→52→38→46→34。

原路径的行驶总里程为1364.8km。由图中可看到，原路径行驶路线存在多处交织，无意义的绕行较严重，导致行驶总里程较远。乘客间的在途里程差异也较大，如乘客14为第一位上车的乘客，在经历了大部分的上下车点后，在倒数第二位才下车，导致乘客14的行程时间与其他乘客相比明显较长。由于城际网约拼车当前采用的是一票制计费模式，这种出行时间上的不公平容易引起乘客对城际网约拼车的抵触情绪，乘客的出行体验不佳。

对比优化后的路径，车辆配送路线为：

车辆1：12→21→27→1→7→9→36→29→35→49→55→37；

车辆2：3→5→12→22→17→33→31→50→40→45；

车辆3：20→16→2→14→23→28→48→44→30→51→56→42；

车辆4：4→10→15→18→6→24→32→52→38→46→43→34；

车辆5：13→26→19→11→25→47→54→41→39→53。

最优路径总里程为1276.2km，相较原路径行驶总里程1364.8km，行驶里程减少了88.6km，路线交织较少，且合理地分配了上下车点，使乘客间的出行时间差在一个很小的范围内。通过对比优化路径与原路径乘客出行时间，优化后平均出行时间为192min，较优化前的211min减少19min，减少幅度不大，但优化后出行时间方差为81.03min，相较优化前的237.85min显著降低。

从图5-16中也可看出，优化后的乘客时间折线明显较优化前平缓，通过对比最大出行时间差也能发现，优化前路径的乘客间最大出行时间差达54min，接近1h，优化后乘客的最大出行时间差缩小至29min。表明优化后，乘客出行时间维持在一个稳定可控的范围内，乘客可根据平均出行时间，放心地安排后续出行计划。通过对比分析优化前后的路径，可见模型在减少绕行方面及控制出行时间方差方面均有较好的效果。

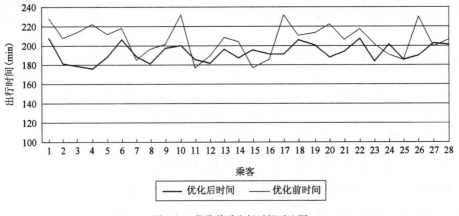

图5-16 优化前后出行时间对比图

6 合乘出租汽车

6.1 出租汽车合乘制度

在城市客运交通供给体系中,出租汽车作为城市公共交通的重要补充,兼顾私家车的便利性、灵活性、舒适性等特点,成为当前城市客运交通体系中不可或缺的一部分,并在一定程度上反映着城市的社会经济发展水平,是城市形象的一个重要标志。

出租汽车合乘,是指出租汽车被租用时,在征得第一租用人同意后,可在核定乘坐人数范围内合乘,合乘路线必须是顺路。出租汽车合乘是指有多个出行者的目的地相同或者相近,经过协商同意共同使用同一辆出租汽车出行的自愿行为。合乘出行的特点是出行者所付费用和往常相比要少,出租汽车驾驶员则通过收取多人的费用提高运营效益,合乘遵循了多方的意愿,保障了乘客的权益。

目前出租汽车行业供需矛盾问题日益突出,不同时段不同区域选择出租汽车出行的乘客需求波动较大,平峰时段出租汽车空驶率居高不下,造成极大的时空资源浪费,而高峰时段出租汽车却"供不应求"。增加出租汽车数量虽然可以缓解高峰时段"供不应求"的状况,但会导致平峰时段出租汽车的空驶率升高,造成更大的资源浪费和环境污染。出租汽车在高峰时期座位利用率不足50%,说明仍有部分运力未被利用。在不增加出租汽车数量和改变现有道路状况的条件下,组织出租汽车合乘能够有效提升出租汽车市场供给水平,同时缓解交通拥堵、雾霾、噪声污染等社会问题。

出租汽车合乘模式可以降低乘客出行费用,控制城市出租汽车数量,同时提高出租汽车高峰时段的运输效率、节能减排、缓解城市交通拥堵。实现出租汽车合乘,对乘客、驾驶员和交通管理者三方都具有很大的意义:

(1)出行费用降低。出租汽车合乘者依据自己的线路共同承担相关费用,与独自乘车相比,出行时间成本适当增加,但出行费用减少。

(2)乘客个性化需求满足。合乘者在出行前使用手机合乘打车软件选择好各自的个性化需求,根据自身的需求和兴趣来定制自己的出行行为。在合乘服务时,驾驶员应尽可能地满足乘客的个性化需求,提高乘客的出行品质。

(3)驾驶员收入提高。出租汽车驾驶员将同一方向或相近目的地的乘客载上车,共同行驶某部分路程,使得单位里程油耗降低,同时,合乘时间内乘客数量增加,驾驶员的收入提高。

(4)高峰"打车难"缓解。上下班或节假日高峰期间,由于"僧多粥少"现象显著,城市居民很难在市中心或人流量集聚地打到车。出租汽车合乘可有效缓解这一"打车难"现状,解决人们即时的交通需求。

(5)道路交通负荷降低。通过合乘,交通道路上车辆减少,公共交通或其他社会车辆自由行驶度提升,道路交通负荷将降低。

(6)能源消耗降低。出租汽车合乘使得出租汽车在道路上的空驶率降低、有效乘坐率提高。出租汽车相同时间内燃油经济性增强,而且减少了对环境的污染和对能源的消耗。

出租汽车合乘组织模式可以按很多方式来划分,从不同层面上,分为以下几个大类:

(1)按照出发地和目的地的情况划分。

按照出发地和目的地的情况,将乘客与出租汽车驾驶员的行驶路线分为出发地和目的地完全相同、出发地和目的地部分相同、出发地和目的地完全不同几种匹配方式。

①出发地和目的地完全相同。这种出行类型是最容易匹配的,但在现实生活中很少出现。图 6-1 是出发地和目的地完全相同的示意图,A、B 分别表示出租汽车驾驶员和合乘乘客的出发地,DA 表示合乘乘客的目的地,DB 表示出租汽车驾驶员的目的地,直线箭头表示车辆行驶过程中的路线。

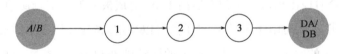

图 6-1　出发地和目的地完全相同

②出发地相同、目的地不同。这种出行方式是出租汽车驾驶员和合乘乘客从同一起点出发,而合乘乘客的目的地包含在车主的出行路线中,如图 6-2 所示。或合乘乘客的目的地在驾驶员的行驶路线的附近范围内,出租汽车要搭上乘客必须改变行车路线,如图 6-3 所示。其中,实线为原始的行车路线,虚线为出租汽车调整后的行驶路线。

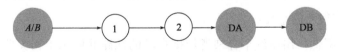

图 6-2　出发地相同、目的地不同,不需要调整路线

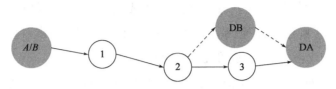

图 6-3　出发地相同、目的地不同,需要调整路线

③出发地不同、目的地相同。这种出行方式是出租汽车驾驶员和合乘乘客的目的地相同,而合乘乘客的出发地在出租汽车驾驶员的行驶路线中,如图 6-4 所示。或合乘乘客的出发地在驾驶员行驶路线的附近范围内,出租汽车要搭上乘客必须改变行车路线,如图 6-5 所示。

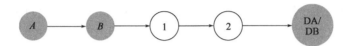

图 6-4　出发地不同、目的地相同,不需要调整路线

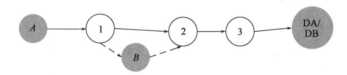

图 6-5　出发地不同、目的地相同,需要调整路线

④出发地不同、目的地也不同。其实,现实生活中大部分的合乘需求,出租汽车驾驶员和乘客的出发地和目的地一般都不相同。较好的情况是合乘乘客的出发地和目的地都包含在驾驶员的行驶路线中,驾驶员在行进过程中不需要做任何调整,如图 6-6 所示。

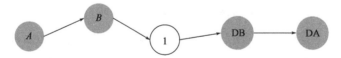

图 6-6　出发地不同、目的地也不同,不需要调整路线

还有一种情况是合乘乘客的出发地和目的地与行驶路线有一定程度的偏离,出租汽车驾驶员需要调整行车路线,才能满足每一位乘客的需求,如图 6-7 所示。

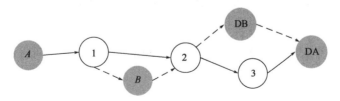

图 6-7　出发地不同、目的地也不同,需要调整路线

(2)依照出租汽车派遣方式划分。

依照出租汽车派遣方式,可以分为预约需求与即时需求。

①预约需求。一般是上班、上学等出行,乘客预先或者定期向运营公司预约搭乘时间与人数,由派遣中心每天于固定的时间派遣出租汽车接送乘客。此种需求对派遣中心而言可以视为是一种固定路线、固定时间甚至有可能是固定乘客的派遣方式。

②即时需求。相对于预约需求的固定性和易操作性,即时需求的处理则需要事先界定时间的限制,作为是否接受乘客提出的即时需求的判断准则,即接到乘客提出的即时需求时,除了考虑是否有剩余车辆服务之外,还要考虑车辆是否在一定时间范围内到达需求点服务,若无法实现,则把即时需求予以回绝。

(3) 按照乘客出行性质划分。

按照乘客出行性质,可以分为上下班合乘问题、逢年过节回家合乘问题和出行游玩合乘问题三种。

①上下班合乘问题,是指搭乘对象是每天去公司上班的"上班族",或是去学校上学的学生,他们的合乘需求是经常性的,几乎每天都有,出行时间和出行路线也往往是固定的,非常具有规律性。面对这类问题,可以预先匹配规划。

②逢年过节回家合乘问题,是指每到各种假期,道路交通压力剧增,一些买不到票的人就会选择一起拼车回家,既解决了回家难的问题,又节省了一部分费用。这类合乘问题在时间性上,往往具有十分鲜明的特征。

③出行游玩合乘问题,是指搭乘对象的出行目的是购物、旅游等。他们的合乘需求往往是临时的、没有计划的,一般很难预先匹配规划。

(4) 按照车辆数量划分。

按照车辆数量,可以分为单车辆合乘问题和多车辆合乘问题。

①单车辆合乘,是指假定所研究区域内只有一辆出租汽车和多位乘客的合乘需求,需要这辆出租汽车合理规划行车路线,在满足路径短、总花费少的原则下,尽可能多地满足乘客搭乘。

②多车辆合乘,是对单车辆合乘问题的延伸,是指所研究区域内有多辆出租汽车同时运行,共同去满足多名乘客的合乘需求。在现实生活中,车辆合乘问题一般为多车辆合乘问题。

(5) 按乘客对上、下车时间的要求划分。

按乘客对上、下车时间的要求,可以分为带时间窗口的车辆合乘问题和不带时间窗口的车辆合乘问题。

①带时间窗口的合乘问题,是指乘客对上、下车的时间点有明确的要求,出租汽车到达站点的时间必须严格满足乘客的时间窗口,否则,乘客将不能成功搭乘车辆。

②不带时间窗口的合乘问题,对车辆到达站点的时间没有明确的要求,只要满足乘客搭乘的出发地和目的地即可。

（6）按搭乘需求划分。

按搭乘需求，可以分为静态车辆合乘问题和动态车辆合乘问题。

①静态车辆合乘问题，是指乘客的搭乘需求和环境变量已经确定且固定不变，具体包括乘客的出发地、目的地、时间窗口、服务要求、车辆和路况信息等。在各种需求、条件等因素确定的情况下，进行车辆路线方面的优化，尽可能多地满足乘客的合乘需求，可以有效地提高出租汽车的利用率。

②动态车辆合乘问题，是指乘客的搭乘需求会随时变化，比如在出租汽车运行过程中，乘客的出发地、目的地临时更改，搭乘的时间窗口临时提前或延迟，实时增加或减少的搭乘需求和服务条件等，还包括外部环境因素的影响，如交通堵塞、交通事故、天气恶劣等状况。这时要根据实际情况，临时调整车辆的行驶路线去满足相应的动态需求。

6.2 出租汽车合乘的组织模式

出租汽车合乘组织模式可以分为他组织模式和自组织模式。

6.2.1 基于路径的他组织合乘模式

基于路径的他组织模式是在按照乘客合乘请求的起终点和时间窗约束，规划乘客的接送路线，并在行程开始后动态插入其他请求。假设系统中有两个乘客请求 $r_1 = \{o_1, d_1\}$ 和 $r_2 = \{o_2, d_2\}$，1、2、3、4 为道路网中的节点，按乘客请求的起终点是否相同，基于路径的他组织模式包括 4 种合乘组织形式。

（1）O 点距离相同，D 点距离相同。如图 6-8 所示，乘客请求 r_1 和 r_2 的起点 O_1 和 O_2 相同，且终点 D_1 和 D_2 也相同。r_1 和 r_2 合乘后的路径为 $O_1 O_2 \rightarrow 1 \rightarrow 2 \rightarrow 3 \rightarrow 4 \rightarrow D_1/D_2$。这种合乘组织形式经常是由乘客自发组织的，发生在有特定出行目的的乘客之间。

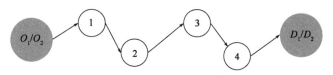

图 6-8　O 点距离相同，D 点距离相同

（2）O 点距离相同，D 点距离较近。如图 6-9 所示，乘客请求 r_1 和 r_2 的起点 O_1 和 O_2 相同，终点 D_1 和 D_2 距离较近。乘客请求 r_2 未合乘时的路径为：$O_2 \rightarrow 1 \rightarrow 2 \rightarrow 3 \rightarrow 4 \rightarrow D_2$，合乘后的路径改变为 $O_2 \rightarrow 1 \rightarrow 2 \rightarrow 3 \rightarrow D_1 \rightarrow D_2$。由于合乘后到达 D_2 的时间没有显著增加，因此请求 r_2 能与请求 r_1 合乘。这种合乘组织形式多见于大型交通枢纽或商务中心的接驳服务。

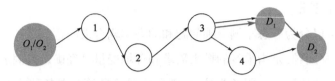

图 6-9　O 点距离相同，D 点距离相近

（3）O 点距离较近，D 点距离相同。如图 6-10 所示，乘客请求 r_1 和 r_2 的起点 O_1 和 O_2 距离较近，终点 D_1 和 D_2 相同。请求 r_2 未合乘时的路径为：$O_2 \rightarrow 1 \rightarrow 2 \rightarrow 3 \rightarrow 4 \rightarrow D_2$，合乘后的路径改变为 $O_1 \rightarrow O_2 \rightarrow 1 \rightarrow 2 \rightarrow 3 \rightarrow 4 \rightarrow D_1/D_2$。由于 r_1 和 r_2 起点位置较近，满足 r_2 最大等待时间且不影响行程运行的时间。因此，r_2 能与 r_1 进行合乘。

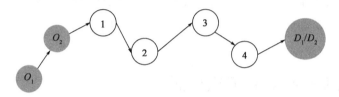

图 6-10　O 点距离较近，D 点距离相同

存在一种特殊情况，即某个乘客请求的终点位置在另外乘客行程的路线上。如图 6-11 所示，请求 r_1 的路径为 $O_1 \rightarrow O_2 \rightarrow 1 \rightarrow 2 \rightarrow D_2 \rightarrow 3 \rightarrow 4 \rightarrow D_1$，请求 r_2 的路径为 $O_2 \rightarrow 1 \rightarrow 2 \rightarrow D_2$。请求 r_2 的路径包含在请求 r_1 的路径内，因此，r_2 能与 r_1 进行合乘。

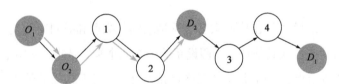

图 6-11　O 点距离较近，某个请求 D 点在另外请求的路线上

（4）O 点距离较近，D 点距离较近。如图 6-12 所示，请求 r_1 和 r_2 的起点 O_1 和 O_2 距离较近，终点 D_1 和 D_2 距离也较近。请求 r_2 不发生合乘时的路径为：$O_2 \rightarrow 1 \rightarrow 2 \rightarrow 3 \rightarrow 4 \rightarrow D_2$，请求 r_2 发生合乘后的路径变更为：$O_1 \rightarrow O_2 \rightarrow 1 \rightarrow 2 \rightarrow 3 \rightarrow D_1 \rightarrow D_2$。在满足乘客 r_1 和 r_2 的最大等待时间和延误时间的情况下，r_1 和 r_2 能进行合乘。

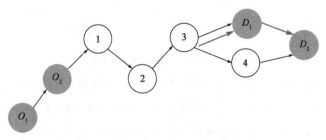

图 6-12　O 点距离较近，D 点距离较近

6.2.2 基于需求的自组织合乘模式

自组织模式的核心是更多的配对、更好地控制。出租汽车合乘系统根据乘客请求,在极少的约束条件下实现乘客请求的自由配对,实现乘客请求与出租汽车的自由配对,最后通过优化控制完成任务。组织过程没有明确的边界,没有正式的架构。基于需求的自组织模式如图6-13所示。

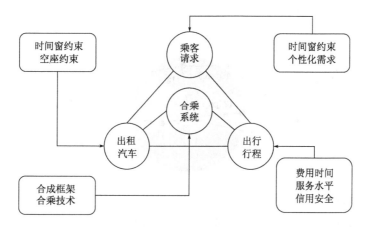

图6-13 基于需求的自组织模式

实施出租汽车自组织合乘模式有4个必要条件:

(1)发出请求的乘客都有与他人合乘的意愿,不会中途退出;

(2)乘客请求与出租汽车构成的匹配集合,即所有可能的行程;

(3)乘客和企业共同的目标是达到系统总费用最优;

(4)乘客和出租汽车分工明确,合作实现系统最优。

当前,出租汽车合乘组织模式主要为基于路径的他组织模式,该模式易于组织,但需要建设强大的调度中心实现合乘,随着任务量增加,后期处理的难度加剧。出租汽车合乘的自组织模式是一种去中心化的组织模式,只需要提供平台,系统会自我完善、自我驱动和自我进化,目前由于缺乏合乘的社会性规范,无法采用完全自组织模式。

6.3 带软时间窗的多车辆合乘算法

6.3.1 多车辆合乘问题建模

车辆合乘问题是通过选择合适的驾驶员和乘客,在满足乘客和驾驶员利益的条件约束下,形成一条最短合乘路径,降低车辆的空载率。车辆合乘问题首先要解决驾驶员和乘客的匹配问题,然后求解每辆车的最短路径。

多车辆合乘问题是在某个区域内有多辆车和多名乘客,通过车辆和乘客的匹配,最终实现合乘路径最短的问题。例如在一个简单的随机路网中,有多辆车和多名乘客随机分布在这个路网中,这里假设有 20 个节点、2 辆车、4 名乘客,如图 6-14 所示。其中,$S = \{1,2,\cdots,s\}$ 为该路网简化图的节点;vo_1、vo_2 代表车辆出发点;vd_1、vd_2 代表车辆终点;$po_1,\cdots,po_4$ 代表每个乘客出发点;$pd_1,\cdots,pd_4$ 代表每个乘客终点。

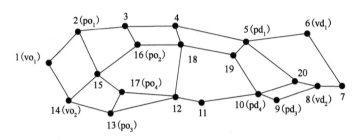

图 6-14 路网示意图

每名乘客都有自己的时间窗,车辆要在乘客的时间窗内服务,当调度中心接收到乘客合乘信息后,将乘客合乘信息汇总,在保证车辆的匹配率的约束下匹配乘客,然后安排车辆以最短路径将所有乘客送至终点。如果没有在规定的时间里到达乘客的起终点,会得到相应的惩罚。车辆合乘问题要求车辆尽可能搭乘较多的乘客,同时要求在满足乘客合乘要求的条件下安排车辆合乘路线,使得车辆行驶的总路径最短。

建立模型之前提前假设:每辆车都允许搭载多名乘客,但每个乘客只能被一辆车搭载;车辆为单车型,每辆车只能搭载 3 名乘客,每次搭载都不能超过车辆容量;所有乘客都有一个起点时间窗和一个终点时间窗,车辆要在乘客的起始点最迟时间之前到达乘客点,在乘客的终点最迟时间之前到达乘客的目的地,所有乘客的时间窗约束都是软约束;乘客在上下车时所耽误的时间忽略不计;不考虑其他地理设施的限制,直接用两点间距离来表示;合乘的车辆充足,不会存在车辆短缺的现象;若有乘客下车,车上有空闲位置时,允许搭载其他乘客;乘客在合乘过程中不允许换乘;不考虑车辆的燃料成本。

为了更准确地描述车辆合乘问题的数学模型,分别定义了数学模型所涉及的数学符号。

m:车辆的数量,$C = \{1,2,\cdots,m\}$ 为车辆集合。

n:乘客的数量,$P = \{1,2,\cdots,n\}$ 为乘客集合。

$2n$:乘客上下车点的数量,有 n 位乘客就有 $2n$ 个乘客上下点,即 n 个乘客的起点和 n 个乘客的终点,$G = \{1,2,\cdots,2n\}$ 为乘客上下车点编号。

s:路网中节点的数量,$S = \{1,2,\cdots,s\}$ 为节点编号。

Q：车辆的容量，这里设置为3。

$[E_i^+, L_i^+]$：乘客 i 起点的时间窗，E_i^+ 是到达乘客 i 起点的时间上限，L_i^+ 是到达乘客 i 起点的时间下限。即驾驶员要在乘客 i 起点的时间窗之前到达，最迟也不能超过 L_i^+，如果驾驶员迟到，会得到相应的惩罚；最早不能早过 E_i^+，若太早，驾驶员只能在乘客点等待。

$[E_i^-, L_i^-]$：乘客 i 终点的时间窗，E_i^- 是到达乘客 i 终点的时间上限，L_i^- 是到达乘客 i 终点的时间下限。即驾驶员要在乘客 i 终点的时间窗之前到达乘客的目的地，如果迟到，会采取相应的惩罚措施。

$[e_k^+, l_k^+]$：车辆 k 起点的时间窗，e_k^+ 是车辆 k 起点的最早时间，l_k^+ 是车辆 k 起点的最迟时间。即该车辆所搭载的乘客的起点时间窗要在该车辆的起点时间窗之后。

$[e_k^-, l_k^-]$：车辆 k 终点的时间窗，e_k^- 是车辆 k 起点的最早时间，l_k^- 是车辆 k 起点的最迟时间。即该车辆所搭载的乘客的终点时间窗要在该车辆的终点时间窗之前。

AT_i^k：车辆 k 到达乘客 i 上车点的时间。

t_i^k：乘客在 i 车辆 k 上的时间。

D：两点间的距离矩阵。假设路网中所有节点中任意两点间的距离是已知的，并且任意一点不能自环，如果两点间不连通，则距离为 ∞ 则距离矩阵 D 表示如下：

$$D = \begin{bmatrix} \infty & d_{1,2} & \cdots & d_{1,2n} \\ d_{2,1} & \infty & \cdots & d_{2,2n} \\ \cdots & \cdots & \cdots & \cdots \\ d_{2n,1} & d_{2n,2} & \cdots & \infty \end{bmatrix} \tag{6-1}$$

q_{uv}^k：在站点 u 到站点 v 之间，车辆 k 里的乘客数量，$u, v \in G$。

$$x_{ij}^k = \begin{cases} 1 & \text{当车辆 } k \text{ 从站点 } i \text{ 经过站点 } j \\ 0 & \text{其他} \end{cases} \tag{6-2}$$

$P(AT_i^k)$：惩罚函数，若车辆在 E_i^+ 或 E_i^- 前到达乘客 i 的上车点，则车辆在等待，产生成本损失；若车辆在 L_i^+ 或 L_i^- 之后到达乘客 i 的下车点，则乘客的服务被延误，支付一定的罚金。

$$P(AT_i^k) = \begin{cases} a(AT_i^k - L_i^+) & AT_i^k > L_i^+ \\ b(E_i^+ - AT_i^k) & AT_i^k < E_i^+ \\ 0 & E_i^+ < AT_i^k < L_i^+ \text{ 或 } E_i^- < AT_i^k + t_i^k < L_i^- \\ a(E_i^- - AT_i^k - t_i^k) & AT_i^k + t_i^k > L_i^- \\ b(AT_i^k + t_i^k - L_i^-) & AT_i^k + t_i^k < E_i^- \end{cases} \tag{6-3}$$

式中：a——服务延迟的惩罚系数；

b——成本损失的惩罚系数。

带软时间窗车辆合乘问题的数学模型应该合理安排合乘路径,尽可能降低所有出行者成本费用,如果服务超时或未在规定时间到达,要考虑惩罚成本。因此,在保证车辆合乘匹配及满足容量约束、乘客收益、驾驶员收益和时间窗口的条件下,建立了以合乘路径最短和合乘费用最少为目标函数的数学模型。

(1)目标函数。

在满足尽可能多的乘客的搭乘需求的前提下,以合乘总路径最短和合乘总费用最少为目标,费用优化时要考虑惩罚成本。

总路径最短:目标函数中的总路径是所有车辆经过节点的总距离。

$$\min \sum_{i=1}^{s} \sum_{j=1}^{s} \sum_{k=1}^{m} d_{ij} x_{ij}^{k} \tag{6-4}$$

式中:i、j——站点编号,$i,j \in S$,S 为路网中节点的集合;

k——车辆编号;

d_{ij}——节点 i 到节点 j 之间的距离,若车辆 k 从节点 i 经过节点 j,则 x_{ij}^k 为 1,否则为 0。

总费用最小:目标函数中的总费用是指所有车辆搭载乘客的合乘费用和惩罚成本。每辆车搭载多名乘客,每名乘客的起终点不同,合乘费用也不同。通过计算第 k 辆车的合乘费用,然后计算所有车辆的合乘总费用。

$$\min \left[\sum_{u=1}^{2n} \sum_{v=1}^{2n} \sum_{k=1}^{m} R_{uv}^{k} q_{uv}^{k} p_{uv} + \sum_{i=1}^{2n} \sum_{k=1}^{m} P(\mathrm{AT}_{i}^{k}) \right] \tag{6-5}$$

式中:p_{uv}——在 u 点上车到 v 点下车的乘客单乘时的价格,$p_{uv} = r_0(D_{uv} - L_0) + C_0$;

$P(\mathrm{AT}_i^k)$——惩罚函数;

u、v——乘客点,$u,v \in G$,G 为乘客上下车点的集合;

C_0——车的起步价;

r_0——单乘时超过起步价的距离后每千米的价格;

L_0——起步价里程;

D_{uv}——站点 u 至站点 v 的距离;

R_{uv}^k——第 k 辆车搭载的在 u 点上车到 v 点下车的乘客的合乘费率;

q_{uv}^k——第 k 辆车在站点 u 至站点 v 之间的合乘人数。

为了将合乘路径最短、总费用最少结合起来,设定转化系数 α、β,最终构成以总路径最短和总费用最小为目标的目标函数:

$$f(x) = \alpha \min \sum_{i=1}^{s} \sum_{j=1}^{s} \sum_{k=1}^{m} d_{ij} x_{ij}^{k} + \beta \min \left[\sum_{u=1}^{2n} \sum_{v=1}^{2n} \sum_{k=1}^{m} R_{uv}^{k} q_{uv}^{k} p_{uv} + \sum_{i=1}^{2n} \sum_{k=1}^{m} P(\mathrm{AT}_{i}^{k}) \right] \tag{6-6}$$

(2)约束条件。

①车辆容量约束:每个车辆只能搭载 3 名乘客,初始时除了驾驶员以外乘客数量为 0,在

车辆行驶过程中,任意阶段路线上的乘客都不能超过 3 人,则:

$$q_{uv}^k \leq 3 \quad (6\text{-}7)$$

② $x_{ij}^k = \begin{cases} 1 & \text{当车辆 } k \text{ 从站点 } i \text{ 经过站点 } j \\ 0 & \text{其他} \end{cases}$

③时间窗口约束:每个车辆都必须在规定的时间内到达乘客上车点,则:

$$E_i^+ \leq \text{AT}_i^k \leq L_i^+ \quad (6\text{-}8)$$

④运行时间约束:每个车辆必须在规定的时间内到达乘客下车点,即车辆到达乘客上车点的时间与该乘客在车辆上的时间之和在乘客下车点时间窗内,则:

$$E_i^- \leq \text{AT}_i^k + t_i^k \leq L_i^- \quad (6\text{-}9)$$

⑤乘客合乘收益约束:保证乘客合乘费用比单乘费用低,则:

$$0 \leq R_{uv}^k \leq 1 \quad (6\text{-}10)$$

⑥驾驶员收益约束:合乘既要满足乘客的成本利益,也要考虑驾驶员的收益。通过合乘,驾驶员的收入至少要大于非合乘时的收入。

$$r_0 \left(\sum_{i=1}^{s} \sum_{j=1}^{s} \sum_{k=1}^{m} d_{ij} x_{ij}^k - L_0 \right) + C_0 \leq \sum_{u=1}^{2n} \sum_{v=1}^{2n} \sum_{k=1}^{m} R_{uv}^k q_{uv}^k p_{uv} \quad \forall k \quad (6\text{-}11)$$

6.3.2 带有软时间窗限制的车辆合乘问题求解

对于带有软时间窗限制的车辆合乘问题,主要分为两个部分求解。首先通过乘客与车辆的匹配算法初步确定每辆车搭载的乘客,然后优化每辆车的路径,从而解决车辆合乘路线优化问题。

(1)合乘匹配算法设计。

车辆合乘匹配是将每辆车附近的乘客点合理地划分到该辆车上,将多车辆合乘问题向单车辆合乘问题转化。假设每辆车有一个初始路径,在经过的节点上设置一定的调整范围,在该范围内的乘客点都可以匹配,利用粒子群算法设置合理的调整范围,使车辆与乘客的匹配率最高。

①车辆合乘匹配模型。假设有一辆车经过 4 个节点,5 名乘客的上下车点随机分布在路网中,如图 6-15 所示。其中,$po_1, \cdots, po_5$ 代表每个乘客的出发点;$pd_1, \cdots, pd_5$ 代表每个乘客的终点;节点 1、2、3、4 分别是某车辆经过的节点,节点 1 的搜索范围内包含了乘客 1 和乘客 2 的上车点,节点 2 的搜索范围内包含了乘客 3 的上车点,在该图中该车辆成功匹配的乘客是 1 和 3。乘客 2 的起始点在该车辆的搜索范围内,但是终点不在;乘客 4 的终点在该车辆的搜索范围内,但是起点不在;乘客 5 的起终点都不在该车辆的搜索范围内。车辆合乘匹配的目标是将乘客合乘信息汇总,在车辆的原始路线上的所有节点周围以一定的范围搜索乘客上下车点,使车辆匹配成功的概率最大。

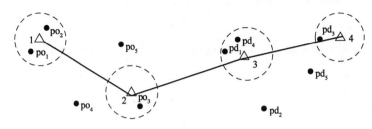

图 6-15 车辆合乘匹配过程

车辆匹配率 $f(x_k)$ 指车辆 k 匹配到乘客的概率。匹配率与车辆每个节点包含的乘客上下车点数量、车辆匹配到的乘客数量有关。当匹配到的乘客数量相同时,每个节点包含的乘客上下车点数量越少越好。匹配率越大,说明成功匹配的可能性越大。车辆合乘匹配模型是在合适的站点半径范围内搜索乘客上下车点以达到车辆最大匹配率,模型构建过程如下:

目标函数:

$$f(x_k) = P_k \bigg/ \sum_{i}^{n_k} S_i^k \tag{6-12}$$

式中: P_k ——在路网中与车辆 k 相匹配的乘客数量;

n_k ——车辆 k 的初始路线中所经过的站点数量;

S_i^k ——车辆 k 的第 i 个站点在其半径范围内搜索到的乘客起终点数量,初期未匹配时,所有乘客状态为 0;如果某个乘客已经与某个车辆匹配,则乘客状态更新为 1。

站点半径:车辆所经过的各站点可调整半径根据本站点到下一站点之间的路径长度。

$$R_i^k = \frac{d_{ij}^k}{d_k} \times \text{Adjust}_k \tag{6-13}$$

式中: Adjust_k ——车辆 k 在满足时间窗约束的条件下可调整路径的长度,$\text{Adjust}_k = V_k \times (L_k - E_k) - d_k$;

V_k ——车辆 k 的行驶速度;

L_k ——车辆 k 最迟到达时间;

E_k ——车辆 k 最早出发时间;

d_k ——车辆 k 的初始路线的总距离,车辆要在最晚到达时间到达终点,限制了车辆 k 的可调路程;

R_i^k ——车辆 k 在站点 i 处的路线可调整半径;

d_{ij}^k ——车辆 k 在站点 i 与下一站 j 之间的距离,每个点的站点半径与该站点和下一点的路径距离有关,每辆车的总可调路程是不可变的。

车辆 k 的路线总调整半径:$R_k = \sum_{i}^{n_k} R_i^k$,即车辆 k 在经过的每个节点上的路线可调整半径的总和,其中 n_k 为车辆经过的节点数。

②粒子群算法求解车辆合乘匹配问题。根据某辆车最后输出最优粒子的位置向量(各站点半径序列)来判断某个站点半径范围内覆盖的需求,更新乘客匹配信息表,将匹配值更新。根据该粒子位置向量的每一位值,通过每个乘客上下车点与该站点的距离来判断是否在该站点半径范围内,保存满足的乘客上下车点,通过上下车点的对应,计算出该粒子对应的乘客,判断是否是最优值并更新历史最优值。

通过粒子群算法实现了车辆和乘客的匹配后,根据约束条件,进一步确定车辆搭载的乘客。首先判断乘客的时间窗是否包含在车辆的时间窗内,如果包含,则保留该乘客,否则取消该乘客;其次查看每辆车匹配的乘客数,如果乘客数量小于 3,则全部搭载,否则,选择总路径和总费用最小的 3 位乘客搭载,并将合乘路径优化。

(2)带软时间窗车辆合乘路径优化算法。

由于车辆合乘路径优化问题是一个 NP 问题,采用智能算法容易编程求解,所以采用遗传算法求解该模型。将乘客上下车的节点和车辆的起终点编码,通过每辆车所匹配的节点随机排列生成多条染色体,初始化种群。计算由目标函数得到的适应度值,通过轮盘赌选择法、交叉变异操作生成新的个体。将这些步骤循环操作,当达到最大迭代次数时,输出最优解。

为了验证多车辆合乘问题的模型和算法的有效性,在路网中通过随机方式生成了 60 个合乘节点,各点分布如图 6-16 所示,每个节点的距离已知,如果两个节点之间不连通,则该两点之间距离为 ∞。该路网中随机生成了 5 辆汽车的路径,同时随机产生了 16 名乘客的起终点。乘客的信息见表 6-1,驾驶员的信息见表 6-2。

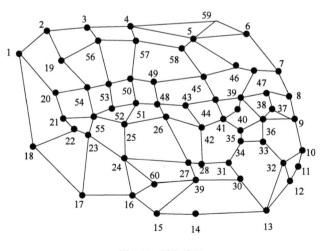

图 6-16 随机路网

乘客出行信息　　　　　　　　　　　表6-1

乘客编号	起点	终点	出发时间窗	到达时间窗
1	48	37	[8:12—8:17]	[8:32—8:37]
2	53	44	[8:24—8:29]	[8:41—8:45]
3	22	36	[8:00—8:05]	[8:30—8:35]
4	24	14	[9:15—9:20]	[9:25—9:30]
5	7	13	[8:40—8:45]	[9:00—9:05]
6	27	13	[8:37—8:42]	[8:47—8:51]
7	25	34	[8:10—8:15]	[8:25—8:30]
8	2	5	[8:13—8:19]	[8:32—8:36]
9	54	40	[8:23—8:28]	[8:48—8:54]
10	17	28	[8:21—8:26]	[8:39—8:46]
11	6	11	[8:36—8:40]	[8:54—8:59]
12	16	30	[8:36—8:41]	[8:46—8:55]
13	58	47	[8:29—8:33]	[8:40—8:43]
14	9	12	[8:49—8:55]	[8:56—9:00]
15	56	5	[8:19—8:24]	[8:28—8:34]
16	20	45	[9:15—9:20]	[9:25—9:30]

驾驶员出行信息　　　　　　　　　　　表6-2

车辆编号	起点	终点	经过节点	出发时间窗	到达时间窗
1	21	9	21,55,25,26,42,41,35,36,9	[8:00—8:05]	[8:30—8:35]
2	1	46	1,2,3,4,5,46	[8:10—8:15]	[8:40—8:45]
3	20	39	20,54,53,50,49,45,44,39	[8:20—8:25]	[8:45—8:50]
4	18	13	18,17,16,15,29,30,13	[8:15—8:20]	[8:50—8:55]
5	6	13	6,7,8,9,10,32,13	[8:35—8:40]	[9:00—9:05]

该实验假设汽车运行速度为40km/h。根据问题规模设定粒子群规模 $n=50$，迭代次数上限为200。算法中用到的惯性权重因子 ω 取值为0.8，学习因子 c_1、c_2 取值均为2。通过粒子群算法计算匹配度值得到表6-3所示的车辆合乘匹配结果。车辆1可以搭载编号为1、3、7的乘客，车辆2可以搭载编号为8、13、15的乘客，车辆3可以搭载编号为2、9、16的乘客，车辆4可以搭载编号为6、10、12的乘客，车辆5可以搭载编号为5、11、14的乘客，编号为4的乘客与任何车辆都不匹配。

合乘匹配结果　　　　　　　　　　　表6-3

车辆编号	匹配乘客	车辆编号	匹配乘客
1	1,3,7	4	6,10,12
2	8,13,15	5	5,11,14
3	2,9		

得到车辆与乘客匹配结果后,计算合乘最短路径。假设车辆合乘的起步价为 8 元,起步距离为 2km,超过 2km 后的距离按 2.1 元/km 来算,每辆车的最大容量为 3 名乘客,不能同时搭乘 4 名乘客。若该车辆同时搭载 3 名乘客,则费率设置为 0.7;若该车辆同时搭载 2 名乘客,则费率设置为 0.8。超时的惩罚系数 a 设置为 1,成本损失的惩罚系数 b 设置为 0.5。即 $C_0 = 8$, $r_0 = 2.1$, $L_0 = 2$, $Q = 3$, $\alpha = 0.7$, $\beta = 0.3$, $a = 1$, $b = 0.5$。遗传算法中初始种群为 100,最大进化代数 Gen = 100,初始交叉概率 P_c 为 0.8,变异概率 P_m 为 0.1。

将算法编程计算得到以下最佳合乘路线,见表 6-4。表中包含车辆编号、搭载乘客集合以及合乘路线,合乘路线结构含义为:"站点编号,到达该点时间,(在这个站点的乘客集合)",站点之间通过"→"分开。如车辆 1 搭载编号为 1、3、7 的乘客,合乘路线是经过节点 21,到达节点 22 搭乘乘客 3;然后经过节点 23、55,到达节点 25 搭乘乘客 7,此时车上有乘客 3,7;经过节点 26,到达节点 48 搭乘乘客 1,此时车上有乘客 3、7、1;经过节点 43、42、41、35,到达节点 34,乘客 7 到达目的地,此时车上还有乘客 3、1;车辆继续经过节点 34、33,到达节点 36,乘客 3 到达目的地,此时车上还剩乘客 1;车辆继续行驶,到达节点 37,乘客 1 到达目的地;车辆单独行驶到终点节点 9。

车辆合乘路线 表 6-4

车辆	搭载乘客	合乘路线	行驶距离(km)	合乘费用(元)
1	1,3,7	21,8:00,()→22,8:02,(3)→23,8:04,(3)→55,8:06,(3)→25,8:10,(3,7)→26,8:15,(3,7)→48,8:17,(3,7,1)→43,8:20,(3,7,1)→42,8:22,(3,7,1)→41,8:25,(3,7,1)→35,8:27,(3,7,1)→34,8:28,(3,1)→33,8:30,(3,1)→36,8:32,(1)→37,8:33,()→9,8:35,()	17.5	49.2
2	8,13,15	1,8:10,()→2,8:15,(8)→3,8:20,(8)→56,8:22,(8,15)→57,8:26,(8,15)→58,8:32,(8,15,13)→5,8:34,(13)→46,8:40,(13)→47,8:42,()	16	38.1
3	2,9	20,8:23,()→54,8:27,(9)→53,8:29,(9,2)→50,8:31,(9,2)→49,8:34,(9,2)→45,8:40,(9,2)→44,8:43,(9)→39,8:46,(9)→40,8:48,()	12.5	35.5
4	6,10,12	18,8:16,()→17,8:24,(10)→16,8:30,(10)→15,8:33,(10)→29,8:39,(10)→27,8:41,(10,6,12)→28,8:42,(6,12)→31,8:46,(6)→30,8:48,(6)→13,8:52,()	18	42.6
5	5,11,14	6,8:37,(11)→7,8:43,(11,5)→8,8:47,(11,5)→9,8:50,(11,5,14)→10,8:54,(11,5,14)→11,8:56,(5,14)→12,8:58,(5)→13,9:03,()	13	42.5

图 6-17 模拟了每辆车的合乘路线。红色路线标记了车辆 1 的合乘路线,绿色路线标记了车辆 2 的合乘路线,橙色路线标记了车辆 3 的合乘路线,蓝色路线标记了车辆 4 的合乘路线,

紫色路线标记了车辆 5 的合乘路线。每辆车的路线中实线是初始路线，虚线是根据匹配的乘客而更改的合乘路线。如车辆 2 初始路径为 1→2→3→4→5→46，车辆合乘后的路径为 1→2→56→57→58→5→46→47。另外，车辆 4 到达 6 号乘客的下车点时，到达的时间超出了 6 号下车点时间窗，故合乘总费用中引入了惩罚函数。16 号乘客的时间窗不符合所有车辆的时间窗，所以 16 号乘客不参与合乘。

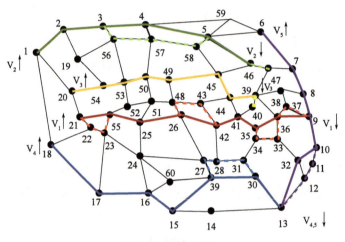

图 6-17　车辆的合乘路线

算法也要保证乘客的利益最大化。表 6-5 显示了各个乘客合乘与非合乘时费用的比较情况。通过车辆合乘，乘客出行费用小于非合乘费用，乘客的利益最大化，也增加了驾驶员的收入，从而满足了乘客和驾驶员的利益。

乘客合乘与非合乘费用对比　　　　　　　　　　表 6-5

乘客	非合乘费用(元)	合乘费用(元)	合乘距离(km)
1	18.5	13	7
2	18.5	14.8	7
3	32.1	22.5	13.5
4	—	—	—
5	24.8	17.4	10
6	15.4	10.8	5.5
7	19.5	13.7	7.5
8	23.8	16.6	9.5
9	25.8	20.7	10.5
10	22.7	15.9	9
11	23.7	16.6	9.5
12	22.7	15.9	9
13	14.3	10	5

续上表

乘客	非合乘费用(元)	合乘费用(元)	合乘距离(km)
14	12.2	8.5	4
15	16.4	11.5	6
16	—	—	—

6.4 基于合乘模式的出租汽车定价

6.4.1 基于百分比分摊的定价方法

常见的出租汽车合乘定价方法有百分比分摊和基于公平性分摊等,其中百分比分摊又可分为按合乘路段百分比、单位里程费率百分比以及总费用百分比分摊。

(1)按合乘路段百分比分摊。即乘客在合乘路段只需支付一定比例,单独行程路段需支付全部费用。计算公式如下:

$$P_i = \begin{cases} C_0 \times A\% & d_i^* \leqslant d_i \leqslant d_0 \\ C_0 \times A\% + C \times (d_i - d_i^*) & d_i^* \leqslant d_0 \leqslant d_i \\ [C_0 + C \times (d_i^* - d_0)] \times A\% + C \times (d_i - d_i^*) & d_0 \leqslant d_i^* \leqslant d_i \end{cases} \quad (6\text{-}14)$$

式中:P_i——第 i 位乘客出行费用(元);

C_0——出租汽车起步价(元);

$A\%$——合乘路段支付费用比例;

C——出租汽车单位里程费用(元/km);

d_i——第 i 位乘客出行距离(km);

d_i^*——第 i 位乘客合乘距离(km);

d_0——出租汽车起步距离(km)。

有 A、B 两位乘客合乘,其中 A 全程出行 10km,B 出行 8km,其中有 6km 路段 A、B 合乘,出租汽车起步价为 8 元/3km,单位里程价格 $C = 1.9$ 元/km,合乘折减系数取 60%,计算 A、B 二人因合乘节省的费用。

已知合乘时 A、B 需支付的费用如下:

$$P_A = [8 + 1.9 \times (6-3)] \times 60\% + 1.9 \times (10-6) = 15.82(\text{元})$$

$$P_B = [8 + 1.9 \times (6-3)] \times 60\% + 1.9 \times (8-6) = 12.02(\text{元})$$

若单独乘车,A、B 需支付的费用如下:

$$P'_A = 8 + 1.9 \times (10 - 3) = 21.3(元)$$
$$P'_B = 8 + 1.9 \times (8 - 3) = 17.5(元)$$

可得节省的费用分别为:
$$\Delta P_A = P'_A - P_A = 21.3 - 15.82 = 5.48(元)$$
$$\Delta P_B = P'_B - P_B = 17.5 - 12.02 = 5.48(元)$$

若采用合乘路段百分比方法计算价格,二人合乘时出行价格的减少量是相同的,但减少比例是不同。

(2) 按单位里程费率百分比分摊。乘客支付单位里程费率的一定比例,起步段需完全支付。计算公式如下:

$$P_i = \begin{cases} C_0 \times A\% & d_i^* \leqslant d_i \leqslant d_0 \\ C_0 \times A\% + C \times (d_i - d_i^*) & d_i^* \leqslant d_0 \leqslant d_i \\ C_0 + [C \times (d_i - d_0)] \times A\% & d_0 \leqslant d_i^* \leqslant d_i \end{cases} \tag{6-15}$$

计算算例中乘客若按单位里程费率百分比分摊出行费用,计算 A、B 二人因合乘减少的费用。

已知合乘时 A、B 需支付的费用如下:
$$P_A = 8 + 1.9 \times (10 - 3) \times 60\% = 15.98(元)$$
$$P_B = 8 + 1.9 \times (8 - 3) \times 60\% = 13.7(元)$$

可得减少的费用分别为:
$$\Delta P_{A2} = P'_A - P_A = 21.3 - 15.98 = 5.32(元)$$
$$\Delta P_{B2} = P'_B - P_B = 17.5 - 13.7 = 3.8(元)$$

可知单位里程费率百分比计算方法对于出行距离较长的顾客来说比较有利,这就鼓励行程较短的顾客选择步行或者共享单车等方式出行。

(3) 总费用百分比。

$$P_i = \begin{cases} C_0 \times A\% & d_i \leqslant d_0 \\ [C_0 + C \times (d_i - d_0)] \times A\% & d_i > d_0 \end{cases} \tag{6-16}$$

计算算例中乘客若按单位里程费率百分比分摊出行费用,A、B 二人因合乘减少的费用分别为:

$$P_A = [8 + 1.9 \times (10 - 3)] \times 60\% = 12.78(元)$$
$$P_B = [8 + 1.9 \times (8 - 3)] \times 60\% = 10.5(元)$$

可得减少的费用分别为:
$$\Delta P_{A3} = P'_A - P_A = 21.3 - 12.78 = 5.32(元)$$

$$\Delta P_{B3} = P'_B - P_B = 17.5 - 10.5 = 7(元)$$

总费用百分比计算最方便,但当出行距离较长乘客与出行距离较短乘客合乘时很容易出现驾驶员收入不增反减的情况,适合合乘顾客起终点相近的情形。

6.4.2 基于公平性分摊的定价方法

基于公平性原则分摊出租汽车合乘费用的主要目标是使驾驶员与乘客的利益达到均衡。由于参与合乘的乘客的起点或终点不同,故在合乘过程中经常出现绕道情况,使得旅客时间成本增加,故应考虑对其损失进行弥补,绕道多的乘客出行费用减少幅度应该更大。

对于驾驶员而言,只有合乘能增加其收入时合乘才有吸引力;对于乘客,只有合乘能降低其出行的费用,且不过多增加出行时间时,才可以使其降低对舒适度甚至时间的要求。

设 n 为参与合乘的乘客数量;B 为所有参与合乘的乘客所支付的费用总和,单位是元/km;C_i 为第 i 位乘客支付的单位费用,单位为元/km;d_n 为参与合乘的最后一位乘客到达终点时的出行距离,单位 km;N_i 为第 i 位乘客的非直线出行系数,其为合乘出行距离 d_i 与非合乘出行距离 d'_i 的比值,即 $N_i = d_i/d'_i$,对于每一位参与合乘的乘客而言,最终支付的单位费用与其非直线出行系数成反比,即出行距离越长,费率越低。

(1)当所有合乘参与者的出行距离均未超过起步里程,即 $d_i \leq d_0$ 时,则乘客 i 最终的出行费用为:

$$P_i = \frac{C_0}{n} \tag{6-17}$$

(2)当 $d_i > d_0$ 时,目标函数为所有参与合乘者的总费率最小,即:

$$\min B = \sum_{i=1}^{n} C_i \tag{6-18}$$

合乘后,每位参与者的出行费用应不大于其单独出行时,即:

$$C_i \times (d_i - d_0) + \frac{C_0}{n} \leq C \times (d_i - d_0) + C_0 \tag{6-19}$$

且合乘后出租汽车驾驶员的收入应不小于未合乘时,即:

$$\sum_{i=1}^{n} [C_i \times (d_i - d_0)] + C_0 \geq C \times (d_n - d_0) + C_0 \tag{6-20}$$

又合乘参与者的出行费用与非直线出行系数成反比:

$$\frac{C_i}{C_{i+1}} = \frac{N_i}{N_{i+1}} \tag{6-21}$$

得到数学模型为:

$$\min B = \sum_{i=1}^{n} C_i \tag{6-22}$$

$$\begin{cases} C_i \times (d_i - d_0) + \dfrac{C_0}{n} \leqslant C \times (d_i - d_0) + C_0 \\ \sum_{i=1}^{n} [C_i \times (d_i - d_0)] + C_0 \geqslant C \times (d_n - d_0) + C_0 \\ \dfrac{C_i}{C_{i+1}} = \dfrac{N_i}{N_{i+1}} \\ i = 1,2,\cdots,n; 2 \leqslant n \leqslant 4 \end{cases} \tag{6-23}$$

综上，在合乘情况下第 i 位乘客的出行费用可表示为：

$$P_i = C_i \times (d_i - d_0) + \dfrac{C_0}{n} \tag{6-24}$$

7 定制公交

7.1 定制公交系统

定制公交是指通过整合出行起讫点、出行时间等相近出行需求,向乘客提供预订线路或车次的一种差异化、集约化、高品质的城市公共交通服务。定制公交属于辅助式公共交通的一种,是对现有公共交通服务的补充和延伸,具有"定人、定点、定时、定车、定价"的特点。"定人"即服务对象仅限预约乘客;"定点"即设置预约合乘站点;"定时"即车辆仅在事先约定的服务时间范围内到达合乘站点;"定车"即预定舒适车型,必须满足一人一座、一站直达的要求;"定价"即制定费用处于常规公交与出租汽车之间的收费标准。通过运营时刻表、线路、停靠站、服务标准等方面的创新和优化,满足特定目标群体相对个性化的出行需求,为居民出行提供新的选择。

定制公交是多元化公共交通发展的特殊体现,既能够扩展公共交通的覆盖范围,弥补公共交通的空白区域,又在常规公交的基础上最大化地满足居民出行的时效性和舒适性等需求。相对小汽车而言,定制公交以较为合适的经济价格为乘客提供相对优质的服务,对自驾车一族具有较大的吸引力,能够促进利用私家车或者出租汽车的出行群体转向定制公交。

定制公交运营过程中的站点设置较少,甚至在某些线路中不需要站点停靠,一方面确保了定制公交的运行速度,节省了乘客的乘车时间;另一方面减少了车辆在接送过程中的停靠对周边交通秩序带来的干扰。定制公交的开通主要是根据城市的道路交通状况而设定的,能够灵活地选择最快的运输线路在规定时间内达到乘客预定站点,避开了城市的拥堵路段,满足了乘客的乘车时间要求,提高了道路资源的使用效率。大力发展定制公交能有效减少使用私家车带来的交通拥堵以及附带的一系列环境污染、场地占用等问题,很好地节约了能源成本和社会公共成本;对接受定制服务的个人而言,既能够有效地节省使用小汽车的时间和经济成本,又享受了预期达到的服务。

定制公交能够为乘客提供个性化、多样性的出行需求，乘客可根据自己的需求通过电话、定制公交的网站等渠道提交自己的出行需求，运营企业根据乘客需求设计最优的出行方案供乘客选择。定制公交采用自下而上，基于需求的线路设置方式，通过网络调查获得乘客需求，从而根据乘客需求构造线路。

定制公交的运作流程是：公交运营企业通过专门的定制公交电子商务平台采集乘客的出行信息，通过分析处理这些出行信息来规划定制公交线路和站点，确定定制公交发车时间，制定定制公交票价。然后根据乘客预定情况，确定定制公交是否开行，如若开行，则根据开行线路情况编制行车计划和人员排班计划，并完成乘客招募，确定最终的运营方案。定制公交的具体运作流程如下：

（1）乘客出行需求调查。乘客通过专门的定制公交电子商务平台提交出行需求，包括出行起讫点、出行时间等信息，与常规公交通过交通预测模型反推乘客出行 OD 的方法相比，定制公交的这种出行需求调查方式能获得更为准确的数据。

（2）线路和站点规划。基于乘客出行需求分布特征，首先划分并确定出定制公交线路的起始区域和终到区域，然后规划出交通小区内乘客的上下车站点，最后通过建立定制公交线路规划模型，确定交通小区内定制公交线路的停靠站点及线路走向。对于交通小区间的定制公交，线路可根据道路交通情况进行改变，以避开交通拥堵路段，把乘客准时送达目的地。定制公交线路和站点规划示意如图 7-1 所示。

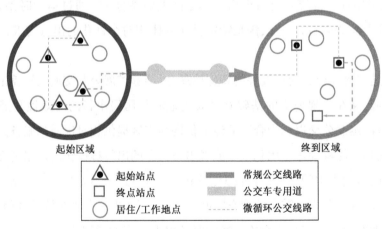

图 7-1　定制公交线路和站点规划图

（3）时刻表编制。根据乘客出行时间信息，以满足大部分乘客的出行时间需求为目标，合理编制定制公交的发车时间，并结合道路情况确定出行时间。

（4）票价制定。票价制定在定制公交实际运营中至关重要，合理的定制公交票价系统不仅能增加运营企业的收入，还能加快乘客出行方式向定制公交转移。定制公交票价制定需要综合考虑运营企业、出行者和社会效益等因素。定制公交的开通主要是为了吸引私家车通勤者,因此定制公交的票价要低于私家车和出租汽车的出行费用。此外,定制公交的票型有多种,如单程票、月票等,为乘客提供多样化的定制公交服务。

(5)乘客招募。在确定了定制公交运营计划之后,公交运营企业通过在网上发布运营线路、发车时间、票价等信息进行乘客招募,根据乘客预定情况确定是否开通该条线路。如果乘客预定数没有达到开行人数要求,则预定不成功退还乘客票款,并返回重新规划定制公交线路方案;如果达到开行人数要求,则联系乘客确定乘车站点、乘车时间等信息,完成乘客招募。

(6)行车计划编制。定制公交线路确定开通之后,公交运营企业以节约运营成本为目标,根据开通线路情况来编制具体合理的行车计划。此外,定制公交有多种车型,可根据实际需求确定所选车型,尽可能减少运营车辆数量。

(7)人员排班。人员排班是指根据编制的行车计划,将驾驶员与车辆进行匹配,以完成公交运营,由于定制公交线路较少、线网结构不复杂,因此,与常规公交相比,定制公交的人员排班相对简单。

定制公交规划运营流程如图7-2所示。

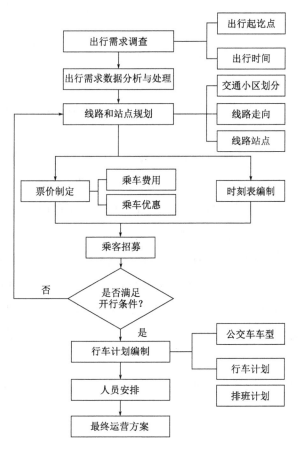

图7-2 定制公交规划运营流程

定制公交开通比较适合以下几类区域和人群：

(1)适合交通拥堵比较严重、客流相对集中、高峰期明显且分布在一天的多个时段,具有比较完备的公交车专用道等的区域,如高科技园区等。

(2)适合服务于那些出行需求密度比较低的区域,如城市郊区等,这类地区使用固定路线的常规公交服务比较浪费人力、物力,需要找到一种比较经济又能服务好这类区域的公交服务,定制公交正好符合其要求。

(3)适合多种出行方式接驳的大型站台的辐射区域,特别是多条地铁线路的接驳站,在此区域容易满足乘客的出行需求。

(4)适合专门针对特定群体的服务,如为学生上学回家开行的定制服务,为单位员工上下班开行的通勤服务,为老人、残疾人等特定人群开行的定制服务。

定制公交的竞争对象主要包括私家车、常规公共交通、出租汽车。作为一种新兴的公共交通服务模式,定制公交与其他出行方式相比具有显著优势时,才具备发展的有利条件。定制公交的发展优势如下：

(1)相比传统公交,定制公交在平均运送速度、准点率、使用效率、舒适程度、灵活性等方面都更具优势。

①方便快捷。常规公交在运行过程中,停靠站点过多,增加了乘客的出行时间,绕行距离远,非直线系数较大,一次换乘到达目的地的现象普遍存在。而定制公交提供一站直达或大站停靠快速到达等多种服务形式,停靠站点很少,大大减少乘客的出行时间,提高了线路的平均运行速度。

②灵活多变。常规公交的停靠站点和行车路线是固定的,必须严格按照规定的路线行驶。而定制公交线路的乘客上下车站点是固定的,而其行车线路却不是严格固定的,可以根据道路的拥堵情况选择合理的行车路线,只需保证到达目的地的时间即可。

③准点率高。常规公交的到达时间不可预知,通常需要提前到达站点等待公交车辆的到达。公交线路的发车频率不同,等待时间不同,且准点率较低,在早晚高峰时段,乘客的等待时间更长、更加不稳定。而定制公交严格按照规定的时间点发车、到达,准点率大大提高。

④服务郊区。常规公共交通对主要客流走廊的覆盖率较好,非主要客流走廊的覆盖率较低。体现在主城区线路较为集中,而郊区线路较少。而定制公交覆盖了这些公交盲区,是公共交通的良好补充。

⑤服务舒适。常规公交车辆内部通常环境较差,较为拥挤,服务质量过低。而定制公交提供"一人一座"的服务,同时车辆还配备车载 Wi-Fi、充电插座等个性化设施,满足乘客的个性化服务需求。

(2)与私家车、巡游车、网约车相比。对比私家车、巡游车、网约车,定制公交在公共性、节约成本、提高道路资源利用率等方面都更具优势。

①可在公交车专用道上行驶。定制公交是现有公共交通的补充,具有公共性的特点,拥有使用公交车专用道的权限。公交车专用道与普通机动车道相比,更为畅通,拥堵程度低,可以节约行车时间,早、晚高峰时段尤为明显。

②可提高道路资源利用率。定制公交具有公共交通集约化的特点,能够起到吸引私家车出行转向公共交通出行的作用,从而有效地减少小汽车出行量,有利于提高道路资源利用率,缓解高峰期交通拥堵。

③节约成本。从社会的角度出发,减少了小汽车出行量,降低了能源的消耗,减少了小汽车引起的拥堵、环境污染、道路和停车场用地占用等社会成本;从个人角度出发,采用定制公交出行的费用远低于私家车和乘坐出租汽车出行的费用。

④可靠性高。在早晚高峰时段,普通出租汽车的载客率极高,打到出租汽车的概率较低,等候时间过长。平时出租汽车"打车难"和拒载现象也比较严重,服务满意度较低。而定制公交采取提前预约的方式,乘客只需按时在预约站点等待即可,定制车辆会提前到达站点等候,准时可靠,节省了乘客的等候时间。

(3)定制公交与其他客运服务模型差异性。

定制公交与其他客运服务模式相比,有着较为明显的差异和优势,见表7-1。

定制公交与其他客运服务模式差异性对比 表7-1

差异性	定制公交	常规公交	巡游车	网约车
乘客属性	预约需求乘客,客源稳定	无特殊乘客,客源稳定	无特殊乘客,客源不稳定	无特殊乘客
站点	停靠站点少	停靠站点多	停靠站点少	停靠站点少
路线	固定/非固定	固定	非固定	非固定
时间	固定	非固定	非固定	非固定
票制	网上支付	刷卡(码)或现金	现金或网上支付	网上支付
票价	较高	低	最高	高
服务质量	好	一般	最好	最好
是否预约	是	否	否	是

几类公共交通服务的差异对比见表7-2。

公共交通服务系统差异对比 表7-2

类型	常规公交	定制公交	出租汽车
起讫点	固定	固定	不固定
行经站点	固定	固定	不固定
行驶路线	固定	不固定	不固定
需求来源	规划阶段	提前预约征集	即时需求

续上表

类型	常规公交	定制公交	出租汽车
服务区域	无特定要求	衔接城区与郊区、跨城市组团或城区	无特定要求
服务人群	无特定要求	以通勤或商务乘客为主	无特定要求
车辆规模	常规公交车辆	常规公交车辆或大型客车	7座及以下小车

在考虑社会公共交通效益最大化的情况下，定制公交的规划运营，目的是将以私人交通方式出行的个体出行者向集约化公共交通方式转移，而不应该是与既有的公共交通方式争夺客源和市场。因此，定制公交在城市公交线网中的市场定位，应该是与常规公交不冲突的细分市场下的空白领域，其规划层面的指标细分也有所不同，见表7-3。

定制公交与常规公交、BRT(快速公交)规划指标对比　　表7-3

类型	常规公交	BRT(快速公交)	定制公交
服务范围	无特殊条件	一般跨越城市组团	一般跨越城市组团
运行长度	无特殊条件	一般10km以上	一般为10~50km
站点设置	常规站点布设	大型专用站点布设	根据需求利用现有车站
道路条件	无特殊条件	多为城市主干道或主客流通道	灵活选择主干通道
速度要求	一般为15~30km/h	一般大于30km/h	一般大于30km/h
发车间隔	一般为5~30min不等	一般15min以内	根据需求弹性制定
运行时长	一般30~90min不等	一般30~90min不等	一般在60min左右
起讫点性质	常规公交场站	主要客流集散点公交场站	居住区与工作区场站
服务时间段	全天候运营	一般为全天候运营	主要集中高峰期运营
舒适程度	无固定座位	无固定座位,载客量大	一人一座,舒适度较高

7.2 定制公交网络模式

7.2.1 站点模式

按照发车站点和到达站点的数量划分，停靠站点的设置模式分为单点至单点、单点至多点、多点至单点和多点至多点四种。

(1)单点至单点模式。

定义:乘客从同一起点出发,到达同一目的地,相同的起点和终点可以是固定的停靠站点，也可以是乘客相互协调后达成一致的停靠点,如图7-3所示。

图 7-3　单点至单点模式示意图

特点:两端客流集散点之间直达的运营模式。

优点:简单直接,实现率高,可以减少车辆行驶途中乘客频繁上、下车所消耗的时间。

缺点:服务范围较窄,需要有足够的客流才能开通。

起点设置:一般设置在大型居住区或在能够汇集足够客流的大型站点。

终点设置:一般设置在大型的客流集散点,如大型交通枢纽站、学校或企业就业区。

(2)单点至多点模式。

定义:乘客的上车站点固定且相同,下车站点根据到达目的地的需求选择不同的站点下车,尽可能地减少步行距离,如图7-4所示。

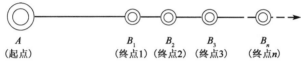

图 7-4　单点至多点模式示意图

特征:集散点至走廊的运营模式。

优点:具有一定的灵活性,根据不同乘客目的地的需求,选择下车站点。扩大了线路终点区域的范围,有利于提升客流规模。

缺点:有一定的停靠站点,对运营速度有一定的影响。

起点设置:一般设置在大型居住区或机场、火车站、汽车站等大型综合交通枢纽。

终点设置:一般是设置在线位上的同站点,如酒店区、商业区,而不是集中在某一站点上。

(3)多点至单点模式。

定义:乘客根据自己的需求选择不同的停靠站点上车,下车站点固定或者是乘客相互协调后达成一致的下车点,如图7-5所示。

图 7-5　多点至单点模式示意图

特征:走廊至集散点的运营模式。

优点:乘客的上车站点灵活,可以汇集走廊区域的客流出行,扩大了出行起点的范围,有利于提高客流量。

缺点:多个不同的上车站点,对运营速度和出行时间有一定的影响。

起点设置：一般设置在线位上的不同站点，并非集中在某一点上。

终点设置：一般设置在客流出行目的地相对集中的点位上，例如就业区、机场、火车站及客运站等。

(4) 多点至多点模式。

定义：乘客完全根据自己的出行需求，选择不同的停靠点上车和不同的节点下车，如图7-6所示。

图7-6 多点至多点模式示意图

特征：两端客流走廊之间的运营模式。

优点：相对来说灵活性最强，能够实现门到门服务，最大限度地减少乘客的步行距离；在客流规模非集中区域便于组织开通线路所需的客流规模。

缺点：具体实施操作困难较大，存在一定的绕行线路，并且乘客频繁上下车，对较早上车且较晚下车乘客延时影响较大。

起终点设置：站点设置灵活，完全根据需求制定，可以固定也可以不固定站点。

适应范围：适宜于对于人口密度相对较低的新开发区、郊区、工业园区等。

四种停靠站点模式分析比较见表7-4。

四种停靠站点模式分析比较　　　　表7-4

模式	特征	优点	缺点	适用范围
单点至单点	两端客流集散点之间直达的运营模式	一站直达出行时间短，可提供接近小汽车及出租汽车出行时间	需要有足够的客流来支撑线路的开通，服务范围相对有限	城市大型居住区至市中心商业区、主要就业中心、大型公建或大型交通枢纽等客流较为集中的集散地
单点至多点	集散点至走廊的运营模式	扩大线路终点区域的服务范围，有利于提升客流规模，且提供便捷的服务	停靠站上下客增加线路末端乘客的出行时间	城市大型居住区至市中心商业区、主要就业中心、大型公建或大型交通枢纽等客流集散区域
多点至单点	走廊至集散点的运营模式	汇集走廊或区域的客流出行，有利于提升客流规模，且提供便捷的服务	停靠站上下客增加线路起始端乘客的出行时间	城市大型居住区域至市中心商业区、主要就业中心、大型公建或大型交通枢纽等客流较为集中的集散地
多点至多点	两端客流走廊之间的运营模式	在客流规模非集中区域便于组织开通线路所需的客流规模	出行时间与其他运营模式相比相对较长	适用范围相对较广。住宅区至就业区、市中心至新开发区等都可采用这种模式

7.2.2 线路模式

在定制公交体系中,线路类型分为固定线路、非固定线路两种,线路模式有固定线路模式、非固定线路模式和固定+非固定线路模式。良好的线路模式不仅能够吸引客流,还对运营有良好的促进作用。

(1) 固定线路模式。

定义:主要是服务于两点之间存在的客流需求,该线路上除两个端点外不再有其他点位,如图7-7所示。

优点:简单,便于实施操作,对只往返于两点之间的客流需求非常适用;出行耗时少;固定线路模式一般都作为主要出行方向的线路,对于大部分上下班出行不需要换乘的通勤客流非常适用。

(2) 非固定线路。

定义:在走廊或服务区域范围之内,完全根据不同的客流需求灵活变化线路,如图7-8所示。

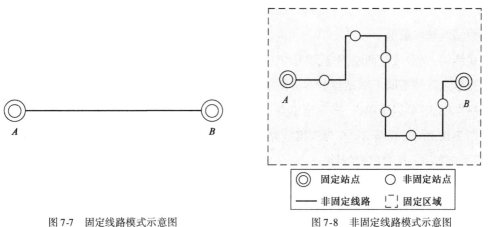

图7-7 固定线路模式示意图　　图7-8 非固定线路模式示意图

优点:灵活性强;能够实现门到门服务,最大限度地减少乘客步行距离;在一定的服务区域内,覆盖范围较广。

缺点:在线路实际运营中,为满足每位乘客的出行需求,可能存在一定的绕行,对较早上车且较晚下车的乘客造成一定的延误。

(3) 固定+非固定线路模式。

定义:固定线路与非固定线路的组合,在该模式中,一部分为固定线路,另一部分为非固定线路,固定线路服务于两点的客流需求,非固定线路的线路是可变的,在固定的服务区内部,根据客流的需求情况,灵活选择站点和行驶线路。

分类:根据非固定线路在固定线路上发散区域点位的不同,分为固定线路末端区域发散、始端区域发散、两端区域发散、中间区域发散的可变线路。

①末端区域发散型。

模式结构:固定线路的两端固定,非固定线路是从固定线路的末端点向指定的服务区域发散,根据服务区域内的不同客流需求点,形成在区域内的可变线路。

停靠点模式:单点至单点,单点至多点。

如图7-9所示,线路 A—B 为固定线路,从固定线路的末端 B 点向固定的服务区域发散,形成例如 B—C 的可变线路或其他可变线路。

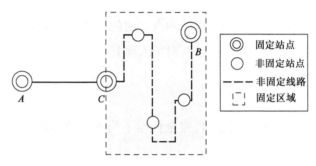

图7-9　末端区域发散型模式示意图

②始端区域发散型。

模式结构:固定线路两端固定,非固定线路是从固定线路起始端点向出行起点区域发散,根据出行起点区域不同上车站点的客流需求,在固定服务区域内形成可变的线路。

停靠点模式:单点至单点,多点至单点。

如图7-10所示,线路 B—C 为固定线路,在固定线路的起始端 B 点向固定的服务区域发散,形成了例如 A—B 的可变线路。

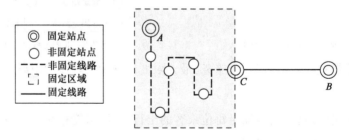

图7-10　始端区域发散型模式示意图

③两端区域发散型。

模式结构:固定线路两端固定,在其两端即起始端和末端分别向出行起点区域和出行讫点区域发散,根据不同出行起讫点的客流需求,在这样的两个服务区域内分别形成可变的灵活线路。

停靠点模式:单点至单点、单点至多点、多点至单点、多点至多点。

如图 7-11 所示,线路 B—C 为固定线路,在起始端 B 点和末端 C 分别向外发散,形成了例如 A—B 和 C—D 的可变线路。

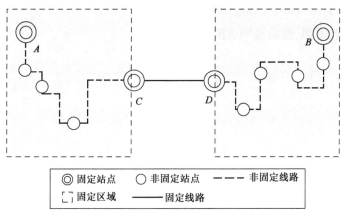

图 7-11　两端区域发散型模式示意图

④中间区域发散型。

模式结构:固定线路两端固定,在固定线路中存在一定的区域,需要根据不同的客流点形成灵活的可变线路,以满足此区域乘客的出行需求。这种非固定线路在固定线路的当中根据不同的客流需求形成。

停靠点模式:单点至单点、单点至多点、多点至单点、多点至多点。

如图 7-12 所示,在固定线路 A—D 当中的某一部分,根据客流需求形成了灵活可变的非固定线路 B—C。

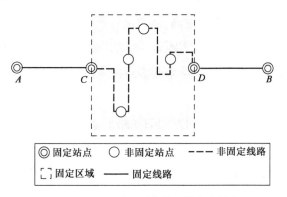

图 7-12　中间区域发散型模式示意图

7.2.3　线网模式

定制公交体系的线网模式,根据线路之间是否可以换乘分为独立线路和组合线路两种。独立线路即为定制公交线路之间不能换乘,而组合线路即为线路之间可以换乘,并且换乘站点和换乘时间对接都是通过精心协调后制定的。

(1)单独线路的线网模式(图7-13)。

模式描述:线网中的每条线路单独存在,虽然与其他线路有交叉但是没有相互换乘。

优点:零换乘,直达性强,实施应用也最为简单。

缺点:线路功能不强,覆盖范围有限。

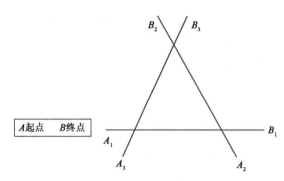

图7-13 单独线路的线网模式示意图

(2)组合线路的线网模式。

在定制公交服务中,考虑到并不是所有线路都能为乘客提供零换乘、一站到达目的地,乘客需要通过一次或者多次换乘到达目的地或者到达目的地较近的区域,减少步行距离和时间。

模式描述:通过统一规划线网,使得线路得到充分整合,达到了以少抵多的目的,实现多条线路的功能。例如,2条线路组合则起到了4条线的效果,3条线路组合起到了9条线的效果,以此类推,N条线组合起来将实现N^2条线路的功能。

优点:复线系数较小并且走向相互支持,扩大了服务覆盖范围;能够改变常规公交线网缺乏相互联系、网络整合度差、线路复线系数过高、运力浪费严重、运营效率低下的缺点;通过同台同向免费换乘扩大服务范围,使得乘客可以零距离、零费用通过一次换乘或多次换乘到达目的地。

分类:根据换乘点的多少,分为单点换乘和多点换乘。

①单点换乘。

该模式的换乘点只有一个,所有不同方向的线路汇集在一个换乘点上,乘客只能在该点上换乘其他方向的线路,如图7-14所示。

优点:增加了出行方向,建设成本低。

缺点:在高峰时段,大量的客流集散,会造成换乘点乘客拥挤不堪,降低服务质量。

②多点换乘。

该模式的换乘点有两个或者两个以上,所有的线路没有全部汇集在某个换乘点上,而是相对分散,如图7-15所示。

优点:在高峰时段,多点换乘可以分散客流在某个换乘点的聚集;增加了更多的出行方向。

缺点:换乘点的增加,会影响线路的运行速度;换乘点越多,建设成本越高。

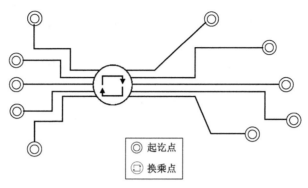

图 7-14　单点换乘模式示意图

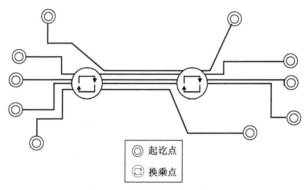

图 7-15　多点换乘模式示意图

7.3　定制公交站点规划

在整个定制公交规划运营系统中,线路和站点规划是进行票价制定、时刻表编制、行车计划编制、司售人员排班的基础和前提,也是能否有效吸引到乘客完成乘客招募的关键因素。合理的定制公交线路和站点规划能满足大部分乘客的出行需求,有效吸引私家车乘客转变出行方式,达到定制公交的开行目的。

定制公交站线设置可以成熟的常规公交的设置方法理论为基础,结合定制公交站线需求特点灵活设置,以满足出行者对定制公交服务的站线需求。定制公交站点与线路的设置是为了尽可能多地满足出行者对定制公交服务的出行需求,尽量减少步行距离、避免换乘,使出行者花费的时间最少。同时,从定制公交运营部门角度出发,保证一定的客流量,并使得运营效益尽可能维持在一定水平。

定制公交的站点、线路设置应遵循以下原则:

（1）定制公交线路设置应遵循相关标准规范，长度适中。线路过长时会对运输效率造成影响，同时避免非直线系数过大；线路过短时会造成定制公交车辆的使用率较低，增加车辆空置时间，提高运营成本。

（2）定制公交站点与出行者居住地点、工作地点距离应保持合适，串联起不同地点客流时，站点间距离也应合适。过长时出行者步行到达及离开站点、目的地所花费时间增加；过短时会造成停站频繁，车速下降，致使运行效率下降，同时增加乘客时间花费及乘客不舒适感。

（3）定制公交站点及线路的设置应考虑车辆的座位数、车辆调度、道路几何条件、交通条件、客流分布等相关因素。

（4）定制公交站点及线路的设置应提供保障合适的车辆运营速度。速度太慢会降低定制公交的吸引力与竞争力，速度过快会影响安全。

（5）定制公交线路非直线系数应在合理范围内，保证运营效率。

定制公交运营前期需要调查获取需求数据，基于需求数据、站线设置原则和定制公交特点，给出定制公交的站点与线路设置方法，如图7-16所示。

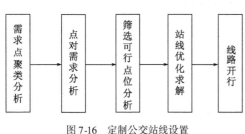

图7-16 定制公交站线设置

（1）通过对需求数据按照起点、终点分别进行聚类，能够获得相应的聚类结果，分析需求的空间分布情况。

（2）统计分析OD点对之间的需求量，可以按照空间点位、时间各段分析需求在各起终点对间的时间需求情况。

（3）按客流量大小、运行效率等条件进行筛选，结合实际的土地利用、道路交通条件等进行调整，获得初始的起点、终点数据集合。

（4）基于定制公交问卷需求调查的模型标定结果及其他约束条件，可选取运营效益、载客率、公交线网覆盖面积等作为优化目标，优化求解线路，获得车辆配置、车型配置、票价设置等信息。

（5）线路开行，发布线路信息，线路招募满足后即可开行运营。

定制公交站点的合理布局是定制公交线路规划的前提保障，由于乘客出行需求时间和地点的不同，不可能做到每个需求点均设置一个站点，因此，有必要对乘客出行需求数据进行聚类分析，合理布局定制公交站点。

在站点选取方面，由于乘客所提出的出行需求点是分散分布，一般采用层次聚类法或K-means聚类法对需求点进行聚类操作，并以聚类中心作为上下车站点。由于在定制公交出行需求的整理中一般不知道该将需求划分成多少个区域，无法对K-means聚类法中的类别数进行确认,因而采用自下而上的凝聚的层次聚类法对出行需求进行聚类划分,以减少偏离点的遗漏,更适合线网站点的确定。考虑乘客步行可达性因素,一般聚类范围为半径500m。

在对需求聚类生成出行点的方法中,根据处理流程的差异,可以整理为两种模式。

(1)"先集中再聚类"模式。该模式流程中,针对乘客提出的上下车点的实体地址信息,通过最短路径归纳,先将该出行需求点集中至最近的既有公交、地铁站点处,在完成集中汇总之后,检查各个既有站点,若该站点需求数量足够则直接设置为定制公交上下车停靠点,若该站点需求数量不足,则将所有需求不足的站点汇总后进行聚类,根据聚类中心选择最近的既有站点设置为定制公交上下车停靠点。

(2)"先聚类再集中"模式。该模式中,针对乘客提出的上下车点的实体地址信息,先对其进行汇总聚类,采用自下而上的凝聚方式进行聚类,聚类之后形成若干聚类区域,则一般选取其聚类中心作为出行中心,再选择聚类中心最近的既有公交、地铁站点,将乘客出行需求点集中至此,并设置为定制公交上下车停靠点。

两种出行需求分析处理模式的流程与分析处理方式如图7-17所示。

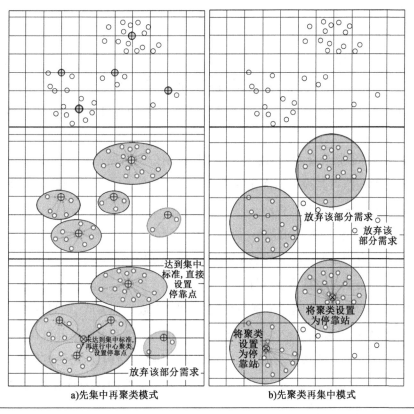

图7-17 两种定制公交出行需求分析处理模式示意图

7.4 定制公交线网规划方法

7.4.1 定制公交线网规划流程

在定制公交规划运营系统中,线网规划是进行时刻表编制、车辆调度、司售人员排班的基础和前提,也是决定定制公交网络是否合理布局、是否满足大部分乘客的出行需求、能否有效吸引私家车乘客出行方式向定制公交转移的主要因素。因此,定制公交线网规划在整个定制公交规划运营系统中的作用是相当重要的。定制公交线网规划特征如下。

(1)需求量小。由于定制公交的固有特征,需要乘客预订和支付定金,导致定制公交主要服务于通勤、通学等刚性出行需求,又由于定制公交需要相当部分的乘客上下车点一致(一对一的定制公交需要全部一致,多对一则需要部分一致),而往往同一居住点的居民的工作地点或同一工作地点的居民的居住地点分布多呈现发散状,所以在这两个约束条件下,定制公交在同一上车点的需求量不会太大。

(2)需求确定性。定制公交系统是封闭的,乘客要乘坐定制公交需要首先在运营单位开设的班车预约和订购系统中进行订购,要求乘客提前一段时间对出行计划作出安排。因此,定制公交系统是一种相对封闭的系统,定制公交需求呈现确定性的特征,其数值为定值而非约数。

(3)时效性。当定制公交的需求发生变化时,定制公交的站点和线路需求重新规划,原来开通的定制公交的线路可能被更加优化的线路代替。因此,定制公交网络时常处于变化当中,是因为定制公交的需求具有时效性。

(4)敏感性。定制公交的需求量小,使得即使定制公交的需求产生十分细微的变化,一个或两个乘客加入或取消定制公交预定,都会对线路的规划产生影响,使原来的定制公交网络发生变化,因此,定制公交需求具有敏感性。

(5)复杂性。以城市为范围的定制公交网络中客户数量非常大,而且顾客地理位置的分布也呈一定的随机性,有可能是较零星的分布较散的乘客,也有可能是分布在同一小区内甚至同一栋楼内分布比较密集的乘客。此外,由于城市中的路网结构复杂,使得线网规划过程中要考虑的因素增多,车辆在城市路网走行自由,使定制公交的路网规划具有极强的不确定性,这相比于常规路径规划问题要复杂。

(6)经济性。定制公交运营企业在开行定制公交服务时通过收取乘车费用产生经济效益,而且由于定制公交属于公共基础建设,在运送乘客过程中很难产生附加的经济效益。定制公交公司为了达到经济效益的最大化只能在减少运营成本上下功夫,因此,合理的配送路径规划、人员及车辆的合理使用安排意义重大。

(7)多目标性。定制公交运营企业为了提升竞争力,在制定定制公交开行方案时不得不考虑到多方面的因素,而不是仅仅以利润最大化为单一目标,其运营理念向多目标任务转变。例如:使得顾客满意度最大,运营经济成本最低,碳排放量污染最少以及考虑定制公交上座率等。

定制公交的产生源自个性化出行需求,规划原则也由其运行定位和服务特点决定,所以在进行定制公交线网规划时必须体现对出行需求合理匹配的重要性,同时还要考虑运营单位和城市交通系统的利益。定制公交服务的线网规划是定制公交运营服务体系有效运行的基础,只有在线网规划适应乘客需求、线路站点布局合理的前提下,才可能使得定制公交系统实现最佳的运行状态。因此,在定制公交线网规划过程中应遵循以下几个原则。

(1)充分考虑与响应乘客的出行需求。定制公交的定位决定了其线网规划需要尽可能依据乘客出行需求的起终点进行布设,充分考虑乘客的出行目的,积极响应尽可能多的出行需求点。在需求的提取整理方面,要最大限度满足范围内的出行要求,尽量避免由于考虑不全面产生的需求舍弃。同时,对于相同目的地的乘客需求,考虑多点连续接载运输乘客。

(2)提高乘客便捷出行体验。定制公交的便捷性,一般体现为合理的运营时间、平稳的运行速度和较少的站点设置,具体包括:站间距保持合理距离,避免车辆运行中频繁停靠,站点之间选择最短的路径运行,运行车辆保持较为稳定的运营速度,减少不必要的绕行和停站减速,按照乘客的出行需求在允许的弹性时间窗内到达站点。

(3)对运营企业的经营效益保障。制定与运营线路相匹配的票价规则,以保证企业运营的收支平衡与效益考量;合理设置线路数量、运营里程、载客规模等,以提高收益降低支出成本;提高企业车队不同车型的利用率,通过有效整合乘客需求,减少线路运行中车辆的空载情况。

(4)考虑城市交通可持续发展。定制公交线网的规划不仅要符合城市节能减排的要求,更是要以人为本,促进城市公共交通有序健康发展,提高公众使用集约化公共交通出行的比例。作为城市公共交通的组成部分,也考虑与常规公交、地铁的衔接与换乘,提高定制公交与城市其他公共交通网络的连通度,不与其他公共交通产生线路客流的竞争,而是相互补充。

定制公交基本的线路布设与线网成形规划流程为:在响应乘客出行需求的情况下,先根据具体需求逐条布设开行线路,每生成一条新优化线路,便重新调整剩余需求,根据获得的布设方案评价线路效益,并继续生成线路,直至所有需求都被覆盖而形成基础公交线网。之后转入对基础线网的循环评价与优化过程,若线网需要继续调整,则搜寻需要调整优化线路,通过对站点重新布设、线路重新插入、需求重新组合等方式,更新线路情况,获得优化的线网规模,直到达到规划目标所设定的优化状态,便输出线网。定制公交线路布设与线网成形优化流程如图7-18所示。

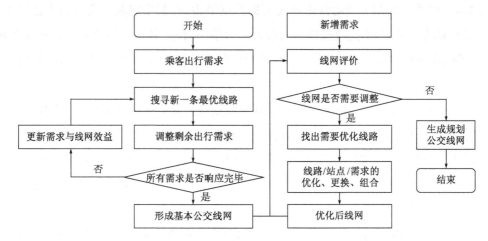

图7-18 定制公交线路布设与线网成形优化流程

在定制公交的线网规划过程中,一般按照"点-线-面"的方式,分为以下几个层次。

(1)根据需求集中点(或起讫OD点),确定定制公交停靠的上下车站点。站点的设置,依赖于乘客的需求是否集中,取决于出行需求的聚类整合是否合理,需要考虑乘客步行至站点的距离和站点的服务覆盖范围,也需要考虑站点实际的地理位置与停靠条件。

(2)根据个体出行的起讫OD点,确定逐条定制公交线行驶路径和经行站点。定制公交路线的布设,一般是以站点间的运行距离和运行时间为基本参考,按照运营费用最小化和运载出行需求最大化的原则,进行逐步搜寻优化的,其中包括了路段的插入、删除、替换、合并与更新等步骤。由于定制公交站点较少,多属于一站直达,因此线路的布设很大程度上将体现运营服务的效率。

(3)根据运营目标和效益评价,汇总各条线路并进行整体优化整合成网。在现有的定制公交规划运营中,还缺乏对线网的深入认知,对线网只是线路机械的叠加,运营现状中往往各条线路相对独立,线路间没有有效的协调互补,只依托于客流出行要求完成端点区域的"一对一"出行需求。这不仅限制了定制公交车辆充分利用运能的效率,也极大降低了线网的灵活性。

7.4.2 定制公交线网优化模型

定制公交线网优化是在符合约束条件的前提下,对目标函数进行寻优的过程。目标函数的构建作为定制公交线网优化的主要步骤之一,影响着整个优化的结果。目标模型的构建通常从两方面考虑,一方面是公交的使用者,也就是乘客;另一方面则为公交的提供者,也就是公交企业。然而,这两方面考虑的目标通常不一样,如何综合考虑这两方面,使得总体目标最优化,是一个复杂的问题。

(1)乘客角度。

对乘客而言,乘客希望出行时间最少,并且尽可能地直达。在实际线网优化过程中,代表乘客利益常用的目标函数主要有以下几种:

①乘客出行耗费总时间最少。

$$\min T = \sum_{i=1}^{n} \sum_{j=1}^{n} T_{ij} Q_{ij} X_{ij} \tag{7-1}$$

式中:T——乘客出行耗费总时间(h);

n——站点的总个数(个);

T_{ij}——站点i到站点j的耗费时间(h);

Q_{ij}——站点i到站点j的乘客人数(人次);

X_{ij}——站点i和站点j有线路需求时为1,反之为0。

②乘客直达率最大。

$$\max \partial = \frac{\sum_{i=1}^{n} \sum_{j=1}^{n} X_{ij} Q_{ij}}{\sum_{i=1}^{n} \sum_{j=1}^{n} Q_{ij}} \tag{7-2}$$

式中:∂——乘客直达率;

n——站点的总个数(个);

X_{ij}——站点i和站点j有线路需求时为1,反之为0;

Q_{ij}——站点i到站点j的乘客人数(人次)。

③线网覆盖率最大。

$$\max \beta = \frac{\text{有公交的道路总长}}{\text{可通行路网总长}} = \frac{\sum_{l_{s-t} \in LG} l_{s-t} - \sum_{l_{s-t}, l_{s1-t1} \in LG} l_{s-t} Il_{s1-t1}}{\sum_{L_{s-t} \in LG} L_{s-t}} \tag{7-3}$$

式中: β——线网覆盖率;

$\sum_{l_{s-t} \in LG} l_{s-t}$——所有线路总长(km);

$\sum_{l_{s-t}, l_{s1-t1} \in LG} l_{s-t} Il_{s1-t1}$——相互重叠的线路重叠部分的总长(km);

$\sum_{L_{s-t} \in LG} L_{s-t}$——可通行路网总长(km)。

(2)公交运营企业角度。

对公交运营企业而言,公交运营企业希望尽可能地提高经济效益。在实际线网优化过程中,代表公交运营企业利益常用的目标函数主要有以下几种:

①公交运营企业经济效益最大。

$$\max p = \frac{\sum Q_{ij} l_{ij}}{\sum l_{ij} K_{ij}} \tag{7-4}$$

式中：p——公交企业经济效益；

Q_{ij}——同一线路两相邻站点 i 到站点 j 的乘客人数（人次）；

l_{ij}——同一线路两相邻站点 i 和站点 j 的距离（km）；

K_{ij}——同一线路两相邻站点 i 到站点 j 的车流量（辆次）。

②线路重复系数最低。

$$\max \gamma = \frac{公交线路总长}{有公交的道路总长} = \frac{\sum_{l_{s-t} \in LG} l_{ij}}{\sum_{l_{s-t} \in LG} l_{s-t} - \sum_{l_{s-t s1-t1} \in LG} l_{s-t} Il_{s1-t1}} \tag{7-5}$$

式中：γ——线路重复系数；

$\sum_{l_{s-t} \in LG} l_{ij}$——线路总长（km）；

$\sum_{l_{s-t s1-t1} \in LG} l_{s-t} Il_{s1-t1}$——相互重叠的线路重叠部分的总长（km）；

$\sum_{L_{s-t} \in LG} L_{s-t}$——可通行路网总长（km）。

从常用的目标函数中可以看出，多个目标函数都能代表各自的利益，而有些目标函数存在一定的关系。然而，在进行定制公交线网优化时，通常不会考虑所有的目标函数。因此，选取部分目标函数作为定制公交线网优化的目标函数。通过上述分析，为了满足乘客和公交企业双方的利益，提出以乘客直达率和公交运营企业经济效益两者的加权平均，作为定制公交线网优化的目标函数。

在求解定制公交线网优化目标函数的同时，为了更加合理地优化定制公交线网，还应满足一些约束条件。根据《城市道路交通规划设计规范》的约束，并结合定制公交的特点及线网优化的影响因素，提出了适应于定制公交线网优化的约束条件，主要如下：

①单条线路距离。

$$l_{\min} < l < l_{\max} \tag{7-6}$$

式中：$l_{\min}$、$l_{\max}$——单条线路的上、下限距离（km）。

单条线路的长短影响着乘客和公交运营企业双方的利益。线路较长增加公交运营企业调度难度，反之，较短增加乘客换乘次数。因此，定制公交线路应合理满足单条线路距离的约束。

②非直线系数。

$$\frac{l}{l_{\min}} < \partial \tag{7-7}$$

式中：l——起、终点的实际距离（km）；

$l_{\min}$——起、终点间的直线距离(km);

∂——某一确定的参数值。

非直线系数是指单条线路的实际距离与起、终站点直线距离之比,用来体现线路绕行的程度。定制公交主要通过提高服务水平来吸引乘客,而绕路情况与服务水平息息相关。因此,应合理地设置该参数来提高定制公交的服务水平。

同时,为了提高服务水平,应使得任意有乘客需求关系的站点对的距离满足非直线系数,以此减少绕路来吸引乘客,即:

$$\frac{Y_{ij}l_{ij}}{l_{ij\min}} < \partial \tag{7-8}$$

式中:l_{ij}——站点 i 和站点 j 的实际距离(km);

$l_{ij\min}$——站点 i 和站点 j 的直线距离(km);

Y_{ij}——站点 i 和站点 j 有乘客需求时为 1,反之为 0。

③首末站点。

$$S_f \in S \tag{7-9}$$

式中:S_f——线路的首末站点;

S——线路的可选首末站点集。

首末站点的选择与定制公交线网优化息息相关。通常情况下,首先,选择客流量多的站点为首末站点;其次,首尾站点的选择也跟该站点的地理位置有关,一般情况下站点地理位置优越,该站点的出行需求高。

④单条线路的站点总个数。

$$\mathrm{Num}(l) \leqslant K \tag{7-10}$$

式中:$\mathrm{Num}(l)$——线路 l 的站点总个数(个);

K——某一确定的参数值。

单条线路的站点总个数,在一定程度上反映出定制公交的服务水平。单条线路的站点总个数越多,表明中途站点越多,服务水平越低。因此,定制公交为了保障一定的服务水平,对单条线路的站点总个数有一定的限制,不宜过大。

⑤站点的有效性和匹配性。

$$\mathrm{ifHasLine}(l) = \begin{cases} 0 & \left(\exists \sum_{i=1}^{n}\sum_{j=i+1}^{n} Y_{ij} = 0\right) \\ 1 & \text{其他} \end{cases} \tag{7-11}$$

式中: n——线路 l 站点的总个数(个);

Y_{ij}——站点 i 和站点 j 之间有乘客需求时为 1,反之为 0;

ifHasLine(l)——如果线路 l 中存在某个站点,与线路 l 中的其他任意站点都没有乘客需求,即该站点无效,并表明该站点没有匹配站点,即为 0,反之,为 1。

定制公交与传统公交不同,是一种基于客流而产生的公共交通服务。因此,定制公交线路不存在没有乘客上下车的中途站点,这保证了线路中不存在无效站点,同时也保证了定制公交线路中的所有站点都具有匹配关系,即有乘客出行需求起点,则必有匹配的乘客出行需求终点。

⑥线路复线条数。

$$N = 1 \tag{7-12}$$

在线网优化中,该参数通常为 2 或者 3,为了保证线网的覆盖率,设定该参数为 1,以此保证定制公交服务尽量多的站点,避免多条线路中出现重复的站点对,从而提高定制公交的服务水平。

⑦换乘系数。

$$\overline{N} = 0 \tag{7-13}$$

定制公交的一个特点是"一站直达"。因此,应设定该参数为 0。

基于上述定制公交线网优化目标函数和约束条件的研究,提出了一种适用于定制公交线网优化的目标模型和约束条件。

$$\max P = \lambda_1 \frac{\sum_{i=1}^{n}\sum_{j=1}^{n} X_{ij}Q_{ij}}{\sum_{i=1}^{n}\sum_{j=1}^{n} Q_{ij}} + \lambda_2 \frac{\sum Q_{ij}l_{ij}}{\sum l_{ij}K_{ij}} \tag{7-14}$$

$$X_{ij} = \begin{cases} 1 & i,j \text{ 间有线路通过} \\ 0 & i,j \text{ 没有线路通过} \end{cases} \tag{7-15}$$

$$\begin{cases} l_{\min} < l < l_{\max} \\ \dfrac{l}{l_{\min}} < \partial \\ \dfrac{X_{ij}l_{ij}}{l_{ij\min}} < \partial \\ S_f \in S \\ \text{Num}(l) \leq K \\ N = 1 \\ \overline{N} = 0 \\ \text{ifHasLine}(l) = \begin{cases} 0 & \left(\exists \sum_{i=1,j=i+1}^{n} Y_{ij} = 0\right) \\ 1 & \text{其他} \end{cases} \end{cases} \tag{7-16}$$

式中:P——定制公交线网优化的目标函数;

λ_1、λ_2——加权平均系数。

7.4.3 多种开行模式下定制公交线网规划方法

定制公交线网开行模式根据乘客出行需求情况一般可分为 4 类:单出发地到单目的地(单—单)、多出发地到单目的地(多—单)、单出发地到多目的地(单—多)和多出发地到多目的地(多—多)。目前学者大多针对单一开行模式的需求情况进行研究,然而,现实中乘客出行需求时空分布差异较大,每个合乘站点可能聚集了不同目的地以及不同出发时刻的乘客出行需求,即出行需求具有差异性。以图 7-19 规划的定制公交线网为例,站点 1~4 为上车站点,每个站点有不同的乘客期望出发时刻,站点 5~7 为下车站点,规划出的定制公交线网根据不同的乘客出行需求特征包含了多种开行模式的线路。

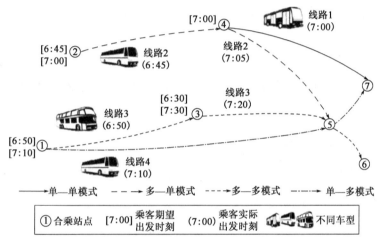

图 7-19 多种开行模式下的定制公交线网示意图

具体问题描述如下:根据已知的若干乘客出行需求,每个出行需求包含了上车站点、下车站点、出发时刻、到达时刻、需求聚集人数。每辆定制公交根据不同的乘客出行需求,从乘客上车站点出发,经过若干合乘站点,将乘客送至下车站点,满足上座率、站点数量限制、出发时间窗等约束。以线网覆盖率、运营企业利润最大和乘客总绕行距离最小为优化目标,研究多种开行模式下的定制公交线网规划问题。

设合乘站点集为 U,m 为合乘站点的数量,$\text{Needs} = \{u_a^+, e(u_a^+), t_a^+, t_a^-, h_a, a = 1, 2, \cdots, s, u_a^+, e(u_a^+) \in U\}$ 为乘客出行需求集合,其中 u_a^+ 为需求 a 的上车站点;$e(u_a^+)$ 为需求 a 的下车站点;t_a^+ 为需求 a 乘客期望出发时刻;t_a^- 为需求 a 乘客期望到达时刻;h_a 为需求 a 聚集人数;s 为出行需求总数;距离矩阵 $D = \{d_{ij}, i, j \in U\}$,$d_{ij}$ 为考虑实际路网结构,车辆从站点 i 到站点 j 的最短行驶距离;车型集合 $B = \{1, 2, 3, \cdots, b\}$,$b$ 为车辆类型总数;cap_g 为车型 g 的容量,$g \in B$;c_g 为车型 g 的单位距离运输成本,主要包括车辆固定成本、油耗成本、驾驶员费用等,该成

本可通过成本核算结合运营经验确定；n 为车辆最大数量；q_a^{kg} 为车型为 g 的第 k 辆车服务需求 a 的人数；v 为车辆的平均运行速度；$p(d_a)$ 为票价函数，d_a 为需求 a 上车站点与下车站点间的路网最短距离；$r_{\min}$ 为最低上座率；$N_{\max}$ 为线路最大站点数；t_i^k 表示车辆 k 离开站点 i 的时刻，当 $i=0$ 时，t_0^k 表示车辆 k 的首站出发时刻；d_a^k 表示车辆 k 从需求 a 的上车站点到下车站点实际行驶距离；d_{a0}^k 为车辆 k 从线路首站到需求 a 上车站点的实际行驶距离；x_a^{kg} 为 0-1 变量，其值为 1 时表示车型为 g 的第 k 辆车服务需求 a，否则为 0；y_{ij}^{kg} 帮为 0-1 变量，其值为 1 时表示车型为 g 的第 k 辆车先后连续经过站点 i 和 j，否则，为 0；如 ϕ_i^{kg} 为 0-1 变量，其值为 1 时表示车型为 g 的第 k 辆车经过站点 i，否则，为 0。

为了简化问题，做如下假设：①每种类型可供选择的公交车辆数量充足；②单条线路中不存在既是上车站点又是下车站点的站点；③定制公交票价取决于乘客出行距离长短；④道路通行状况良好，车辆匀速行驶，不考虑交通延误和站点停靠时间。

目标函数：

(1)公交运营企业利润最大。定制公交不同于常规公交，没有政府的财政补贴，自负盈亏。为了实现定制公交的可持续发展，规划线网应尽量使运营企业利润达到最大。

$$\max Z_1 = \sum_{a=1}^{s}\sum_{k=1}^{n}\sum_{g=1}^{b} P(d) q_a^{kg} x_a^{kg} - \sum_{i=1}^{m}\sum_{j=1}^{m}\sum_{k=1}^{n}\sum_{g=1}^{b} c_g y_{ij}^{kg} d_{ij} \tag{7-17}$$

式中，第 1 部分为运营收入；第 2 部分为运营成本。

(2)线网覆盖率最大。由于乘客出行需求的离散性，定制公交线网不可能服务所有的乘客出行需求，但应尽可能多地服务乘客。

$$\max Z_2 = \frac{\sum_{a=1}^{s}\sum_{k=1}^{n}\sum_{g=1}^{b} q_a^{kg} x_a^{kg}}{\sum_{a=1}^{s} h_a} \tag{7-18}$$

式中：$\sum_{a=1}^{s}\sum_{k=1}^{n}\sum_{g=1}^{b} q_a^{kg} x_a^{kg}$——线网所服务的乘客总数；

$\sum_{a=1}^{s} h_a$——提交出行需求的乘客总数。

(3)乘客总绕行距离最短。为了提高乘客的覆盖范围、增加企业的收入，在上座率不足时，车辆势必会绕行搭载乘客。为了提高线路的便捷性，同时也为了控制运营成本，线网规划应尽可能使乘客总绕行距离最小。

$$\min Z_3 = \sum_{a=1}^{s}\sum_{k=1}^{n}\sum_{g=1}^{b} q_a^{kg} x_a^{kg} (d_a^k - d_a) \tag{7-19}$$

式中：$d_a^k - d_a$——需求 a 的绕行距离。

约束条件：

(1)线路站点数量限制。线路站点数量过多会丧失定制公交的优越性，应对其进行限制。

$$\sum_{i=1}^{m} \varphi_i^{kg} \leqslant N_{\max} \qquad \forall k,g \tag{7-20}$$

(2)时间窗约束。车辆到达乘客出发站点的时刻要在乘客出发时间窗内;到达乘客目的地的时刻不晚于乘客期望到达时刻,否则,定制公交将不响应乘客的出行需求,乘客可接受的出发时间窗阈值为 θ。

$$t_a^+ - \theta \leqslant t_k^0 + \frac{d_{a0}^k}{v} \leqslant t_a^+ + \theta \qquad \forall k,a \tag{7-21}$$

$$t_k^{u_a^+} + \frac{d_a^k}{v} \leqslant t_a^- \qquad \forall k,a \tag{7-22}$$

式中,因为忽略站点停靠时间,所以车辆到达某站点的时刻等于该站点的出发时刻,即 $t_k^0 + \frac{d_{a0}^k}{v} = t_k^{u_a^+}$。

(3)上座率及车辆容量限制,考虑公交运营企业的运营成本,线路开通要满足最小上座率约束,同时要保证上车乘客总数不超过车辆容量,未上车的乘客由下一辆定制公交服务。

$$r_{\min} \leqslant \sum_{a=1}^{s} \frac{q_a^{kg} x_a^{kg}}{\text{cap}_g} \leqslant 1 \qquad \forall k,g \tag{7-23}$$

(4)上下车站点要求,定制公交服务某一个需求,需确保先后经过上车站点和下车站点。

$$\varphi_{u_a^+}^{kg} - \varphi_{e(u_a^+)}^{kg} = 0 \qquad \forall k,g \tag{7-24}$$

(5)变量取值约束,对任意车型为 g 的第 k 辆车,当服务的需求确定后,所经过的站点也随之确定。

$$\varphi_i^{kg} = \begin{cases} 1 & \text{若 } x_a^{kg} = 1, \exists u_a^+ = i \text{ 或 } e(u_a^+) = i \\ 0 & \text{其他} \end{cases} \tag{7-25}$$

上式表示服务的出行需求 a 与站点 i 的变量取值关系。

$$\left(\sum_{i=1}^{m}\sum_{j=1}^{m} y_{ij}^{kg}\right) + 1 = \sum_{i=1}^{m} \varphi_i^{kg} \qquad \forall k,g \tag{7-26}$$

上式表示变量 y_{ij}^{kg} 与 φ_i^{kg} 取值关系,等式的值即为车辆 k 经过的站点数量。

定制公交线网规划问题是典型的 NP-hard 问题,其实质是求解乘客出行需求的最优组合。相较于其他智能算法,蚁群算法在路径寻优上有明显的优势,更加符合模型的求解特征,故采用蚁群算法求解。

模型解由每条线路的行车路径、采用的车型及数量、站点的上下车人数和线路时刻表4个部分构成。数组 $Ro_l = \{(u_1,t_1),(u_2,t_2),\cdots,(u_n,t_n)\}$,$u_1,u_2,\cdots,u_n \in U$ 表示第 l 条线路的行车路径为 $u_1 \to u_2 \to \cdots \to u_n$ 以及到达相应站点的时间为 t_i;数组 $B_l = [b_1,b_2,b_3]$ 表示第 l 条线路所采用的车型及数量,例如 $B_6 = [2,3,4]$ 表示线路6采用了2辆车型1、3辆车型2、4辆车型3的定制公交服务乘客;数组 $Q_l = \{(q_1^+,q_1^-),(q_2^+,q_2^-),\cdots,(q_n^+,q_n^-)\}$ 表示第 l 条线路每个站点

的上下车人数,由上述解可确定线路服务的乘客总数、上座率、利润、总绕行距离。

算法的基本思想是让蚂蚁搜索出所有能合乘的出行需求,根据合乘需求的 OD 信息规划相应的线路,经过多次迭代得到最优解。

以兰州公交集团的出行需求数据为基础,选取兰州市安宁区、七里河区、城关区聚集的 64 个乘客出行需求,共 914 位乘客为研究对象。乘客分别在 21 个合乘站点上下车,合乘站点的具体位置如图 7-20 所示,站点间的距离利用百度地图获取,部分距离矩阵见表 7-5,部分需求矩阵见表 7-6,采用的车型容量分别为 20 座、30 座、45 座,共 3 种车型。根据成本核算及实际运营经验,各车型的单位距离成本分别为 7.4 元/km、8.6 元/km、10.2 元/km。线路最大站点数量乘客对站点数量接受意愿的调查结果,$N_{max}=6$,最低上座率 $r_{min}=0.75$(公交集团要求的最低上座率),出发时间窗阈值取 15min,车辆运行速度 $v=25$km/h,票价函数如式(7-27)所示。

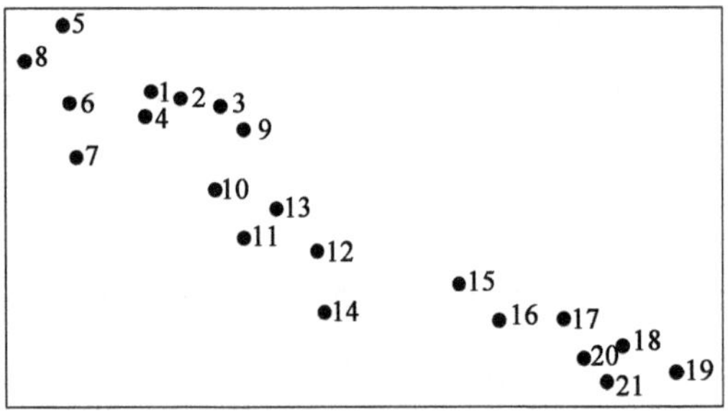

图 7-20 合乘站点位置分布图

$$P(d_a) = \begin{cases} 5 & d_a < 8 \\ 7 & 8 \leq d_a < 12 \\ 2 \times \dfrac{d_a}{4} + 1 & d_a \geq 12 \end{cases} \tag{7-27}$$

合乘站点间部分距离矩阵   表 7-5

序号	1	2	3	4	5
1	0	1700	2400	1400	3300
2	1700	0	992	2500	4600
3	2400	992	0	3300	5300
4	1400	2500	3300	0	3900
5	3300	4600	5300	3900	0

部分出行需求矩阵   表 7-6

序号	上车点	下车点	出发时间	到达时间	聚集人数
1	1	11	6:30	7:10	7
2	1	21	6:50	7:50	15
3	10	17	9:05	10:00	14
4	2	11	6:50	7:25	8
5	12	18	13:40	14:20	5

结合专家经验法和路网实际调查数据情况,蚁群算法的相关参数设置为:蚁群总数 $G=10$,迭代次数 $M=200$;挥发系数 $rho=0.1$;信息素增量 $Q=0.1$,采用 MATLAB 编程,规划结果见表 7-7 ~ 表 7-10。

单—单模式线路　　　　　　　　　　　　　　　　　　　　　　　　　　表 7-7

序号	合乘需求	线路(站点到达时刻)	站点上下车人数	车型			上座率	利润(元)	绕行距离(m)
1	13 18 11	(1 6:45)(11 7:06)	(47 0)(0 47)	1	1	0	0.94	184.68	0
2	23	(7 16:40)(9 16:54)	(17 0)(0 17)	1	0	0	0.85	38.20	0
3	33	(8 8:30)(15 9:03)	(28 0)(0 28)	0	1	0	0.93	103.60	0
4	43	(20 11:05)(14 11:25)	(19 0)(0 19)	1	0	0	0.95	67.48	0
5	46	(5 6:20)(11 6:43)	(18 0)(0 18)	1	0	0	0.90	50.34	0
6	54	(4 11:00)(15 11:26)	(36 0)(0 36)	2	0	0	0.90	80.40	0

单—多模式线路　　　　　　　　　　　　　　　　　　　　　　　　　　表 7-8

序号	合乘需求	线路(站点到达时刻)	站点上下车人数	车型			上座率	利润(元)	绕行距离(m)
7	30 21	(21 16:40)(3 17:16)(2 17:18)	(45 0)(0 33)(0 12)	0	0	1	1.00	220.32	11904
8	29 45 27	(5 16:10)(2 16:21)(3 16:23)	(56 0)(0 51)(0 5)	3	0	0	0.93	151.30	1460
9	58 28	(2 7:00)(10 7:15)(11 7:21)	(19 0)(0 11)(0 8)	1	0	0	0.95	28.70	6300
10	56 55	(14 9:30)(11 9:38)(12 9:43)	(17 0)(0 8)(0 9)	1	0	0	0.85	42.10	28800

多—单模式线路　　　　　　　　　　　　　　　　　　　　　　　　　　表 7-9

序号	合乘需求	线路(站点到达时刻)	站点上下车人数	车型			上座率	利润(元)	绕行距离(m)
11	52 12	(14 8:20)(2 8:38)(11 8:56)	(19 0)(10 0)(0 29)	0	1	0	0.96	15.14	81900
12	7 14	(19 6:00)(14 6:26)(11 6:34)	(28 0)(19 0)(0 47)	1	1	0	0.94	54.84	67200
13	32 38 25	(14 9:20)(17 9:38)(21 9:43)	(20 0)(10 0)(0 30)	0	1	0	1.00	35.72	83000
14	17 49	(3 6:40)(8 6:54)(12 7:21)	(13 0)(13 0)(0 26)	0	1	0	0.87	8.08	96300
15	50 51	(1 8:50)(4 8:53)(11 9:12)	(10 0)(5 0)(0 15)	1	0	0	0.75	31.68	6000
16	41 62	(1 13:05)(12 13:23)(18 13:43)	(18 0)(10 0)(0 28)	0	1	0	0.93	92.60	3600

多—多模式线路　　　　　　　　　　　　　　　　　　　　表 7-10

序号	合乘需求	线路(站点到达时刻)	站点上下车人数	车型	上座率	利润（元）	绕行距离（m）
17	6　16	(20　6:00)(10　6:28) (12　6:37)(13　6:44)	(24　0)(6　0) (0　6)(0　24)	0　1　0	1.00	39.76	52200
18	19　8	(1　7:30)(14　7:51) (11　7:59)(12　8:04)	(11　0)(19　0) (0　19)(0　11)	0　1　0	1.00	27.02	74800
19	15　63　10	(10　9:05)(12　9:14) (11　9:19)(17　9:47)	(17　0)(13　0)(39　0) (0　52)(0　17)	2　1　0	0.99	33.50	10600
20	26　34 36　24	(21　19:50)(17　19:55) (2　20:26)(4　20:32)	(32　0)(25　0) (0　25)(0　32)	3　0　0	0.95	77.32	54400

从表中可看出，此次规划的线网共有 20 条线路，4 种开行模式均有线路运行，其中单—单模式线路有 6 条，占比为 30%，该模式线路聚集性高，多为通勤线路，公交运营企业在实际运营时，后期可根据实际情况，将其作为定制公交固定线路运行。线网总体覆盖率为 72.54%，平均上座率为 0.93，总利润为 1382.78 元，线网总绕行距离为 600.86km，乘客平均绕行距离为 0.92km。从时间分布上来看，规划的线网既有早晚高峰线路，也有平峰线路运行。规划的每条线路都根据乘客的出行需求设置了时刻表，不会存在因线路预约人数不足造成规划线路取消的现象。从上述结果中可看出，本次规划的定制公交线网开行模式丰富多样，较好地满足了差异化的乘客出行需求，体现了定制公交为乘客量身定制的特点。

车型方面，有 12 条线路采用了车型 1，10 条线路采用了车型 2，采用车型 3 的线路只有 1 条。这是由于大部分站点集聚的乘客较少，很难满足大车型的上座率要求，而小车型成本较低，更加经济适用。从线网规划结果来看，公交运营企业在配置车辆时，应以小车型为主，尽可能配置更多车型，使线路车型的选择更加灵活，增强线网对出行需求差异分布的适应能力。此外，规划的定制公交线网中，线路 1、线路 12 和线路 19 根据乘客实际聚集情况均采用了 2 种车型服务乘客，线路 6、线路 8、线路 20 服务的车辆数超过了 1 辆，更好地满足了差异化的乘客出行需求。

8 需求响应公交

8.1 需求响应公交系统

传统的公交运营模式是通过提供"固定供给"(固定站点、固定线路、固定时刻表等)来满足乘客的"动态需求",导致传统公交的灵活性较差,功能单一,不能满足多样化、个性化的出行需求,使乘客"乘车难、等车难、换乘难"。未来居民对出行的要求越来越高,如果不能及时转变"固定供给"的传统公交运营模式,居民出行将不可避免地向私人交通转移,因此,传统公交的优化和改革迫在眉睫。

定制公交的目的是解决高峰期居民乘坐公交出行难的问题,因此,其遵循"定人、定点、定时、定价、定车"的服务原则,能够很好地吸引部分客流并保证高水平的服务质量。然而在平峰期或客流需求尚未达到开线要求的地区,居民乘坐公交出行仍然面临着"最后一公里"的难题,亟须一种更加灵活的公交系统来提供舒适、灵活的服务。

需求响应公交,也称灵活式公交,是一种集"集约性"和"灵活性"于一身的新型公交系统,被认为是解决传统公交问题的有效途径,它既有固定的线路和站点以满足客流情况稳定的通勤交通,也允许公交车辆在一定范围内响应临时产生的需求,离开基准线路载运乘客以满足一些零散的个性化需求。不同于常规公交相对固定的运营模式,该系统能够根据乘客预约信息灵活调整运营线路和站点,采用中小型客车实现运营服务,是解决居民出行"最后一公里"的有效途径,同时也是城市公共交通辅助客运模式的重要发展方向。

在城市化进程中,城市范围内存在诸多公交需求过于稀疏地区,这些地区多为新开发的远郊市区,由于人口密度稀疏,存在"需求少→发车间隔长→服务水平差→需求更少"的公交需求与供给之间的恶性循环。在这些地区,居民的公交出行服务质量差,公交运营企业的运营也入不敷出,公交服务的供给方和需求方都面临着困境。在公交需求过度稀少的新开发区域,出行者有意愿支付更高的公交票价来换取高水平公交服务,因此,这种地区面临的公交服务水平低、公交运营亏损等难题可以通过发挥市场机制的作用来有效解决,此时,就要基于市场机制,提供更加灵活的需求响应公交服务。

为改善客流稀疏地区的公交服务水平,更好地满足乘客的出行需求,城市公交运营者设计并推出了需求响应公交运营模式(图 8-1)。

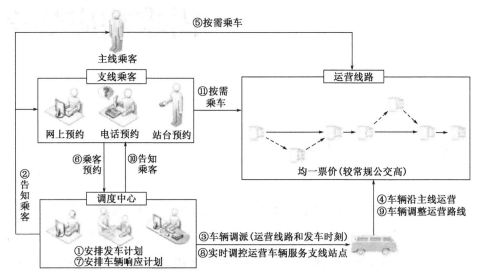

图 8-1　需求响应公交运营模式

需求响应公交采用主线固定运营、支线按需运营的动态运营模式。运营者设计并发布带有主线站点和支线站点的需求响应公交线路,在主线站点乘车的乘客,乘车模式与传统公交基本相同,只需在站点等待,在支线站点乘车的乘客,需要通过电话、网络或直接在公交站台预约的方式向调度中心发出乘车请求,调度中心通过分析优化得出公交发车计划(直接改变当前公交的运营线路或调整下一班公交的运营线路)并反馈给乘客,下达车辆调派指令,车辆按照指令运营,然后乘客按需乘车。

需求响应公交筛选出偏远且乘车需求少的站点作为支线站点,通过按需选择是否经由支线站点的运营模式,缩短了总运营路线长度,压缩了公交运营成本,通过提升票价增加了公交运营收入,使公交运营企业可以获取更高收益;这种模式还减少了车内乘客因车辆绕行通过无需求偏远站点而浪费的乘车时间,提升了乘车体验。

需求响应公交是介于常规公交和出租汽车之间的一种新型公共交通运输方式,以乘客出行为导向,可以根据乘客的出行需求,提供量身定制的公共交通服务,乘客可以参与决定自己的乘车位置和乘坐时间。

需求响应公交是对传统公共交通的补充,可以为出行者提供舒适、快速、可靠的公共交通服务,可以减少小汽车出行者的数量,增加公交在早晚高峰时段所占的比重,是一种低碳环保的出行方式。

需求响应公交主要服务于以下三类需求市场。

(1) 出行需求密度低的区域。比如城市边缘地区(城乡接合部、城市拓展区等)、广大的农村偏远区域。这些地方人口密度低、乘客出行需求较少并且出行地点较为分散,传统常规公交的运营常常造成巨大的亏损,亟须发展一种新的运营模式来转变经营方式。

(2) 出行需求密度低的时段。比如在主城区内某些开行社区巴士的居住区,在高峰时段,出行需求大,常规公交的运行能得以很好地维持,而在平峰时间尽管是降低了发车频率,但还是难以维持正常公交的运营费用。主城区的夜间公交虽然方便了一些在夜间有出行需求的乘客,但是由于这类乘客的人数较少,即使发车频率降到很低,但仍然导致运营的亏损。

(3) 出行不便的特殊人群。比如由于自身条件限制(比如残疾人)无法抵达常规公交站点,还包括行动不便的乘客(比如老年人、孕妇等),身体状况不适合长距离行走,而这些特殊人群往往遭到常规公交以及出租汽车的拒载,造成了居民出行极为不便。

需求响应公交服务系统主要由服务对象、服务区域、服务车辆、调度平台组成,运营服务示意图如图 8-2 所示。

(1) 服务对象。需求响应公交的服务对象为乘客,乘客通过预约的方式乘坐需求响应公交出行。需求响应公交乘客大都无私家车,居住在常规公交服务不完善的城市区域,可选择的出行方式较少;或为老弱病残等特殊人群,不具备其他出行方式出行的条件。需求响应公交乘客出行大都

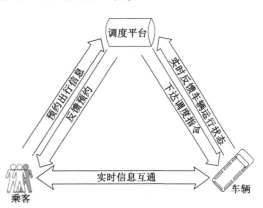

图 8-2 需求响应公交运营服务示意图

具有特定的目的地,如交通枢纽(地铁站点、公交站点、火车站、机场等)、大型公共场所(大型商场、学校、医院等),对出行时间和出行服务质量有着较高的要求。

(2) 服务区域。服务区域是指乘客能够选择需求响应公交进行出行的地理区域范围。需求响应公交定位于为无常规公交服务或常规公交服务水平低下的区域提供运输服务。现实中这些区域一般为城市新区、郊区、广大农村地区以及大学校园、大型居住社区等,或为大型公共场所(如大型商场、学校、医院等)以及地铁站点、公交站点的辐射区域。对需求响应公交的服务区域形状和大小(包括长度和宽度)进行过定量计算方法研究,如对矩形状、椭圆形状、梯形状及椭圆形的服务区域和大小的研究。但实际的服务区域的地形和道路网建设并没有那么理想化,不能简单地将服务区域分割成具体的形状,比较切合实际地确定服务区域形状和大小的方法应和交通规划中交通小区的划分方法类似。

(3) 服务车辆及类型。服务车辆是需求响应公交服务系统的重要组成部分。根据服务区域大小、道路网条件、乘客需求密度以及乘客个性化需求,需求响应公交的运营调度需采用不

同载客容量的车型,进行多样化的车辆配置,保持供给与需求相匹配,从而达到控制经营成本、提高经济效益的目的。由于需求响应公交需要具备灵活、快速、舒适、定位于服务稀疏客流等特征,因此,其相对于城市常规公交来说车型较小,对道路条件要求不高,可以运行在城市任何等级的机动车道路上。与固定站点、固定线路服务式的常规公交相比,需求响应公交运行调度更加灵活,线路不固定,每次运行均根据乘客预约需求进行车辆调度,确定停车点,乘客需求较少。目前,国内外已运营的需求响应公交车辆类型多为车身轻便、载客量小的小客车,车辆行驶便捷,容易转弯、掉头,行驶速度较快,非常适合在道路条件有限的城市新区、郊区以及农村地区行驶。目前,市场上适用于需求响应公交运行调度的车辆类型主要有两厢小汽车、三厢小汽车、小型客车等。

(4)调度平台。调度平台是需求响应公交运营服务的组织者,就像人的大脑支配着四肢一样,调度平台控制着整个需求响应公交的运营服务流程,包括接收乘客预约信息、制定车辆调度计划、下发车辆行驶路径给车辆、反馈出行信息给乘客以及对车辆和乘客进行实时监控等。

需求响应定制公交的特点是"不定时、不定点、不定车、不定人、不定价",与其他公共交通出行方式有很大的不同。

(1)不定时是指可以根据不同乘客不同的出行时间来安排车辆。
(2)不定点是指不同乘客可以根据乘客指定的乘车地点进行相关服务。
(3)不定车指的是乘客可以根据自己的喜好要求运营商安排不同类型车辆来服务。
(4)不定人指的是不同车型的载客量不一样。
(5)不定价指的是根据乘客的出行距离以及车型的成本来制定相应的票价。

需求响应公交运输模式与其他运输模式的差异主要表现见表8-1。

需求响应公交运输模式与其他运输模式的区别　　表8-1

比较对象	常规公交	需求响应公交	出租汽车合乘	出租汽车
车辆类型	大容量,一般为40~50座	小容量,一般为8~20座	4座	4座
服务站点	固定	不固定	不固定	不固定
运营线路	固定	不固定	不固定	不固定
服务人数	40~70人	8~20人	1~4人	1~2人
是否需要预约	否	是	否	否
投资费用	高	中	低	低
运营费用	中	高	高	高
效率	高	中	低~中	低~高
舒适性	中	高	中	高
可达性	低	高	中	高

续上表

比较对象	常规公交	需求响应公交	出租汽车合乘	出租汽车
残疾人或老年人	提供服务	提供特殊服务	提供特殊服务	不欢迎
费用	低	中	中~高	高
适宜的服务区域	客流量较大的城区	客流稀疏地区或小型社区	任何区域	任何区域

（1）与常规公交车的差异。需求响应公交服务提供的是弹性路线及弹性班次的运输服务，有别于常规公交车的固定路线及固定班次。需求响应公交没有固定的运行线路和站点，完全是根据乘客的需求灵活安排。

（2）与出租汽车合乘的差异。需求响应公交服务提供乘客预约搭乘的服务；而出租汽车合乘是在路边站牌搭载相同起讫点的乘客。需求响应公交是有预约才有服务，而出租汽车合乘则是随机的服务。

（3）与出租汽车的差异。需求响应公交服务比出租汽车一次能搭载更多的乘客，且需求响应公交服务无法像出租汽车一样只针对一个乘客完成出行目的，还必须考虑其他乘客预约的下车站绕道、停靠。

需求响应公交作为一种新型的公共交通模式，是整个公共交通系统的一部分，是地铁系统、常规公交系统的辅助和补充。同时，与快速公交、常规公交、网约车、巡游车等在服务定位、运营方式、出行特征、服务质量上均有着很大区别，详见表8-2。

需求响应公交与其他道路客运方式特征对比　　　　表8-2

	特征指标	需求响应公式	快速公交(BRT)	常规公交	网约车和巡游车
服务定位	服务对象	服务区域内预约出行的乘客(集约化)	站点周边买票进站或中转换乘的乘客	站点周边覆盖区域的乘客	预约出行或城市道路上分散的乘客
	服务区域	客流稀疏地区，对道路条件要求不高	城市主城区主要客流走廊	城市区域	城区人流比较集中的区域
	发挥功能	公共交通的一部分，发挥辅助作用	解决城市不同组团之间的大客流量的出行	城市公共交通系统的主要组成部分	公共交通的补充
	服务能力	较低，运量小	很高，大运量	较高，中等运量	低
运营方式	是否预约	是	否	否	是/均可
	线路是否固定	否	是	是	否
	发车时刻是否确定	否	是	是	—
	是否合乘	是	是	是	否
出行特征	出行距离	不确定	长	较长	不确定
	出行速度	高	较高	低	很高
	出行时间	不确定	较长	长	不确定
	出行费用	较低	低	低	高

续上表

特征指标		需求响应公式	快速公交(BRT)	常规公交	网约车和巡游车
服务质量	等待时间	较短	较长	长	短
	舒适性	较好	较差	差	好
	便捷性	较好	较差	差	好

8.2 需求响应公交开行设置

8.2.1 需求响应公交运行系统

需求响应公交具有部分固定的站点、不固定的线路、不固定的时刻表,允许车辆在固定线路外偏离一定距离,如图8-3所示。满足响应需求服务,公交在运行过程中必须经过预先设定好的固定站点,而预定站点只是在有需求请求的时候才经过。此运营模式部分固定,自由度低。

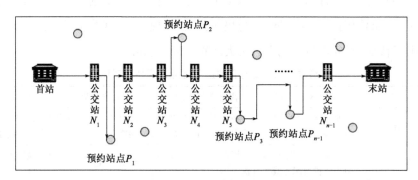

图8-3 需求响应公交运行示意图

需求响应公交运行的基本术语如下。

(1)基准线路。基准线路是指系统按照固定的行驶轨迹,布设一条基准行驶路线。当存在固定站点以外的出行请求时,车辆在满足固定站点的时空约束条件的情况下,将会到达请求点服务,服务完成后将会继续回到固定站点的行驶线路;反之车辆仅沿着基准线路行驶。

(2)服务区域。车辆按照基准线路行驶,基准线路以外的出行请求出现时,调度系统将会根据实际情况判断是否为请求点服务,若请求点与基准线偏离距离过大,将会影响车辆到达下一固定站点的时间,影响公交可靠性。为了约束车辆的行驶范围不至于过大,导致固定站点的时空约束不满足,需要划分一个偏离距离范围,即为服务区域。

(3)固定站点。固定线路上设置的固定站点,无论在该站点是否有出行需求,车辆均会在该站点停留,且满足时空约束条件。车辆满足固定站点的约束条件时才会响应站外请求;不满足时,将会拒绝请求,此时,乘客需等待下一趟车或者寻找下一服务点。

(4)临时站点。车辆行驶过程中,站外乘客将会向车辆发出服务请求,需要车辆为非基准线乘客服务,这些点就被称为临时站点。目前研究的临时站点均是临时请求点,即车辆服务于临时站点的位置,其他位置即使在路上遇到乘客,也不会停车服务,这种非固定式请求点,虽然灵活性足,但是很多时候专门为一个请求服务,过于浪费资源,且距离该请求点附近的乘客不发出请求就无法接受服务,这样乘客的满意度不高。因此,提出了临时站点固定化模式,将请求点设置为临时停靠点,由于每个乘客到来都需要发出服务请求,当请求点数量达到一定时,运营系统派遣车辆行驶至临时站点服务;当临时站点需求较少时,系统将会重新选择请求点数量较大的客流点,避免资源浪费,出行请求较少的临时站点的乘客选择等待下一班次车辆或者去其他服务点接受服务。

(5)松弛时间。车辆运行过程中,固定站点的发车时刻与下一固定站点发车时刻之间的时间差被定义为松弛时间。当有临时站点发出请求时,运营系统需要判定为临时站点服务是否满足松弛时间约束,满足,则接受请求;不满足,则拒绝请求。

(6)乘客类型。需求响应公交可以提供较为灵活的需求服务,既可以在基准线上的固定站点为乘客服务,也可以为基准线上固定站点以外的临时站点为乘客服务,因此,乘客主要分为四大类,见表8-3。

需求响应公交乘客分类 表8-3

乘客类别	上车地点	下车地点	英文简写
第一类	固定站点	固定站点	PD
第二类	固定站点外	固定站点	NPD
第三类	固定站点	固定站点外	PND
第四类	固定站点外	固定站点外	NPND

8.2.2 需求响应公交开行设置条件

开行需求响应公交需要设置如下条件。

(1)固定站点与临时站点位置布局选择。

常规公交站点的设计主要是考虑公交线路沿线的交通需求量以及与其他出行方式的接驳换乘。在主城区停靠站间距一般设计为400~600m,在郊区停靠站间距一般设计为500~800m。

对需求响应公交而言,固定的站点不能设置太密,因为要响应预约乘客的出行需求,为了保证车辆有足够的松弛时间以便于接送预约的乘客,需求响应公交固定站点间的站间距一般设置较大。城市的中心区需求响应公交车站的站间距选取500~700m,在城市边缘地区需求响应公交车站的站间距选取600~900m,在农村偏远地区需求响应公交车站的站间距选取800~1200m。

目前,发展需求响应公交还没有针对不同地区给出较为适宜的站间距。但从国际上发展需求响应公交来看,一般考虑保留原来常规公交乘客数较多的站点,去掉某些上下车乘客数较少的站点,以保证在松弛时间内能响应预约乘客的出行需求。

固定站点与非固定站点的设置主要是根据该站点对于公交的预约需求的乘客数量(包括预约上车的需求量和预约下车的需求量)因素确定,公交站点影响指数为:

$$H_i = \frac{R_D \times TT_{OOD}}{R_{OOD}} \tag{8-1}$$

式中:R_D——选择公交作为出行方式的乘客数量(人/天);

TT_{OOD}——二、三、四类乘客数量之和(人/天);

R_{OOD}——车辆为满足临时站点的乘客服务的额外行驶时间(min)。

可将站点按照影响指数进行划分:$H_i<5$时,去掉固定站点,转变为需求响应站点;$5 \leq H_i<15$时,结合各方面因素,比如道路情况、周边设施、运营成本、运营收益等综合考虑是否去掉该固定站台;$H_i \geq 15$时,由于该站点上下车乘客数较多,建议保留固定站点。另外,除了根据上述公式判断是否可将固定站点转变为需求响应站点外,还需要在换乘站、学校、商场、医院等地方保留固定站点,以体现公共交通服务群众的理念。

(2)服务区域。

服务区域,顾名思义就是需求响应公交能够提供服务的范围。目前几乎所有对该系统的研究都是以矩形区域展开。

计算服务区域为:

$$T = \frac{3 \times V \times T \times L}{2m_t + 1} \times (N - 1) \tag{8-2}$$

式中:V——车辆技术速度(km/h);

T——整个服务区域内各个分区的松弛时间总和(h);

L——运营线路起点至终点里程(km);

N——整条线路需求响应公交固定站台个数(个);

m_t——需求响应公交在整条线路中响应需求的平均乘客人数(人)。

需求响应公交服务区域主要是受车辆技术速度、松弛时间、线路长度、站点数量以及响应乘客数的影响。服务区域与车辆技术速度、松弛时间、站点长度、站点数量等成正比,服务区域与预约乘客的数量成反比。

需求响应公交具有较强的灵活性，并且其服务的目的只是帮助人们快速、便捷地出行，由于受到需求响应公交车辆模型的限制，其运送能力也是要受到限制，必须考虑其服务范围。多数城市对需求响应公交车辆运行的偏移量都有上限规定，从0.4km到2.4km不等。

（3）服务基准线路长度设计。

需求响应公交的基准线路设置不宜过短，过短会导致运营难度增加，无法显示出调度模型的优势；基准线路过长又会导致非基准线路的乘客需求较多，乘客满意度下降，因此，确定需求响应公交系统的基准线路长度至关重要。

根据《城市道路交通规划设计规范》，一般城市公交线路长度大于5km，小于15km。而最大运营长度可以由以下公式计算：

$$L_{max} = \frac{vt}{60} \tag{8-3}$$

式中：v——车辆的平均行程速度，通常城市道路 $v \in [16,25]$ km/h；

t——城市出行的居民统计中95%的居民平均出行时间，通常为30~40min。

（4）松弛时间设置方法。

松弛时间是服务车辆偏移基准线路提供响应服务的时间，其设置合理是需求响应公交系统高效运营的关键。同时，松弛时间的存在是需求响应公交在调度上与常规公交明显的差异，是需求响应公交调度系统所需解决的关键问题。

需求响应公交在发车的时间安排上不仅要充分考虑固定车站的时间约束，还必须预留出适宜的时间，使得车辆偏移固定的线路去接送预约服务的乘客。因此，与常规公交相比，需求响应公交的一个关键技术参数就是松弛时间。

松弛时间、服务区域宽度以及乘客的数量和分布这三者之间有很强的相关性。变动的服务区域会降低需求响应公交的吸引力，所以一条线路的服务区域在线路布设阶段确定后每次服务时不再改变，此时，调度系统应调整松弛时间与各区间内的乘客数量和分布相匹配。对于松弛时间的计算，需要在预订乘客数量及分布的基础上，预估实时预约需求量，计算此需求下系统额外运行时间作为松弛时间。

（5）车辆运行周期。

车辆运行周期是指车辆从首站出发，经过所有固定站点及部分临时站点，行驶到末站所需要的时间。但在实际运营过程中，由于车辆在站点服务乘客会消耗部分时间。假定车辆在每个乘客消耗的时间为 t_s，区段 (i,j) 的周期时长 T_{ij} 为：

$$T_{ij} = \frac{L_{ij}}{v} + \frac{2(\theta_2 + \theta_3 + 2\theta_4)m_{ij}W + W}{6v} + m_{ij}t_s \tag{8-4}$$

对于区段 (i,j)，已知区域面积和区段长度，区段 (i,j) 的乘客出行需求数量可以用服务区

域宽度 W、区段 (i,j) 长度 L_{ij}、行驶时间 h、需求密度表示，则可以表示为：

$$T_{ij} = \frac{L_{ij}}{v} + \frac{2(\theta_2 + \theta_3 + 2\theta_4)p_{ij}hL_{ij}W^2 + W}{6v} + p_{ij}hL_{ij}Wt_s \tag{8-5}$$

单向运行周期时长 T 为：

$$T = \sum_{i \in G, j \in G} T_{ij} \tag{8-6}$$

式中：θ_2、θ_3、θ_4——第 u 类乘客的比例(%)；

L_{ij}——区段 (i,j) 之间的长度(km)；

m_{ij}——相邻两固定站点构成的区段 (i,j) 内的乘客需求量；

W——服务区域宽度(km)；

p_{ij}——所有乘客出行密度；

G——站点集合。

选取图 8-4 所示的单区间段为例，该服务区间是一个长为 L_{ij}、宽为 W_{ij} 的矩形。将公交车的运行线路分解为水平和垂直两个方向，无论在区间内车辆进行了多少次偏移服务，车辆在水平方向上的运行距离总为 L_{ij}，因此，对松弛时间的变化主要考虑垂直方向运行距离。车辆在提供服务时，从固定站点 i 出发，依次到达各个需求点直到下个固定站点 j，可将垂直方向的运行距离分为两个部分，其中固定站点与需求站点间的垂直距离记为 d_1，需求点间的垂直距离记为 d_2，假设服务区域内乘客的需求均匀分布，垂直运行距离的期望为：

$$\begin{cases} E(d_1) = \dfrac{W_{ij}}{4} \\ E(d_2) = \dfrac{W_{ij}}{3} \end{cases} \tag{8-7}$$

式中：d_1——固定站点与需求站点间的垂直距离(m)；

d_2——需求点间的垂直距离(m)；

W_{ij}——服务区域宽度(m)。

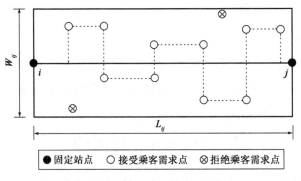

图 8-4 需求响应公交单个运行区间

记区间段内站外提前预约需求点数量为 K_{ij},车辆实际行驶距离 D_{ij} 的期望为:

$$E(D_{ij}) = L_{ij} + 2E(d_1) + (K_{ij}-1)E(d_2)$$
$$= L_{ij} + \frac{W_{ij}}{6} + \frac{K_{ij}W_{ij}}{3} \tag{8-8}$$

式中: D_{ij} ——车辆实际行驶距离(m);

L_{ij} ——服务区域长度(m)。

假设在整个固定站点区间内车辆以平均速度 v 行驶,可得车辆实际行驶时间 T_{Rij} 期望为:

$$E(T_{Rij}) = \frac{E(D_{ij})}{v} = \frac{L_{ij}}{v} + \frac{W_{ij}}{6v} + \frac{K_{ij}W_{ij}}{3v} \tag{8-9}$$

式中: T_{Rij} ——车辆实际行驶时间(s);

v ——车辆行驶速度(m/s)。

记区间内出行需求密度为 p_{ij}[单位:人/(km²·h)],假设每个需求点只有一名乘客,则需求点数量 K_{ij} 和实际行程时间 T_{Rij} 期望分别为:

$$K_{ij} = p_{ij}T_{Hij}L_{ij}W_{ij} \tag{8-10}$$

$$E(T_{Rij}) = \frac{L_{ij}}{v} + \frac{W_{ij}}{6v} + \frac{p_{ij}T_{Hij}L_{ij}W_{ij}^2}{3v} \tag{8-11}$$

式中: K_{ij} ——需求点数量;

p_{ij} ——区间出行需求密度[人/(km²·h)];

T_{Hij} ——固定站点区间的计划运行时间(s);

T_{Rij} ——实际行程时间(s)。

将固定站点区间的运行时间期望与车辆在没有提前预约的站外需求的情况下沿基准线路运行的时间差作为车辆在该服务区域内运行消耗的松弛时间 $E(\mathrm{ST}_{Rij})$,计算如下:

$$E(\mathrm{ST}_{Rij}) = E(T_{Rij}) - \frac{L_{ij}}{v} = \frac{W_{ij}}{6v} + \frac{p_{ij}T_{Hij}L_{ij}W_{ij}^2}{3v} \tag{8-12}$$

式中: ST_{Rij} ——无站外需求松弛时间(s)。

此外,需要预留一定松弛时间用于进行实时需求的偏移,记提前预约乘客占总乘客的比例为 α,则区间总松弛时间期望为:

$$E(\mathrm{ST}_{ij}) = \frac{E(\mathrm{ST}_{Rij})}{\alpha} = \frac{W_{ij}}{6v\alpha} + \frac{p_{ij}T_{Hij}L_{ij}W_{ij}^2}{3v\alpha} \tag{8-13}$$

式中: ST_{ij} ——理论松弛时间(s);

α ——提前预约乘客占比。

为服务所有乘客所需的区间松弛时间,当乘客数量较多时,该值往往大于乘客所能容忍的额外绕行时间,此时需要给松弛时间一个上限约束,即区间实际行程时间应小于区间计划行程时间。故区间松弛时间 ΔT_{ij} 取值如下:

$$\Delta T_{ij} = \begin{cases} E(\mathrm{ST}_{ij}) & E(\mathrm{ST}_{ij}) + \dfrac{L_{ij}}{v} < T_{Hij} \\ T_{Hij} & E(\mathrm{ST}_{ij}) + \dfrac{L_{ij}}{v} \geq T_{Hij} \end{cases} \qquad (8\text{-}14)$$

式中: ΔT_{ij}——松弛时间(s)。

(6)需求响应公交系统发车间隔。

我国一般采用平滑法、平均间隔法和结合高峰时段3种方法考虑发车间隔的设置分析。平滑法是根据现有的调度计划,如发车间隔、运行时间、配车数、发车时刻等,综合考虑影响因素为每个时间段设计不同的配车数、发车间隔、发车时刻等,从而获得全天的运营计划。平均间隔法是结合相邻发车时间段的调度计划,分析相邻段调度计划的定量关系,从而获得每个时段内的相关参数。考虑高峰的调度计划是基于每日高峰与平峰时段的乘客需求差异性较大,需分开安排调度计划,首先获得平峰时段的发车间隔、配车数量等参数,然后减少发车间隔、增加配车数量获得高峰时段的调度计划。

需求响应公交由于车辆需要对非固定站点的出行需求进行响应,因此,需要考虑松弛时间的消耗。同时,为了满足固定站点的可靠性,各固定站点响应设置有时间约束,避免引起系统服务质量下降和资源浪费。

调度计划的发车间隔指标对需求响应公交布局影响颇大,规范、科学地设置发车间隔可以尽可能增加企业效益,减少乘客出行时间。调度计划发车间隔过大,企业成本大幅降低,但乘客服务水平下降,公交对乘客的吸引力降低;发车间隔过小,乘客服务水平上升,公交满意度提高,但是企业运营成本大幅度上升,效益降低。

需求响应公交发车间隔同样是以企业运营成本和乘客出行成本之和最小为优化目标,公交企业运营成本主要考虑车辆行驶的时间成本,乘客出行成本主要考虑乘客候车时间成本,可近似认为候车时间为发车间隔的1/2。最优发车间隔综合考虑企业成本和乘客成本,是一个博弈的过程,实际调度运营过程中可适当调节各自的权重系数。

8.2.3 需求响应公交站点选址模型

需求响应公交站点包括固定站点和需求站点,固定站点的选择可通过计算影响因子的方法来确定,主要研究需求站点的选址模型。构建一个抽象的服务网络,模拟车辆运行的过程。将需求响应公交的服务区域按照固定站点划分为小的服务区域来进行研究,服务区域划分如图8-5所示。

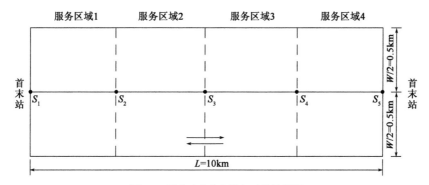

图 8-5　需求响应公交服务区域划分图

将每个小服务区域再划分为几个服务小区,由于每个服务小区形状大小各异,且乘客的需求分布也具有一定的差异性,因此,可在每个服务小区仅设置一个乘客需求点以便于研究,同时从系统运营上选择有利于车辆路径的规划,降低车辆运营成本。

服务小区内的乘客一般采用步行的方式到达需求点,因此,可以按照公交站点的吸引半径来确定服务小区的面积,以该服务小区内需求点为中心,根据站点的最大吸引半径,服务小区面积 S 的取值范围为:

$$S_{\min} \leqslant S \leqslant S_{\max} \tag{8-15}$$

$$S_{\max} = \pi r^2 \tag{8-16}$$

式中:$S_{\min}$——取 0.1km^2;

r——需求点的最大吸引半径,取 500m。

根据上式算出服务小区的面积介于 $0.1 \sim 0.8\text{km}^2$ 之间,值得一提的是,需求站点的规模通常比常规公交站点小,同时为了缩短乘客的步行距离以提高需求响应公交对居民的吸引力,服务小区的面积应该选择较小值。根据这个原则,将每个小的服务区域划分为几个服务小区,服务区域 1 被划分为图 8-6 所示的 4 个服务小区。

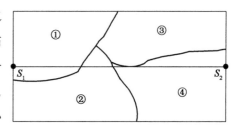

图 8-6　服务小区划分示意图

基于服务小区划分的思想,利用重心法在每个服务小区选取一个公交需求点。重心法是一种模拟方法,交通系统中的发生点与吸引点可以视为分布在某一平面内的物体系统,各点的交通发生、吸引量可认为是该物体系统的重量,物体系统的重心即为交通枢纽设置的最佳位置,几何重心的方法通常用来求交通枢纽设置的最佳点。应用重心法模型来确定公交需求点,将公交需求点看作吸引点,采用离散点的重心法来确定公交需求点。公交需求点计算公式为:

$$x = \frac{\sum_{i=1}^{n} m_i \times x_i}{\sum_{i=1}^{n} m_i} \tag{8-17}$$

$$y = \frac{\sum_{i=1}^{n} m_i \times y_i}{\sum_{i=1}^{n} \times m_i} \tag{8-18}$$

式中：m_i——乘客数量；

x_i、y_i——乘客位置的横、纵坐标；

x、y——代表公交需求点的横纵坐标。

某市郊区,以图 8-7 中的服务区域为例,应用所建立的公交站点选址模型进行选址分析以确定该区域内需求站点的具体位置。

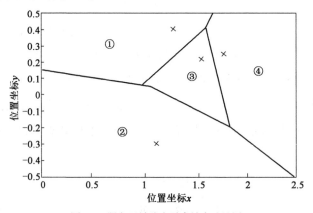

图 8-7 服务区域公交需求站点选址图

(1)根据交通规划中交通小区的相关概念,在服务区域内根据居住社区或公共设施分布情况划分出 4 个服务小区,根据重心法模型,计算得到 4 个公交需求点,其位置坐标见表 8-4。

公交需求点位置坐标　　　　　　　表 8-4

序号	①	②	③	④
坐标值	(1.35,0.4)	(1.25,-0.3)	(1.52,0.22)	(1.65,0.25)

(2)以 4 个公交需求点 $A_i(i=1,2,\cdots,n)$ 为控制点划分区域图,如图 8-7 所示,将公交服务区域分为 4 个区域,如图中①~④所示。$B_j(j=1,2,\cdots,m)$ 为相应 $V(X_i)$ 内的备选需求站点,把相同 $V(X_i)$ 内的备选需求站点归为一组 $B_{s(i)}(s<m)$。

(3)随机选取一组 $B_{s(i)}(s<m)$,确定其中每一个公交备选需求站点的权重系数 μ_i,按照公交站点选址模型计算,选择使公交乘客出行成本和公交系统成本之和最小的备选公交需求站点作为需求站点。

(4)重复步骤(3),将其余各组备选公交需求站点计算,直到满足 $\sum_{j=1}^{m} B_j = N$ 为止。图 8-8 即为公交需求站点选址结果图。

(5)同理,重复上述步骤(1)~(4),确定服务区域 2~4 的公交需求站点,最后得到整个服务区域内的公交需求站点分布。如图 8-9 所示,1~16 号点即为最终选取出来的公交需求站点。

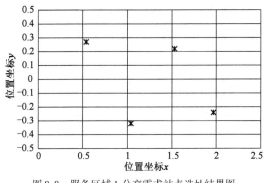
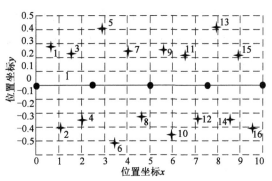

图 8-8　服务区域 1 公交需求站点选址结果图　　　　图 8-9　需求站点位置分布图

8.3　需求响应公交运行与调度方法

8.3.1　运行原理

在服务区域内,车辆按照基准线路行驶,车辆在松弛时间足够且临时站点的客流请求达到一定时,才会偏离基准线路行驶,为临时站点的乘客进行服务,服务完成后继续回到基准线路行驶。运行原理如图 8-10 所示。

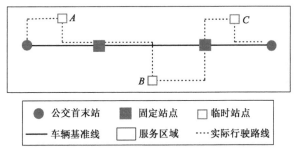

图 8-10　运行原理图

需求响应公交第一类乘客与固定线路公交乘客一致,不需要预约服务(预约主要是电话预约和网络预约,乘客向系统提出服务请求,系统根据整体效益判断是否接受乘客的预约,若接受乘客预约,则车辆行驶到临时站点为其服务;若不接受预约请求,系统提醒乘客等待下一班次的车辆或者到其他站点等待服务),直接在固定站点上下车,第二、三、四类乘客至少有一个点不在固定站点,因此需要提前预约,告知系统上(下)车临时站点,系统判定是否接受请求,若接受请求,则为其服务;若拒绝请求,则乘客等待下一班次车辆或者下一个服务点。

运营系统根据其出行量、出行时间、OD分布、松弛时间、固定站点布局等其他条件,以公交运营企业运营成本和乘客出行成本最优为目标,建立公交系统服务质量函数,从而进行路径规划。

理论上,车辆进行路径选择和规划时,车辆应当按照水平或者竖直的道路网络行驶,且行驶过程中不会出现逆行状态。如图8-11所示,假设车辆自西向东行驶,车辆当前位于A、B站点之间,此时A、B、C三个站点均发出请求时,运营系统仅考虑接受B、C点的请求,而不考虑A点的请求。

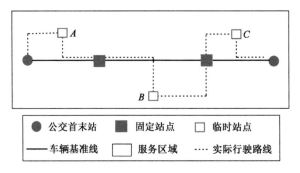

图8-11 理论可行性行驶路径

但在实际上由于各地道路网络条件不一致,道路条件没有那么理想,因此,道路垂直条件过于苛刻,仅满足无逆行规则,实际运行路线如图8-12所示。

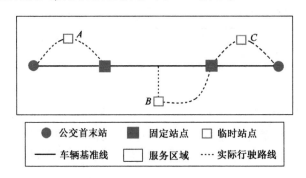

图8-12 实际可行性行驶路径

需求响应公交的调度规则如下。

(1)服务规则。

根据乘客是否需要提前预约,需求响应公交分为静态和动态两大类。静态需求响应公交要求乘客提前进行预约,在车辆路径规划前已经知道所有乘客的出行信息。动态需求响应公交允许乘客进行实时预约,除了在车辆路径规划前已经产生的乘客出行信息,在车辆运行过程中还会产生实时乘客的预约信息。需求响应公交的服务流程分为乘客预约、路径规划和信息反馈三个阶段。

乘客预约阶段:乘客通过电话、手机和互联网等方式向调度中心发送出行预约申请。

乘客主要提供三大类信息,分别为:乘客个人基本信息;出行相关信息,包括出行起讫点、预约上车时间等;特殊信息,包括是否有人陪同及是否需要特殊服务等。

路径规划阶段:在预约截止之后,调度中心在充分考虑天气、路况和运力等条件下,根据相关调度规则对需求响应公交进行车辆路径规划,确定哪些乘客被服务、哪些乘客被拒绝。

信息反馈阶段:调度中心将路径规划的结果通知乘客和驾驶员。对于将被服务的乘客,发送上车时间、上车地点以及车辆车牌等信息。对于驾驶员,则发送整个行驶路线方案。

(2)行驶规则。

需求响应公交必须从首站出发,依次经过各个中途控制站,最后到达末站。在行驶过程中,车辆必须严格遵守各固定站的时间窗约束,只能在各固定站规定的进站时刻前进站,必须在各固定站规定的出站时刻离站,绝不允许为了多服务一个乘客而破坏固定站的时间窗约束。

(3)拒绝规则。

根据发生拒绝情况的不同,需求响应公交的拒绝主要分为三大类。

第一类是拒绝无效预约申请。拒绝的都是不符合预约规则的申请,例如起讫点不在需求响应公交的服务区域内,预约上车时间不在需求响应公交的服务时间内。

第二类是拒绝无法服务的预约申请。为了遵守固定站点的时间窗约束,保证需求响应公交的服务质量,系统不得不拒绝一部分乘客的出行申请。在出行集中的早晚高峰,乘客被系统拒绝的概率远高于其他时间段。

第三类是惩罚性拒绝。需求响应公交是一种预约型公交,在实际运营中,乘客取消出行或者不出现都会造成需求响应公交资源的浪费。为了减少该类事件的发生,会对每一位乘客进行信用评价,当乘客的信用跌破门槛值时,系统会对该乘客实施惩罚性措施,在一段时间内拒绝该乘客的预约申请。

需求响应公交的调度问题是想寻求使系统效益(乘客时间、乘客数量、企业运营成本等)最优的调度方案,主要分两个方面:静态调度和动态调度。静态调度是指在车辆发车之前,所有乘客需求已知且调度方案已经形成,车辆无法在运营过程中响应临时产生的乘客需求。动态调度是指在车辆运营过程中,可以在一定约束条件下响应临时产生的预约需求并实时更新运行路径。

8.3.2 需求响应公交的运营组织过程

需求响应公交作为一种特殊的公共交通,其特点决定了该服务模式需要利用先进的调度系统来提供灵活的运营方案组织。根据需求响应公交运营组织主体,可将调度模式分为调度中心模式和车队自组织模式。

(1) 调度中心模式。

调度中心模式的需求响应公交调度系统将调度中心作为整个系统的核心,整个运营组织过程围绕调度中心进行。调度中心模式运营组织流程如图 8-13 所示。

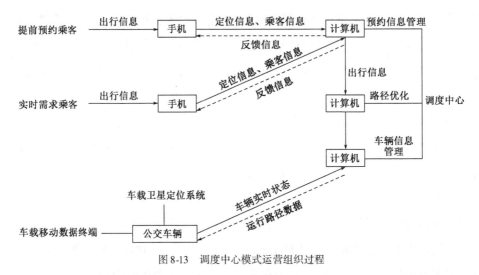

图 8-13　调度中心模式运营组织过程

①部分乘客在车辆发车前一段时间,如 1~2h 提前通过预约网站、App 等提交出行需求,调度中心收集这些出行需求。

②调度中心根据预约出行数据,结合当前道路交通状况等数据进行运行计划的制订和优化,如确定车辆服务路径、车辆运行速度及车辆到达每一站点的服务时间等。

③调度中心将线路调度结果反馈给乘客,通知其上下车时间及位置,同时将初始车辆运行计划传输到服务车辆车载终端。

④车辆运行过程中,车载监控设备不断将车辆运行状态数据上传调度中心,一旦发生紧急情况,调度中心制定应急方案通知驾驶员进行处理。

⑤调度中心在车辆运行过程中继续收集乘客的实时出行需求,判断该需求能否在该班次获得服务,如果乘客可以在该班次获得服务,则确定其获得服务的时间和地点并反馈乘客,同时更新运行路径传输到车载终端;如果乘客无法在该班次获得服务,则将该需求安排到下一班次预估服务时间,反馈乘客由乘客选择是否接受服务,该班次的线路无须调整,车辆继续按原路径行驶。

⑥车辆最终将乘客全部安全送达目的地后,根据调度中心的安排,一是可以直接回场休整,二是继续在此处等待下一班次服务。

(2) 车队自组织模式。

车队自组织模式为无调度中心的调度模式,乘客预约数据传输到该线路可提供服务车队的每一辆服务车辆,车辆间在乘客分配次序、路径相互配合、容量相互搭配以及速度控制协调等多方面组合优化完成乘客接载任务,完成任务后车辆将运行数据上传至数据中心。车队自组织模式运营组织流程如图 8-14 所示。

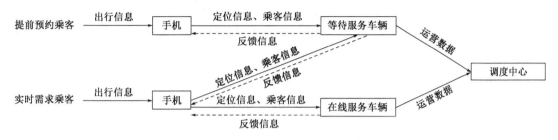

图 8-14　车队自组织模式运营组织流程

①部分乘客提前进行服务预约,车队制订发车计划,确定提供服务的车辆、车辆服务路径、车辆运行速度以及车辆到达每一站点的服务时间等。

②服务车辆将反馈信息下发给对应的预约乘客,同时服务车辆将运行计划通信至车队中每一车辆。

③在车辆运营过程中,车辆检测自身运行状态并发送与接收附近运营车辆的运行状态信息,发生紧急突发状况时,故障车辆向附近车辆发出协助请求,附近车辆经协调疏散故障车辆乘客,继续提供需求响应服务。

④对于实时乘车需求,乘客预定客户端将该需求发送到所有正在提供服务的车辆终端,判断能否接受该服务,然后车辆之间相互协调,确定提供服务的车辆并重新计算路径。若在途车辆都无法提供服务,则将该服务需求信息发送至等待服务车辆,由最近班次的等待服务车辆提供服务。最终确定的服务车辆将乘车信息反馈给乘客。

⑤车辆完成一个班次的服务后将整个运营过程数据上传到数据中心,并与车队其他车辆通信协调安排下一班次服务。

相较于调度中心模式,车队自组织模式下,车辆不仅是通过被动接收路径信息上传运行状态信息以完成接送乘客服务,还需通过车间通信协调确定是否接收服务需求以及更新路径,车辆由单纯的执行者升级为可进行自身调度的个体,该模式对需求响应公交多车运营模式有更好的适应性。同时,当有紧急情况发生时,车辆无须上报事故信息到控制中心再由控制中心制定发送处理结果,而是直接与附近车辆通信进行事故处理,处理事故的效率更高,系统整体的容错性和稳定性更好。

运营流程主要分为预约服务、处理请求信息、实施方案、实时调度四个步骤。发车前,有出行需求的乘客通过相关途径向服务中心发送出行的预约申请,详细说明出行时间、乘客数量和目的地等信息。信息中心则根据预约信息判断乘客出行需求响应的可行性,若乘客的出行需求超过了服务范围,其预约申请将不予通过;若乘客的出行需求满足服务范围的要求,信息中心则会根据预约信息生成初始的服务路线,并将相关的服务信息传达给公交车驾驶员,且向乘客及时反馈运行车辆的相关信息。

发车后,车辆按照初始路径运行,调度中心对新预约请求进行实时处理。由于车辆的运行状态不可逆,所以当乘客预约的指定站点位于行驶车辆后方时,当前运行的车辆将不会响应该乘客的预约需求,并转接给之后发出的车辆进行响应;当乘客预约信息中的指定站点位于行驶车辆前方时,运行车辆会进一步判断乘客的预约需求是否符合相关的约束条件。若不满足条件,车辆仍会拒绝乘客的预约请求,反之,调度中心则及时进行路径设计,并向行驶的车辆下达调度指令,驾驶员会按照最新生成的路线行驶,为乘客提供出行服务。

需求响应公交的运营规则可以总结为两类:可逆运行与不可逆运行。可逆运行是指在车辆运行后方出现乘客需求时,公交车辆可以依据调度方案选择路径逆向行驶以满足后方的乘客需求;反之,不可逆运行则是公交车辆只能满足车辆调度路径前方的乘客需求,车辆后方的乘客需求则由后续车辆满足。通过两种运行规则对比可知,可逆行规则可以接受更多的预约需求,进而满足更多乘客的出行需求,但是会增加车辆的在途运行时间,增加可变站点公交的运行成本。

(1)可逆行的服务规则:柔性公交在运行过程中可以在一定的距离范围内返程行驶,进而满足后方更多的乘客出行需求,一般遵循就近插入的原则。具体的运行示意图如图8-15所示。

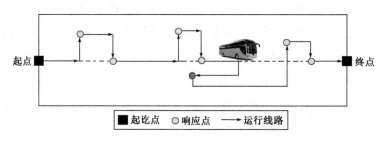

图8-15 可逆行行驶规则

(2)不可逆行的服务规则:柔性公交沿着主要路径行驶,只满足行驶方向前方的乘客,不考虑后方乘客需求。具体的运行示意图如图8-16所示。

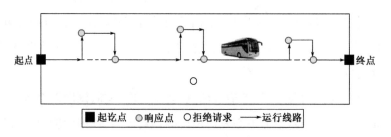

图8-16 不可逆行行驶规则

公交车辆起动后,调度中心根据路径前方的预约需求分布规划车辆行驶路径,车辆行驶路径的更新频率会严重影响公交的服务质量。当路径更新频率过快时,会降低乘客满意度,增大驾驶员驾驶难度;当路径更新频率较慢时,会降低车辆对于乘客出行需求的实时性响应。

车辆在服务时段内到达目的地后可以完成下一阶段的路径更新,如图 8-17 所示,当公交车辆停车服务乘客时,调度中心会实时统计车辆前方区域动态产生的需求点,并判断是否响应该乘客的预约需求,若响应则将其纳入新的行驶路径中,若不响应则将其纳入候车的路径规划中。

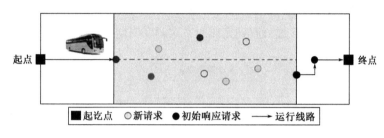

图 8-17　路径更新规划示意图

8.3.3　需求响应公交调度方法

将调度分为时间上有先后的两阶段进行,先是满足提前预约出行需求(简称静态需求)的静态调度,后是满足实时预约出行需求(简称动态需求)的动态调度,具体为:

(1)综合考虑公交运营者与乘客两方面的利益,在尽量减少运营成本的同时,必须响应静态需求,且最大限度满足其时间窗要求;尽可能响应动态需求,提高对动态需求的服务能力。

(2)采用"车辆零等待"的调度方式,以减少车辆临时停放对道路交通产生的干扰,提高已上车乘客的乘车体验,减少已上车乘客的等待时间,同时达到在总行驶时间受限的情况下能够服务更多乘客的目的。

(3)对于提前预约出行的乘客,只考虑其上车时间窗要求(分为硬时间窗、软时间窗和混合时间窗),对下车时间无具体时间窗要求;对于实时预约出行的乘客,只考虑是否响应其需求,不考虑其上下车的时间窗问题;但对于两类乘客,都需控制其总出行时间。

由于乘客的出行需求不是一次性能够获得的,而是呈阶段性获得的,即一次只能获取一定时间区间内的乘客预约需求。因此,需求响应公交的优化调度应具有一定的周期,每个周期内进行静、动两阶段的调度任务,并应兼顾不同调度周期间的协调连贯性。一个调度周期内的具体计划为:根据静态需求制定静态调度计划,并在后续车辆运行的过程中根据收集到的动态需求对原有的调度计划进行实时调整。

为了便于车辆周转,尽量减少运营所需的车辆数,车辆调度计划的制定周期应略大于车辆执行一次运行调度的平均行驶时间,以便在下次调度时,调度的车辆基本均已经处于可再次调度的状态。同时,由于一次调度计划的最初制定是由静态需求决定的,因此车辆的调度周期还应与乘客需提前预约的最小时间相协调,确保一次调度计划所服务的时间区间内的提前预约出行需求均已完成预约。

基于以上调度思路和周期性设计方法,假设一次调度周期内共产生 N_1 个静态需求和 N_2 个动态需求,其两阶段的调度流程如图 8-18 所示。首先根据获得的静态需求制定出初始的静态调度计划,车辆在执行静态调度计划的过程中,一旦收到动态需求,首先判断是否要响应该动态需求,若响应,则将该动态需求纳入原有的调度计划中,形成新的要执行的调度计划;若拒绝,则继续执行原调度计划,重复该过程直到完成对本次调度周期中产生的所有动态需求的判断。

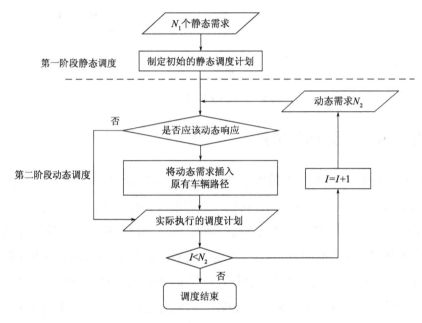

图 8-18 需求响应公交两阶段调度流程图

需求响应公交优化调度问题可描述如下:车型统一,载客量相同的若干车辆从首发站出发,需要为服务区域内的若干个预约出行的乘客(包括提前和实时预约的乘客)提供运往车辆终点站的出行服务,所有乘客的上车点位置会有所不同,但所有乘客的下车点相同,均为车辆的终点站。

在第一阶段的静态调度中,对于硬时间窗类型的乘客,车辆必须刚好在其上车时间窗内到达预约上车点;对于软时间窗的乘客,车辆应尽量在时间窗内到达,若早于或晚于时间窗区间到达,需通知预约乘客提前或等候上车,并根据违反的时间给予一定的惩罚;对于混合时间窗的乘客,车辆必须在乘客愿意上车的时间区间内到达,并尽量在预约时间窗内到达,若早于或晚于时间窗区间到达,需通知预约乘客提前或等候上车,并根据违反的时间给予一定的惩罚。

在第二阶段的动态调度中,每接收到一个动态,调度系统就要做一次判断是否响应该需求,在不影响车辆满足之前已响应的出行需求(包括所有的静态需求和已响应过的动态需求)且该乘客愿意支付相应票价的情况下响应该需求,否则拒绝该需求,并对拒绝行为进行惩罚。

调度模型的惩罚函数体现在违反静态需求上车时间窗以及拒绝实时需求所产生的惩罚成本上。对这两种惩罚函数分别进行分析。

(1)静态调度惩罚函数。在对时间窗的研究中,对乘客的时间窗进行详细分类,基于实际调研,对车辆违反乘客时间窗产生的惩罚成本进行充分研究。调研结果发现,随着违反时间的增加,乘客的不满意程度会加速上升,用金钱价值来衡量时间价值的话,每多等待1min,乘客便会认为自己单位时间内实际损失的金钱会越来越多。当违反时间确定时,假设违反不同乘客时间窗的惩罚成本服从正态分布,经过对调研数据的分析拟合,发现违反乘客时间窗的惩罚成本的条件平均数随违反时间的增加有呈指数增长的特征,因此,可以用函数来表达违反时间与惩罚成本之间的相关关系。

(2)动态调度惩罚函数。车辆拒绝实时预约出行乘客,会给乘客的出行带来不便,且会影响公交的信誉和可靠性,因此需对拒绝乘客的行为进行惩罚。在对拒绝实时预约出行需求 i 的惩罚函数进行量化评估时,认为其等同于拒绝该出行需求给乘客造成的实际损失(未能享受到车辆提供的运输服务),对于乘客来说,该运输服务所具有的价值等于其愿意支付的乘车费用,即该乘客的支付意愿。

根据乘客出行意愿,设定乘客最大乘车时间限制为15min,可知车辆一次运行的最大行驶时间平均略小于20min,因此可设定车辆静态调度计划的制订周期为20min,即每20min进行一次静态调度计划,每次的调度计划应能一次性满足20min内的乘客静态预约需求,因此乘客应至少提前20min预约出行。为了运营调度的可靠性与连贯性,将乘客的提前预约时间设为至少提前25min,每20min做一次调度计划,即每次提前5min做好20min内的提前预约乘客的出行安排。调度计划制订示意图如图8-19所示。

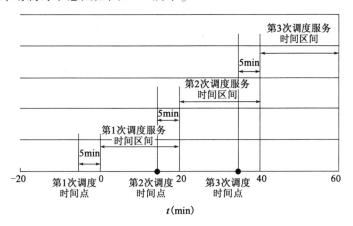

图8-19 静态调度计划制订示意图

考虑乘客的实时出行需求对需求响应公交进行调度,平衡公交运营企业和乘客两方的利益,充分考虑乘客多样化的出行需求,建立了具有调度周期的静、动两阶段调度模型和方法。调度方法从出行时间要求方面对乘客进行更加贴合现实的精细化分类,所建立的调度模型能够不同程度地满足不同类乘客的出行时间要求,从而实现系统最优。

8.4 需求响应公交案例分析

8.4.1 线路基本情况

需求响应公交系统主要服务于低密度出行的时段或区域。西咸新区是 2014 年国务院批复设立的国家级新区,272 路公交线路是连接西安市与西咸新区的一条东西走向的公交线路,如图 8-20 所示。其线路经过沣东大道、红光路、大庆路、汉城南路等道路。线路起点是公交一公司,终点是沣东城市广场,全程票价 2 元,采取无人售票方式。由于是新区建设,现状出行行为相对较少,因此用以研究需求响应公交系统运行情况。

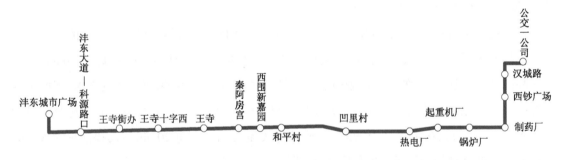

图 8-20　西安市 272 路公交线路走向图

272 路共 16 个站点(包含起终点),全程 10.6km,运营时间为 6:30—19:30,发车间隔为 20min/班次,行程时间为 40min,发车间隔信息见表 8-5。

272 路发车时刻　　　　　　　　　表 8-5

起终点	时间				
公交一公司	6:30	6:50	……	……	19:10	19:30
沣东城市广场	7:10	7:30	……	……	19:50	20:10

对 272 路全日 OD 及站点断面量进行调查并将数据进行整理,得到 272 路全日 OD、小时 OD、全日断面量、小时断面量。

8.4.2 站点布局

需求响应公交的研究以现有的 272 路为基础,站点布局取决于周边大型发生吸引点的土地利用性质及站点服务的乘客数量商业、教育、医疗、行政机关等用地性质吸引发生率较高,相对权重较大;工业、绿化等用地发生吸引率较低。土地利用性质权重分类见表 8-6。

不同土地利用性质量化指标　　　　　表 8-6

用地类型	商业、教育、医疗、行政	住宅、公用设施	工业、绿化
权重系数	15	10	5

基于现状调查得出了现有站点影响指数计算,站点影响指数表示站点重要度,对影响指数进行分级,分级过程中保证一定距离出现固定站点满足第一类乘客的出行需求,且临时站点的数量应尽可能多一些,乘客选择余地较大。现有公交线路站点影响指数 H_i 分析见表 8-7。

各站点影响指数分析　　　　　表 8-7

站点编号	H_i	土地利用性质	站点编号	H_i	土地利用性质
1	1.02	住宅	9	0.52	住宅
2	0.66	住宅	10	0.45	住宅
3	0.41	工业	11	1.29	商业
4	0.28	工业	12	0.66	住宅
5	0.53	工业	13	0.73	住宅
6	0.29	工业	14	1.01	医院
7	0.29	工业	15	0.57	住宅
8	1.12	住宅	16	1.04	商业

现有公交站点编号 1(公交一公司)、8(凹里村)、11(秦阿房宫)、14(王寺街办)、16(沣东城市广场)五个公交站点的影响指数 $H_i \geq 1$;公交站点编号 2(汉城路)、3(西钞广场)、5(锅炉厂)、9(和平村)、10(西围新嘉园)、12(王寺)、13(王寺十字西)、15(沣东大道—科源路口)八个站点的影响指数 $1 > H_i \geq 0.4$;站点编号 4(制药厂)、6(起重机厂)、7(热电厂)三个站点的影响指数 $H_i < 0.4$。

(1)固定站点选择。固定站点的选择需要有较大的乘客数量或需求较大的土地利用性质,公交一公司、凹里村、秦阿房宫、王寺街办、沣东城市广场五个站点影响指数 $H_i \geq 1$,建议布设为固定站点。固定站点布局如图 8-21 所示。

(2)临时站点选择。部分站点 H_i 较低($1 > H_i \geq 0.4$),在这些地方设置固定站点的效益较差。一方面,公交线路服务区域距离客流集聚中心超过居民步行出行范围,无形中将会减少居民乘坐公交线路的乘客数量;另一方面,这些站点由于车辆频繁加减速以及乘客上下车导致部分延误。因此,考虑在这些站点附近设置临时站点,并将这些站点的位置设置在乘客聚集中心。需求响应公交系统临时站点位置布局见表 8-8,站点布局如图 8-22 所示。

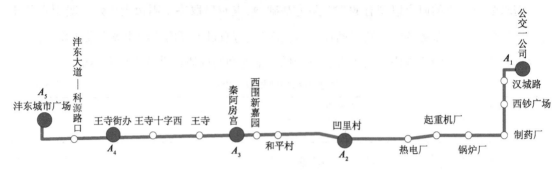

图 8-21　固定站点布局

公交系统临时站点选择　　　　　　　　　　　　　　　　　　　　　　表 8-8

临时站点编号	临时站点位置	临时站点编号	临时站点位置
S_1	阿房路与大庆路交叉口	S_4	天台路与昆明路交叉
S_2	阿房路与昆明路交叉口	S_5	横向路与纵向路交叉
S_3	大庆路与天台路交叉口	S_6	京昆线与连霍高速附近

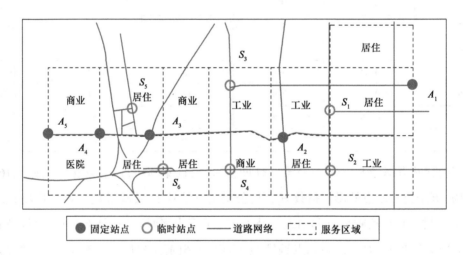

图 8-22　最终公交系统站点布局

站点布局完成后,需求响应公交系统必须经过站点包括:A_1、A_2、A_3、A_4、A_5;可能经过的站点包括:S_1、S_2、S_3、S_4、S_5、S_6。需求响应可能服务路线经过的站点见表 8-9,其中可行性路线之一如图 8-23 所示。

车辆可能行驶路线　　　　　　　　　　　　　　　　　　　　　　　　表 8-9

固定站点	可能站点	固定站点	可能站点	固定站点	可能站点	固定站点	固定站点
A_1	S_1	A_2	S_3	A_3	S_5	A_4	A_5
	S_2		S_4		S_6		

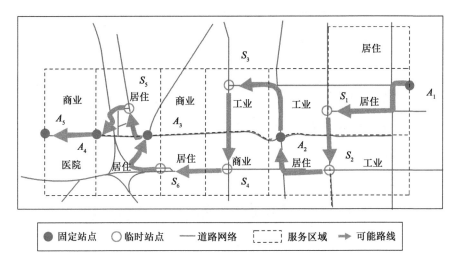

图 8-23　车辆行驶路线之一

如图 8-23 所示,设置的需求响应可能由 A_1 站点出发,经过 S_1 站点,服务 S_2 站点,到达 A_2 站点;再由 A_2 站点出发,经过 S_3、S_4、S_6,到达 A_3;再由 A_3 出发,经过 S_5,到达 A_4,最后到达 A_5。

8.4.3　运行周期和松弛时间

服务区域长度设计。272 路公交线路的长度为 10.6km,长度在相关标准范围内,因此需求响应公交系统基准线路长度为 10.6km。

运行周期和松弛时间。分析了松弛时间和运行周期的计算方法,得出服务区域宽度分别为 0.5km、1.0km、1.5km、2.0km 时的影响范围。影响范围分别如图 8-24～图 8-27 所示。

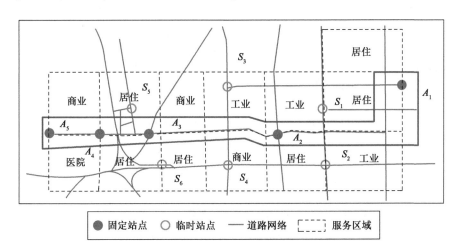

图 8-24　服务区域面积 $10.6 \times 0.5 km^2$ 影响范围

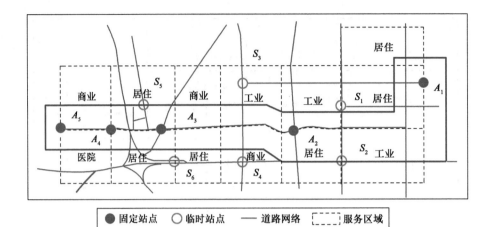

图 8-25 服务区域面积 $10.6 \times 1.0 \text{km}^2$ 影响范围

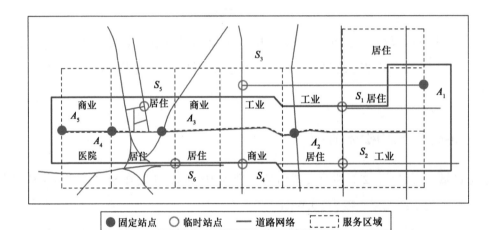

图 8-26 服务区域面积 $10.6 \times 1.5 \text{km}^2$ 影响范围

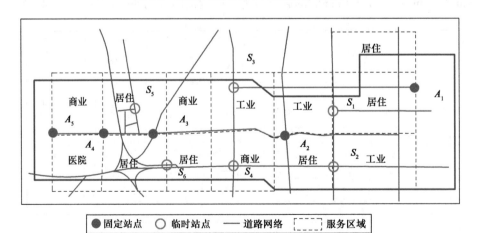

图 8-27 服务区域面积 $10.6 \times 2.0 \text{km}^2$ 影响范围

当服务区域宽度为 0.5km 时,基准线路两侧最大偏移分别距离 0.25km,此时周边覆盖区域无其他可行道路网络,因此车辆仅沿基准线路行驶,松弛时间为 0,各阶段服务周期与该阶段的需求密度呈正相关。当服务区域宽度为 1.0km 时,两侧最大偏移宽度分别为 0.5km,覆盖的道路网络量较低,车辆可沿基准线路以外的道路行驶,松弛时间包含车辆在基准线路以外道路网络行驶的时间以及在临时站点停车时间,松弛时间与周期时间均和密度正相关。当服务区域宽度为 1.5km 时,两侧最大偏移宽度分别为 0.75km,基准线路南侧基本覆盖完全,基准线路北侧仅有临时站点 S_3 无法覆盖,整体覆盖量较大,周期时间与松弛时间均和密度正相关,基本达到最大。当服务区域宽度为 2.0km 时,两侧最大偏移宽度分别为 1.0km,基准线基本完全覆盖所有站点,周期时间与松弛时间均和密度达到最大。

由于相邻固定站点间的调度计划相对独立,因此,将整个线路分段分析。固定站点 A_1—A_2、A_2—A_3、A_3—A_4、A_4—A_5 间的周期时长和松弛时间分析分别见表 8-10 ~ 表 8-13、图 8-28 ~ 图 8-31。

固定站点 A_1—A_2 间不同条件下的周期及松弛时间 表 8-10

服务区域 (km^2)	时间 (min)	交通需求密度[人/($km^2 \cdot h$)]					
		5	10	15	20	25	30
10.6×0.5	周期时长	13.3	13.3	13.3	13.3	13.3	13.3
	松弛时间	0.0	0.0	0.0	0.0	0.0	0.0
10.6×1.0	周期时长	18.0	22.4	26.7	31.1	35.4	39.8
	松弛时间	4.8	9.1	13.5	17.8	22.2	26.5
10.6×1.5	周期时长	20.4	27.0	33.5	40.0	46.5	53.0
	松弛时间	7.2	13.7	20.2	26.7	33.3	39.8
10.6×2.0	周期时长	22.8	31.5	40.2	48.9	57.6	66.3
	松弛时间	9.6	18.3	27.0	35.7	44.3	53.0

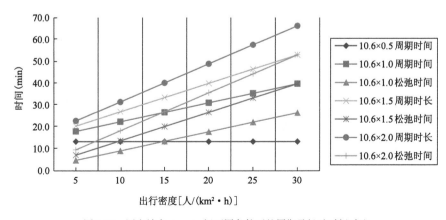

图 8-28　固定站点 A_1—A_2 间不同条件下的周期及松弛时间对比

由表 8-10 和图 8-28 可以得出,当服务区域宽度为 0.5km 时,无松弛时间,周期时间等于固定站点 A_1—A_2 间的行驶时间与上下车时间之和,保持不变,为 13.3min;服务区域超过 0.5km 且确定时,松弛时间和周期时间均与服务区域的需求密度呈正相关,随着需求密度的增加,车辆行驶过程中需要服务的乘客数量也会增多,因而行驶路线距离将会增加,松弛时间和周期时间也会逐渐增大。当出行需求密度确定时,随着服务区域宽度的增加,车辆偏离基准线路服务于临时站点的可能性将会增加,因而周期时间和松弛时间均会逐渐增加。

同理,可由表 8-11 和图 8-29 得出固定站点 A_2—A_3 间的周期时间和松弛时间与需求密度的关系与 A_1—A_2 基本一致。

固定站点 A_2—A_3 间不同条件下的周期及松弛时间　　　　表 8-11

服务区域 （km²）	时间 （min）	交通需求密度[人/（km²·h）]					
		5	10	15	20	25	30
10.6×0.5	周期时长	8.6	8.6	8.6	8.6	8.6	8.6
	松弛时间	0.0	0.0	0.0	0.0	0.0	0.0
10.6×1.0	周期时长	14.3	19.6	24.8	30.0	35.2	40.4
	松弛时间	5.7	11.0	16.2	21.4	26.6	31.8
10.6×1.5	周期时长	17.2	25.0	32.9	40.7	48.5	56.3
	松弛时间	8.6	16.4	24.3	32.1	39.9	47.7
10.6×2.0	周期时长	24.7	35.2	45.6	56	66.5	76.9
	松弛时间	11.5	21.9	32.3	42.8	53.2	63.7

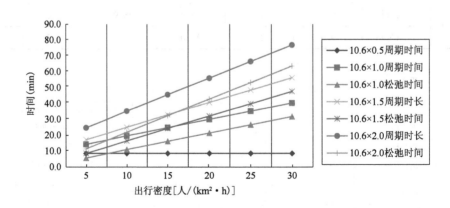

图 8-29　固定站点 A_2—A_3 间不同条件下的周期及松弛时间对比

同理,可由表 8-12 和图 8-30 得出固定站点 A_3—A_4 间的周期时间和松弛时间与需求密度的关系与 A_1—A_2 基本一致。

固定站点 A_3—A_4 间不同条件下的周期及松弛时间　　　　表 8-12

服务区域 (km²)	时间 (min)	交通需求密度[人/(km²·h)]					
		5	10	15	20	25	30
10.6×0.5	周期时长	9.1	9.1	9.1	9.1	9.1	9.1
	松弛时间	0.0	0.0	0.0	0.0	0.0	0.0
10.6×1.0	周期时长	11.9	14.5	17.2	19.8	22.4	25.0
	松弛时间	2.9	5.5	8.1	10.7	13.3	15.9
10.6×1.5	周期时长	13.4	17.3	21.2	25.1	29.0	32.9
	松弛时间	4.3	8.2	12.1	16.0	20.0	23.9
10.6×2.0	周期时长	19.0	24.2	29.4	34.6	39.9	45.1
	松弛时间	5.7	11.0	16.2	21.4	26.6	31.8

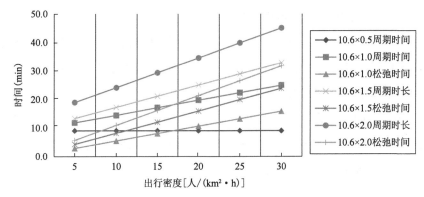

图 8-30　固定站点 A_3—A_4 间不同条件下的周期及松弛时间对比

同理,可由表 8-13 和图 8-31 得出固定站点 A_1—A_5 间的周期时间和松弛时间与需求密度的关系与 A_1—A_2 基本一致。

固定站点 A_1—A_5 间不同条件下的周期及松弛时间　　　　表 8-13

服务区域 (km²)	时间 (min)	交通需求密度[人/(km²·h)]					
		5	10	15	20	25	30
10.6×0.5	周期时长	35.1	35.1	35.1	35.1	35.1	35.1
	松弛时间	0.0	0.0	0.0	0.0	0.0	0.0
10.6×1.0	周期时长	44.3	56.5	68.7	80.8	93.0	105.2
	松弛时间	13.4	25.6	37.7	49.9	62.1	74.3
10.6×1.5	周期时长	51.0	69.3	87.5	105.8	124.1	142.3
	松弛时间	20.1	38.3	56.6	74.9	93.1	111.4
10.6×2.0	周期时长	66.6	90.9	115.2	139.6	163.9	188.3
	松弛时间	26.8	51.1	75.5	99.8	124.2	148.5

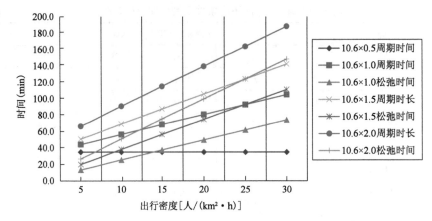

图 8-31 固定站点 A_1—A_5 间不同条件下的周期及松弛时间对比

需求响应各固定站点间独立运营,整条线路的松弛时间及周期应满足各固定站点的松弛时间及周期之和。因此,需求响应可得到以下结果:

(1)由于固定站点 A_4、A_5 之间没有其他可行性道路网络,仅有一条现有道路,因此 A_4、A_5 之间无松弛时间,周期时间与车辆在该固定站点间的行驶时间相等。

(2)在整个需求响应公交系统,最大服务区域不超过 0.5km,车辆仅沿着基准线路行驶,其松弛时间为 0。周期时间为 35.1min;最大服务区域超过 0.5km 且确定时,松弛时间和周期时间均与服务区域的需求密度正相关。当出行需求密度确定时,随着服务区域宽度的增加,周期时间和松弛时间均会逐渐增加。

8.4.4 发车间隔

对需求响应公交系统发车间隔进行了分析,其最优发车间隔与多个因素相关。由于基准线路长度确定,发车间隔主要受服务区域宽度和乘客出行密度的影响。

图 8-32 是服务区域设置示意图,基准线路长度为 10.6km,服务区域宽度分别设置为 0.5km、1.0km、1.5km、2.0km,$v=20$km/h,各站点服务时间与乘客上下车数量相关。基准线路长度确定,分别计算不同条件下的发车间隔时间见表 8-14、图 8-33。

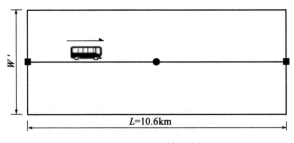

图 8-32 服务区域示意图

不同条件下的发车间隔(单位:min)　　　　　　　　　　表 8-14

服务区域 (km²)	交通需求密度[人/(km²·h)]					
	5	10	15	20	25	30
10.6×0.5	78.2	55.3	45.1	39.1	35.0	31.9
10.6×1.0	55.5	39.3	32.0	27.8	24.8	22.7
10.6×1.5	45.5	32.2	26.3	22.7	20.3	18.6
10.6×2.0	39.6	28.0	22.8	19.8	17.7	16.1

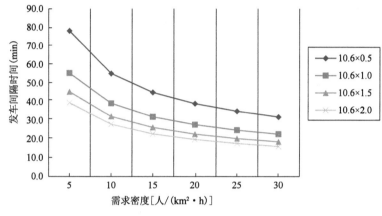

图 8-33　需求响应公交发车间隔

由表 8-14 和图 8-33 可以得到,服务区域宽度为 0.5km 时,发车间隔最大为 78.2min,发车间隔最小为 31.9km;服务区域宽度为 1.0km 时,发车间隔最大为 55.5min。发车间隔最小为 22.7km;服务区域宽度为 1.5km 时,发车间隔最大为 45.5min,发车间隔最小为 18.6km;服务区域宽度为 2.0km 时,发车间隔最大为 39.6min,发车间隔最小为 16.1km。

服务区域宽度确定时,发车间隔与需求密度负相关,需求密度越大,服务区域需要服务的乘客数量越多,为了保证车辆的服务水平,需要减少发车间隔。当需求密度确定时,发车间隔与服务区域宽度呈负相关。

8.4.5　服务区域宽度

服务区域宽度与周期时间、需求密度之间关系密切,分析服务区域宽度随着周期时间与需求密度变化的规律,周期时间从 35min 开始,间隔 4min,到 63min 结束;需求密度设置从 5 人/(km²·h)开始,以 5 为间隔,到 30 人/(km²·h)结束。相关分析见表 8-15 和图 8-34。

服务区域宽度与周期时间、需求密度关系(单位:km)　　　　表 8-15

周期时间 (min)	交通需求密度[人/(km²·h)]					
	5	10	15	20	25	30
35	1.03	0.95	0.91	0.64	0.56	0.51
39	1.08	1.00	0.95	0.67	0.59	0.54

续上表

周期时间 (min)	交通需求密度[人/(km²·h)]					
	5	10	15	20	25	30
43	1.11	1.03	0.98	0.69	0.61	0.55
47	1.14	1.06	1.01	0.71	0.62	0.57
51	1.17	1.09	1.04	0.73	0.64	0.59
55	1.20	1.12	1.06	0.75	0.66	0.60
59	1.24	1.15	1.09	0.77	0.68	0.62
63	1.27	1.18	1.12	0.79	0.69	0.63

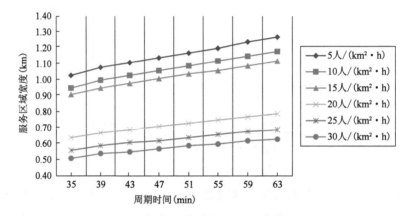

图 8-34　服务区域宽度与周期时间、需求密度关系

由表 8-15 和图 8-34 可以得出，当周期时间确定时，服务区域宽度与需求密度负相关，这是因为周期时间确定后，随着需求密度的增加，各服务站点的乘客数量将会增加，在服务站点的服务时间也会加大。当需求密度确定时，服务区域宽度与周期时间正相关，由于周期时间增加，这就意味着车辆有更多的时间服务临时站点的乘客，最大偏移距离也会随之增加，因而服务区域宽度会周期时间的增加而增加。

8.4.6　需求密度

乘客 OD 直接反应乘客在各站点的需求，对 272 路进行调查得到 OD 数据，及其行驶时间分布、各站点乘客出行 OD 分布、车辆各站点间距分布、车辆各站点行驶时间分布。

(1) 期望平均步行时间：

$$E(T_{wk}) = \frac{L}{2(C-1)v_{wk}} + \frac{W}{4v_{wk}} \tag{8-19}$$

式中：T_{wk}——平均步行时间；

v_{wk}——平均步行速度；

W——服务区域宽度。

L 取线路长度 10.6km;乘客平均步行速度取 4km/h。

(2)期望平均等待时间:

$$E(T_{wt}) = \frac{E(T_c)}{2} = 10\text{min}$$

式中:T_{wt}——平均等待时间;

T_c——发车间隔。

(3)期望平均乘车时间为:

$$E(T_{rd}) = \frac{\sum a_{ij} \times t_{ij}}{\sum a_{ij}} = \frac{187.78}{752} = 0.25h = 15.0\text{min}$$

式中:T_{rd}——平均乘车时间;

t_{ij}——车辆从站点 i 行驶到站点 j 所需时间(h);

a_{ij}——从站点 i 上车站点 j 下车的人数(人)。

将 $E(T_{wk})$、$E(T_{wt})$、$E(T_{rd})$ 分别进行赋权重:$w_1 = 2, w_2 = 1, w_3 = 2$,各类乘客的比例分别为:Ⅰ类(10%)、Ⅱ类(40%)、Ⅲ类(40%)、Ⅳ类(10%),计算服务区域宽度结果见表8-16。

固定线路公交服务质量函数　　　　　　　　　表8-16

指标	服务区域宽度(km)			
	0.5	1.0	1.5	2.0
$E(T_{wk})$	10.15	17.65	25.15	32.65
$E(T_{wt})$	10.00	10.00	10.00	10.00
$E(T_{rd})$	15.00	15.00	15.00	15.00
F_u^1	60.30	75.30	90.30	105.30

由表 8-16 可知,期望平均步行时间 $E(T_{wk})$ 与服务区域宽度 W 正相关。$E(T_{wt})$ 与 $E(T_{rd})$ 保持不变,因而服务质量函数 F_u^1 与服务区域 W 正相关。

8.4.7　两种公交模式模拟比较

272 路基准线长度为 10.6km,行驶速度约为 20km/h。站点停靠时间为 12s;四类乘客的票价分别:第一类乘客的票价为 1 元,第二类乘客的票价为 2 元,第三类乘客的票价为 2 元,第四类乘客的票价为 3 元;四类乘客的比例分别为 10%、40%、40%、10%;乘客单位时间成本 $c_p = 8.9$ 元/h,车辆单位成本 $c_o = 150$ 元/h;固定线路公交发车间隔为 20min。服务区域宽度取 1.0km,需求密度分别取 15 人/(km²·h)、20(人/km²·h)、25 人/(km²·h)。

从期望平均步行时间 $E(T_{wk})$、期望平均等待时间 $E(T_{wt})$、期望平均乘车时间 $E(T_{rd})$ 三个参数表示乘客出行成本,车辆行驶成本与票价收入的差值表示公交运营企业成本。

整体效用指标：
$$\min Z = \omega_4 Z_1 + \omega_5 Z_2 + \omega_6 Z_3 + \omega_7 Z_4 \tag{8-20}$$

式中：ω_4——企业运营成本的权重系数，$\omega_4 = 0.1$；

ω_5——乘客候车时间成本的权重系数，$\omega_5 = 0.2$；

ω_6——乘客步行时间的成本权重系数，$\omega_6 = 0.1$；

ω_7——乘客车内时间的成本权重系数，$\omega_7 = 0.2$；

Z_1——车辆运营成本；

Z_2——候车成本；

Z_3——乘客步行成本；

Z_4——乘客车内时间成本。

对需求响应公交及固定线路公交进行模拟，获得两种公交模式性能指标。需求响应公交两阶段调度流程如下：

(1)对于第一阶段的调度模型。求解过程采用粒子群优化算法，算法参数分别为种群规模选择100，最大迭代次数选1000次，惯性权值选0.6，加速因子$c_1 = c_2 = 2.0$。粒子维数取3。

(2)对于第二阶段的调度模型，第二阶段的调度模型主要采用启发式插入算法进行求解。判断乘客是否满足条件，系统决定是否为该乘客服务。

对两种模式15人/(km²·h)、20人/(km²·h)、25人/(km²·h)需求密度下的费用函数进行求解，分别运行40h，得到不同模式下的公交运营企业成本及乘客出行成本，见表8-17和图8-35。

两种公交模式效用指标对比　　　　　　　　　　　　　表8-17

两种公交模式运营成本		需求密度(人/km²/h)		
		15	20	25
固定线路公交运营成本	Z_1(元)	12269.09	11153.72	10622.59
	Z_2(元)	92.38	89.18	92.29
	Z_3(元)	157.89	155.75	155.39
	Z_4(元)	130.39	134.57	131.36
	$\min Z$(元)	1287.25	1175.70	1122.53
需求响应公交运营成本	Z_1(元)	9375.48	12188.12	14625.75
	Z_2(元)	8.19	7.48	7.30
	Z_3(元)	59.10	53.40	52.33
	Z_4(元)	256.05	282.66	288.36
	$\min Z$(元)	996.31	1282.18	1526.94

由表8-17和图8-35可以得出，随着需求密度的增加，固定线路公交的整体费用呈下降趋势，这是由于车辆行驶成本和乘客出行时间费用基本保持不变，需求密度增加则票价收益增

加,因而公交企业整体运营成本下降;需求响应公交费用随着需求密度的增加呈上升趋势,这是因为需求密度越大,车辆需要偏离基准线为临时站点的乘客进行服务的概率越高,车辆行驶的时间越长,票价收入增加趋势低于车辆运营成本增长趋势,因而整体运营成本呈上升趋势;对比固定线路公交及需求响应公交的费用,密度转换临界值为 19~20 人/(km²·h),与服务区域宽度为 1.0km 时密度转换临界值基本保持一致。

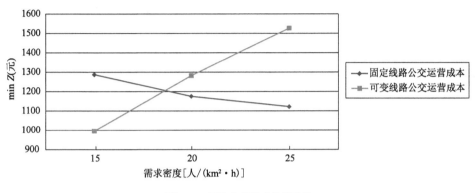

图 8-35 两种公交模式费用对比

8.5 需求响应公交适应性评价

8.5.1 成本费用分析法

考虑到需求响应公交独有的松弛时间会对乘客和公交运营企业成本产生一定的影响,通过建立可量化的成本评估指标和可量化的经济效益指标,以成本费用分析方法,探讨需求响应公交在未来实际推动的情况下,与原有常规地面公交成本、补贴的异同,以及对可能产生的效益进行量化评估,以提供决策者参考。

需求响应公交的适应性综合评价函数为利润差额函数,即开行需求响应公交的所获得利润与开行常规公交所获得的利润之差。

$$F = F_d - F_f \tag{8-21}$$

式中:F——需求响应公交利润与常规公交利润差值(元);

F_d——需求响应公交运营利润(元);

F_f——常规公交运营利润(元)。

成本费用主要包括乘客成本、运营商成本和社会成本三个方面:

(1)乘客成本。

乘客成本主要是指公共交通使用者所支付的成本,主要包含乘客乘车所支付的票价成本、乘客出行所需要的时间成本、乘客乘坐公共交通的舒适性成本和对公共交通的选择所引起的交易成本。

①票价成本。从交通工具使用者——乘客的角度出发,票价成本主要就是乘客购买车票实际支付的费用。每个城市公共交通的票价都不尽相同。具体计算公式为:

$$每人每千米票价 = \frac{年公交总票价收入}{年公交总运量 \times 公交平均出行距离} \tag{8-22}$$

需求响应公交系统是针对乘客的具体需求"私人定制",实际上,乘客也享受了更为优质的服务,那么可适当提高服务系统的票价水平,以弥补系统的额外运营支出,保证服务系统的可持续运行与发展。

常规公交单位时间内的票价总成本即发车频率乘以常规公交单辆车每次单项运行在每个固定站点的票价总成本。

$$D_f = f_f \times B_f \times \sum_{i=1}^{n} A_i \tag{8-23}$$

式中:D_f——常规公交服务单位时间内总的票价成本;

f_f——常规公交运营模式发车频率(辆/h);

B_f——常规公交运营模式人均票价(元);

A_i——在 i 路段中,车辆在每个站点上车的乘客数。

需求响应公交的票价成本计算,根据开行需求响应公交的先例来看,开行需求响应公交服务的客流量都比原路线开通常规公交多。因此,开行需求响应公交后原固定站台的乘客人数不变,增加的都是需求响应乘客。则需求响应公交单位时间内票价的收入为:

$$D_d = f_d \times \left(B_f \times \sum_{i=1}^{n} A_i + B_d \times m_t \right) \tag{8-24}$$

式中:D_d——单位时间内,需求响应公交服务总的票价成本;

f_d——需求响应运营模式发车频率(辆/h);

B_d——需求响应运营模式人均票价(元);

m_t——每辆需求响应公交满足预约乘客数。

②出行时间成本。出行时间成本(Trip Time Cost,TTC),或称出行时间价值,是由于出行者在出行途中所消耗时间存在机会成本而产生的价值。出行时间成本主要是将乘客出行过程中所消耗的全部时间用货币形式来表示。

出行时间主要包括车内时间和车外时间(出发地到上车站的时间、车站候车的时间和下车站到达目的地的时间)。

$$T_p = T_内 + (T_1 + T_候 + T_2) \tag{8-25}$$

式中：T_p——公共交通的出行时间(h)；

$T_内$——乘客在车内的时间(h)；

T_1——乘客从出发地到上车站点的时间(h)；

$T_候$——乘客候车的时间(h)；

T_2——乘客从下车站点到目的地的时间(h)。

因此，每人每公里公共交通的出行时间成本为：

$$\text{TTC} = \frac{T_p \times \text{VOT}}{\text{公共交通平均出行距离}} \tag{8-26}$$

式中：TTC——常规公交的时间成本[元/(人·km)]；

VOT——某个城市的单位时间价值(元/h)；

T_p——公共交通出行时间(h)。

时间价值是指由于时间的推移而产生效益增值量和由于时间的非生产性消耗造成的效益损失量的货币表现。影响时间价值的因素主要包括出行的目的、出行的时间长度、出行者特征以及选择何种出行方式。

需求响应公交与常规公交在出行时间成本上的差异主要来自出发地到车站的时间成本。需求响应公交乘客可以不用到达固定站台，从而减少了出行的时间成本，即出发地到车站的时间成本。同时，由于需求响应公交是乘客先进行预约才乘坐，因此对车辆到达预约站点的时间有一个大致范围的估算，一定程度上节省了候车的时间。而车内的时间就相对增加，即车辆从预约地点到达相邻固定站台的时间，此时间与车辆的技术速度有关。从下车站到目的地的时间基本不变。

在对需求响应公交与常规公交出行时间成本的分析中，主要存在预约乘客节省的出行时间成本：

$$D_{dt} = f_d \times C_{dt} \times \sum_{i=1}^{n} \left(\frac{W_i + L_i}{v} \right) \tag{8-27}$$

式中：D_{dt}——预约乘客由于需求响应公交模式出行而节省的单位出行成本；

W_i——在相邻固定站点之间，为了接预约乘客而产生的额外的出行距离(km)；

L_i——在线路运行基准线上，预约乘客到达最近固定站点的距离(km)；

v——车辆的技术速度(km/h)。

(2)运营商成本。

运营商成本主要是经营公共交通的公交公司所支付的货币成本，主要包括车辆购置费用、场站建设费用(公交枢纽站、公交首末站、停车维护厂、公交维修厂等)或租赁费用、运营服务费用(员工工资、燃油动力费用、养路费、年检费等)、税收保养费用、车辆折旧费用等。

常规公交运营模式转变为需求响应公交运营模式,对公交运营企业而言,运营成本(主要是运营服务费用中的燃油动力费用)增加,主要原因为车辆的运行距离增加。同时,考虑到智能化公交的发展趋势,即使是常规公交也需要智能化技术予以支持,所以暂不考虑对先进调度系统和运营管理系统的成本增加。

需求响应公交与常规公交相比,由于会响应预约乘客必须产生线路的偏移,偏移的距离就会产生额外的运行距离成本,即由于响应预约乘客而产生的额外的成本。

①车辆单位时间运营额外成本。

$$C_c = f_d \times C_{dm} \times 2 \sum_{i=1}^{n} W_i \tag{8-28}$$

式中:C_c——车辆运营的额外成本;

f_d——需求响应公交的发车频率(辆/h);

C_{dm}——需求响应公交车辆的平均里程成本(元/km);

W_i——在两个固定站台之间,由于响应预约乘客而产生的额外的出行距离(km)。

②车辆单位时间运行成本。

$$\begin{cases} C_d = f_d \times C_{dm} \times L + C_c + C_1 \\ C_d = f_d \times C_{dm} \times L + f_d \times C_{km} \times 2 \sum_{i=1}^{n} W_i \\ C_d = f_d \times C_{dm} \times \left(L + 2 \sum_{i=1}^{n} W_i \right) \end{cases} \tag{8-29}$$

式中:C_d——单位时间内,需求响应公交运行距离成本;

L——常规公交固定线路长度(km);

f_d——需求响应公交的发车频率(辆/h);

C_{dm}——需求响应公交车辆平均里程成本(元/km);

W_i——两个固定站台之间,由于响应预约乘客而产生的额外的出行距离(km);

C_1——需求响应公交的其他成本(元)。

常规公交单位时间内运行成本为:

$$C_f = f_f \times C_{fm} \times L + C_2 \tag{8-30}$$

式中:C_f——单位时间内,常规公交运行距离成本;

L——常规公交固定线路长度(km);

f_f——常规公交发车频率(辆/h);

C_{fm}——常规公交车辆平均里程成本(元/km);

C_2——常规公交的其他成本(元)。

(3) 社会成本。

城市公共交通的社会成本主要包括以下两个方面：一方面是国家和地方政府的财政支出（包括城市道路场站等基础设施的建设、由于政策性或者福利性的损失给予公交企业的财政补贴），另一方面是乘客需要承受的城市交通的外部成本（包括拥堵成本、交通事故成本、空气污染成本、噪声污染成本等）。

需求响应公交的社会成本中，城市道路场站基础设施成本、拥堵成本、交通事故成本、空气污染成本、噪声成本等与常规公交相比成本差异性较小，将此类成本理想化，即两种公交运营模式城市道路场站基础设施成本、拥堵成本、交通事故成本、空气污染成本、噪声成本等均相等。

以成本费用分析方法对可能产生的效益进行量化评估，财政补贴就不得不考虑，政府对常规公交的补贴额度主要取决于常规公交的标准成本、常规公交的营业收入以及常规公交运营商合理的投资回报利润。计算如下：

$$财政补贴 = 运营成本 - 运营收入 + 合理的投资回报 \quad (8\text{-}31)$$

运营收入主要考虑公交票价的收入，运营成本也主要考虑运营距离的成本，而财政补贴主要针对运营商的补贴，因此，只需要在运营商成本中加入财政补贴系数 $g(0 < g < 1)$，即可以表示运营商成本和社会成本的综合。

(4) 综合收益差。

公共交通出行总成本为乘客成本、运营商成本和社会成本三者之和。而公交运输行业的发展站在运营商的角度试图使得运营收益增加，而站在乘客的角度总希望自身成本最小。

因此，以单位时间内运营商综合收益差值建立综合评价模型，以 D 代表需求响应公交服务，F 代表常规公交服务，各项成本计算见表8-18。

需求响应公交与常规公交的各项成本 表8-18

成本项			计算公式
乘客成本	票价成本	D_d	$f_d \times \left(B_f \times \sum_{i=1}^{n} A_i + B_d \times m_t \right)$
	出行时间成本	D_f	$f_f \times B_f \times \sum_{i=1}^{n} A_i$
	预约乘客节省的时间成本	D_{dt}	$f_d \times \sum_{i=1}^{n} C_{dt} \times \left(\dfrac{W_i + L_i}{v} \right)$
运营商成本	运行成本	C_d	$f_d \times C_{dm} \times \left(L + 2\sum_{i=1}^{n} W_i \right) + C_1$
		C_f	$f_f \times C_{fm} \times L + C_2$
社会成本	财政补贴	g	补贴系数，体现在运营商成本上

① 需求响应公交服务的综合收益：

$$F_d = f_d \times \left(B_f \times \sum_{i=1}^{n} A_i + B_d \times m_t \right) - g \times \left[f_d \times C_{dm} \times \left(L + 2\sum_{i=1}^{n} W_i \right) + C_1 \right] \quad (8\text{-}32)$$

②常规公交服务的综合收益：

$$F_f = f_f \times B_f \times \sum_{i=1}^{n} A_i - g \times (f_f \times C_{fm} \times L + C_2) \tag{8-33}$$

③需求响应公交与常规公交的综合收益差值：

$$\begin{cases} F = F_d - F_f \\ F = f_d \times \left(B_f \times \sum_{i=1}^{n} A_i + B_d \times m_t\right) - g \times \left[f_d \times C_{dm} \times \left(L + 2\sum_{i=1}^{n} W_i\right) + C_1\right] - \\ \left[f_f \times B_f \times \sum_{i=1}^{n} A_i - g \times (f_f \times C_{fm} \times L + C_2)\right] \end{cases} \tag{8-34}$$

同时，在假设需求响应公交与常规公交的其他运营成本相等，即 $C_1 = C_2$。因此，综合收益差值公式可以简化为：

$$F = f_d \times \left(B_f \times \sum_{i=1}^{n} A_i + B_d \times m_t\right) - g \times f_d \times C_{dm} \times \left(L + 2\sum_{i=1}^{n} W_i\right) - \\ \left(f_f \times B_f \times \sum_{i=1}^{n} A_i - g \times f_f \times C_{fm} \times L\right) \tag{8-35}$$

由于，常规公交转变需求响应公交时车辆的平均里程成本是不变的，令 $C_m = C_{dm} = C_{tm}$，因此，综合收益差值公式再简化为：

$$F = f_d \times \left(B_f \times \sum_{i=1}^{n} A_i + B_d \times m_t\right) - g \times f_d \times C_m \times \left(L + 2\sum_{i=1}^{n} W_i\right) - \\ \left(f_f \times B_f \times \sum_{i=1}^{n} A_i - g \times f_f \times C_m \times L\right) \tag{8-36}$$

(5) 适应性评价。

①当 $F > 0$ 时，需求响应公交服务的综合收益大于常规公交的综合收益，即适宜开行需求响应公交。

②当 $F < 0$ 时，需求响应公交服务的综合收益小于常规公交的综合收益，即不宜开行需求响应公交，仍保留原有的常规公交的运营模式。

约束条件如下：

$\sum_{i=1}^{n} A_i + m_t < C_c$，即固定式站台上车人数和预约站台上车人数总和小于车辆的最大容量；

$T_i > 0$，即松弛时间非负；

$B_d \leq B_t$，即需求响应公交乘客出行费用小于或等于出租汽车的费用。

8.5.2 线路开行方案

济南市 131 路线路服务区域如图 8-36 所示，线路换乘情况如图 8-37 所示，其服务区域人口分布特点、线路长度、乘客换乘条件等均符合需求响应公交开展的基础要求,选其用来进行案例分析。

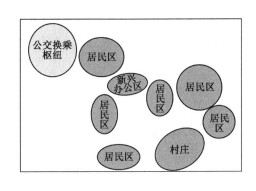

图 8-36　131 路公交线路图

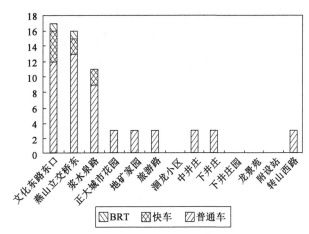

图 8-37　131 路公交线路站点换乘情况

131 路全长 6.8km,下行 14 站,上行 14 站(站点是按照公交公司给出的站点划分,而且与 IC 卡数据进行了匹配),平均站距 0.618km。公交运营时间为 6:00—21:00,根据不同时间段乘客数量不同,公交公司制订发车计划,见表 8-19。

131 路公交线路发车计划　　　　表 8-19

时间段	发车间隔(min)	时间段	发车间隔(min)
6:00—7:00	5~7	10:30—16:00	13~15
7:00—8:30	3~4	16:00—18:00	5~7
8:30—10:30	10~12	18:00—21:00	13~15

131 线路乘客使用付款方式统计见表 8-20,使用 IC 卡与投币的比例约为 19:6。

131 路公交乘客付款方式统计表　　　　表 8-20

票卡类型	普通 IC 卡	月票卡	学生卡	免费卡	投币
占比(%)	20.20	50.74	0.99	3.94	24.14

据 2011 年 7 月 131 路线路公交满意度调查分析,结果如下:

(1)131 路公交线路乘客换乘率非常高,71.14% 的乘客在选择 131 路公交车出行的过程中都换乘其他公交线路到达目的地,131 路服务特点是实现城市周边居民区的乘客与公交枢纽站点的接驳任务。

(2)乘客步行到站时间小于 10min 的人数占比为 88.43%,可见站点设置距离乘客的出发点较近,乘客对于步行到站时间满意度较高。

(3)乘客公交站点候车时间中,超过 76.1% 的乘客在公交站点的候车时间低于 10min,据数据分析,候车时间为 10min 左右的乘客绝大多数分布于非高峰时段。

(4)绝大多数乘客(超过74.63%)认为131路公交线路较拥挤,尤其是早晚高峰期,异常拥挤,很多乘客都无法上车,而且由于车辆体积较小,乘客对此条线路高峰期的服务水平评价不是很高。在非高峰时刻,乘客数量较少,乘客满意度普遍较高。

需求响应公交线路技术参数确定:

(1)松弛时间确定。131路线路原固定站点和预约站点位置如图8-38所示。

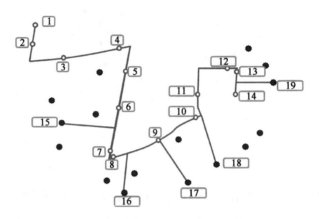

图8-38　131路固定站点与预约站点位置图

其中原固定站点编码为:1,2,3,4,…,14;

选取预约站点编码为:15,16,17,18,19。

各预约站点到达原固定线路的垂直距离见表8-21。

各预约站点到达原固定线路的垂直距离表　　表8-21

预约站点编号	15	16	17	18	19
到达固定线路垂直距离(km)	0.68	0.65	0.70	0.65	0.50

根据松弛时间计算,各预约站点所需松弛时间见表8-22。

各预约站点所需松弛时间　　表8-22

预约站点编号	15	16	17	18	19	总计
松弛时间(h)	0.079	0.076	0.081	0.076	0.062	0.374
松弛时间(min)	4.7	4.6	4.8	4.6	3.7	22.4

(2)固定站点选择。根据2011年工作日平峰时刻(14:00—16:00)上行线路各站点平均每辆车乘客数进行选择,如图8-39所示。

根据固定站点判断计算,得出各站点受预约乘客影响因子,见表8-23。

131路原固定站点受预约乘客影响因子表　　表8-23

原固定站点编号	1	2	3	4	5	6	7	8	9	10	11	12	13	14
影响因子	0	0	0	2	14	18	17	5	8	3	9	7	0	33
其他参考因素	首站	大型换乘站	小型换乘站						新型居民区		新型居民区			末站

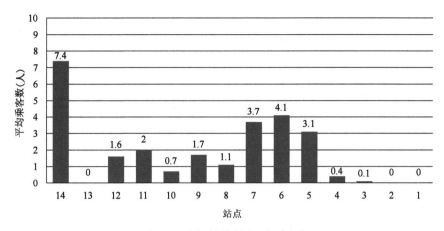

图 8-39　平峰时刻各站点上行乘客数

经分析可知：

①站点 1、2、3、14 为首站、换乘站或末站，其作为上行乘客下车点，必须作为固定站点。

②站点 5、6、7，其影响因子大于 10，其按照判断条件，可以作为固定站点。

③站点 9、11 为新型居民区，随着居民区的不断建设完善，乘客数量会不断增加，将其作为固定站点。

由此得出，可转变为预约站点的原固定站点编号为 4、8、10、12、13；需求响应公交运营固定站点编号为 1、2、3、5、6、7、9、11、14。

综上可得 131 路站点分布如图 8-40 所示。

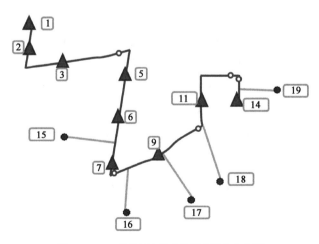

图 8-40　131 线路固定站点及预约站点分布图

（3）服务区域划分。将 131 需求响应公交运营线路与固定站点结合，共划分为 9 个服务区域，编号依然按照最初站点编号，具体如图 8-41 所示，分别为 1、2、3、5、6、7、9、11、14。

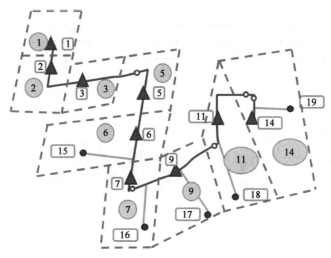

图 8-41 131 线路服务区域划分图

8.5.3 需求响应公交运营适应性分析

(1) 发车频率不变情况。

在 131 路固定站点间距、预约站点距离主线路距离等基础数据的基础上,假设如下内容,展开 131 路需求响应公交运营适应性分析研究。

假设 1:在平峰时段,道路情况良好,拥堵指数 $q=1$,即其他车辆对公交车辆无影响。

假设 2:车辆每千米运营费用,结合济南市近年来运营总结,取 $C_{km}=8$ 元/km。

随票价的增长,需求响应公交运营模式的适应性逐渐增强,表 8-24 中加粗利润值即为需求响应公交运营模式与常规公交运营模式的平衡点,此点的票价值即票价平衡点。随政府补贴力度的不断增加(即补贴系数逐渐变小),票价平衡点随之逐渐变小,例如:$g<0.7$ 的情况下,无票价平衡点。当 $g=0.5$ 时,其票价平衡点为 8 元,已大于出租汽车起步费用 7.5 元,可见此票价是不合理的,可得结论:在 $g=0.5$ 时,131 路线路不适合开展为需求响应公交运营模式。当 $g=0.3$ 时,票价平衡点为 5.5 元,其低于出租汽车起步费用,若在乘客愿意承受的情况下,可以开展为需求响应公交运营模式。

需求响应公共交通系统适应性随票价及补贴系数变化表 1   表 8-24

Bd	1	1.5	2	2.5	3	3.5	4	4.5	5	5.5	6	6.5	7	7.5	8	8.5	9	9.5	10
$g=1$	−71	−69	−66	−64	−61	−59	−56	−54	−51	−49	−46	−44	−41	−39	−36	−34	−31	−29	−26
$g=0.9$	−64	−61	−59	−56	−54	−51	−49	−46	−44	−41	−39	−36	−34	−31	−29	−26	−24	−21	−19
$g=0.8$	−57	−54	−52	−49	−47	−44	−42	−39	−37	−34	−32	−29	−27	−24	−22	−19	−17	−14	−12
$g=0.7$	−50	−47	−45	−42	−40	−37	−35	−32	−30	−27	−25	−22	−20	−17	−15	−12	−10	−7	−5
$g=0.6$	−42	−40	−37	−35	−32	−30	−27	−25	−22	−20	−17	−15	−12	−10	−7	−5	−2	**0**	3

续上表

Bd	1	1.5	2	2.5	3	3.5	4	4.5	5	5.5	6	6.5	7	7.5	8	8.5	9	9.5	10
$g = 0.5$	−35	−33	−30	−28	−25	−23	−20	−18	−15	−13	−10	−8	−5	−3	**0**	2	5	7	10
$g = 0.4$	−28	−25	−23	−20	−18	−15	−13	−10	−8	−5	−3	**0**	2	5	7	10	12	15	1
$g = 0.3$	−21	−18	−16	−13	−11	−8	−6	−3	−1	**2**	4	7	9	12	14	17	19	22	24
$g = 0.2$	−14	−11	−9	−6	−4	−1	**1**	4	6	9	11	14	16	19	21	24	26	29	31
$g = 0.1$	−6	−4	−1	**1**	4	6	9	11	14	16	19	21	24	26	29	31	34	36	39

总体看来,在发车频率不变的情况下,需求响应公交运营模式由于其额外的路程运营费用以及乘客额外出行时间费用较大,同时,考虑到政府对于公交的补贴力度,得出结论:在发车频率不变的情况下,131 路线路不合适开展需求响应公交运营模式。

(2)发车频率改变的情况。

在 131 路线路固定站点间距、预约站点距离主线路距离等基础数据的基础上,假设条件如下:

假设 1:在平峰时刻,道路情况良好,拥堵指数 $q = 1$,即其他车辆对公交车辆无影响。

假设 2:车辆每千米运营费用,结合济南市近年来运营总结,取 $C_{km} = 8$ 元/km。

假设 3:结合 131 路线路常规公交实际运营发车频率,选取 $f_f = 10, f_d = 8$,即常规公交发车频率为 10,需求响应公交发车频率为 8。

利润值为每小时车队运营获得的利润总和。随票价的增长,需求响应公共交通系统(DRTS)运营模式的适应性逐渐增强。表 8-25 中加粗利润值即为需求响应公交运营模式与常规公交运营模式的平衡点,此点的票价值即为票价平衡点。可见,由于发车频率变低,车辆运营费用变小,因此预约乘客票价在 1.5~3.5 元之间,即可达到票价平衡点,相比于常规固定式运营模式,其利润是非常可观的。例如,当 $g = 0.8$ 时,票价平衡点为 3 元,其在乘客可以接受的范围之内,且远小于出租汽车的起步费用。

需求响应公共交通系统适应性随票价及补贴系数变化表 2　　表 8-25

Bd	1	1.5	2	2.5	3	3.5	4	4.5	5	5.5	6	6.5	7	7.5	8	8.5	9	9.5	10
$g = 1$	−45	−35	−25	−15	−5	**5**	15	25	35	45	55	65	75	85	95	105	115	125	135
$g = 0.9$	−41	−31	−21	−11	−1	**9**	19	29	39	49	59	69	79	89	99	109	119	129	139
$g = 0.8$	−37	−27	−17	−7	**3**	13	23	33	43	53	63	73	83	93	103	113	123	133	143
$g = 0.7$	−32	−22	−12	−2	**8**	1	28	38	48	58	68	78	88	98	108	118	128	138	148
$g = 0.6$	−28	−18	−8	**2**	12	22	32	42	52	62	72	82	92	102	112	122	132	142	152
$g = 0.5$	−24	−14	−4	**6**	16	26	36	46	56	66	76	86	96	106	116	126	136	146	156
$g = 0.4$	−19	−9	**1**	11	21	31	41	51	61	71	81	91	101	111	121	131	141	151	161
$g = 0.3$	−15	−5	**5**	15	25	35	45	55	65	75	85	95	105	115	125	135	145	155	165
$g = 0.2$	−11	−1	**9**	19	29	39	49	59	69	79	89	99	109	119	129	139	149	159	169
$g = 0.1$	−6	**4**	14	24	34	44	54	64	74	84	94	104	114	124	134	144	154	164	174

另外，随政府补贴力度的不断增加（即补贴系数逐渐变小），票价平衡点随之逐渐变小。可见，政府补贴越大，需求响应公交相比于常规公交而言，综合收益越大。

可见，若具有合适的线路优化与发车频率优化，即在发车频率发生改变的情况下，131路线路具备开展需求响应公交运营的条件。

（3）高峰期适应性分析。

根据2011年工作日高峰时段（7:00—8:30）上行线路各站点平均每辆车乘客数（图8-42），判断转化为需求响应公交固定站点的位置。

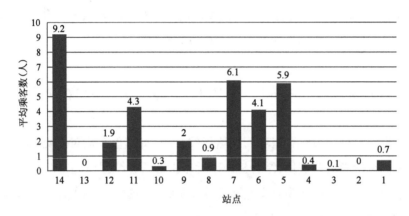

图 8-42　早高峰各站点上行乘客数

根据固定站点判断公式，得出早高峰时刻原固定站点受预约乘客的影响因子，见表8-26。

131路原固定站点受预约乘客影响因子表　　　　表8-26

站点编号	1	2	3	4	5	6	7	8	9	10	11	12	13	14
影响因子	3	0	0	2	26	18	27	4	9	1	19	9	0	41
其他参考因素	首站	大型换乘站	小型换乘站						新型居民区		新型居民区			末站

分析如下：

①站点1、2、3为首站或换乘站，其必须作为固定站点。

②站点5、6、7、11、14影响因子均大于10，其必定为固定站点。

③站点4由于其邻近线路终点，经调查发现在早晚高峰时段，此站点下车乘客较多，其在早晚高峰时段起到换乘点的作用。

④站点12影响因子值靠近10，考虑其可作为固定站点。

⑤站点9、12为新型居民区，其应设置为固定站点。

可见，若需要转变为预约式站点，仅有站点8、10与13适合。

经现场调研发现，在高峰期，由于客流量较大，潮汐现象严重，乘客在高峰期的满意度较低，早晚高峰期车辆非常拥挤，因此建议线路按照原固定站点线路运营，不建议其开展为需求响应模式。

9 响应型接驳公交

9.1 响应型接驳公交系统

9.1.1 响应型接驳公交运营特点

需求响应公交是以乘客需求为导向、路径可变的公交服务方式,能够根据乘客的出行需求确定公交车辆运营路线,通过实时需求收集,结合车辆当前位置、空余座位数,根据算法实时动态规划公交车辆行驶路线,向乘客提供接近于"点对点"出行的运输服务模式。

接驳公交通常是指往返于交通枢纽换乘站,如火车站、机场、汽车站、地铁站等,为乘客提供交通运输服务,实现不同交通方式之间的快速换乘,方便乘客的换乘出行的公交。也有许多接驳公交以交通枢纽或地铁站点为起点,完成接运服务后又返回至交通枢纽站,接驳线路呈现为闭合的环线。

响应型接驳公交是需求响应公交与接驳公交结合的产物,将需求响应公交服务模式运用到接驳公交中,能够较好地解决低客流密度区域居民的接驳出行需求。响应型接驳公交的运行路径、发车时间、停靠站点等均由乘客需求决定,具有较大的灵活性,能实现"点到点"的服务,是大运量公交的有效补充。

响应型接驳公交作为一种新兴的、与互联网相结合的公交服务新模式,比较适用于为地铁、快速公交、大型枢纽场站等干线交通提供接驳服务。它具有传统公交运量大的特点,也具有出租汽车的灵活性特点。乘客通过电话、手机 App 等方式自行预约,系统根据乘客预约的接送地点和时间分配适宜车型,规划最佳线路,实现与干线公交同步换乘,尽量减少乘客的换乘时间,能较好地满足低密度出行区域乘客的出行需求。响应型接驳公交能够实现"门到门"服务,解决居民公交出行"最后一公里"难题,提高城市公交服务水平,增加公共交通吸引力,进而缓解城市交通拥堵,减轻城市污染。

响应型接驳公交没有固定的服务区域、固定线路、固定站点、首末站,车辆的发车时间、运行路径和途经站点完全视乘客需求而定,能很好地响应乘客需求。车辆运行在一个确定的服务区域内,设置一个首末站相同的控制站,在服务区域内设置接驳站点,没有固定线路,车辆的调度和路径根据接驳站点乘客需求进行调整。

响应型接驳公交以其"需求响应"的特性,可以为人们提供多样化、精细化的出行服务,满足不同人群的出行需求,是人们日常出行交通方式的重要补充,有助于提升城市公共交通系统的服务水平。通过对比,可将响应型接驳公交的特点概括如下:

(1)灵活性强。响应型接驳公交相比于常规接驳公交,灵活性更高。可根据乘客的预约需求,在服务区域内任意选择最优行车路线,体现出较强的运营灵活性;乘客在预约时可以选择多种预约方式进行预约,体现出较强的乘客预约灵活性;响应型接驳公交可根据乘客的实时预约情况,进行灵活调度,合理安排车型和发车时间,体现出较强的调度灵活性。

(2)便捷舒适。响应型接驳公交为乘客提供了多种预约方式,乘客可选择在出发前提前预约或选择出发时即时预约车辆,提供"门到门"接驳服务,有效减少了乘客的步行距离和等车时间。同时,响应型接驳公交可保证"一人一座",为乘客提供了舒适的乘车环境。

(3)时间可靠性较强。响应型接驳公交在乘客预约前,会了解乘客的期望最早和最晚乘车时间,尽可能在乘客的预约时间内满足乘客需求,同时,车辆可通过路径优化功能,在服务区域内选择最短路径行驶,减少了路上所消耗的时间。若当乘客上车位置车辆不方便通行时,系统还会引导乘客到推荐位置乘车,避免了车辆的过度绕行,提高了运行时间的可靠性。

(4)运营成本合理。响应型接驳公交由于没有固定站点,可在服务区域内按照系统预设的最优路径行驶,在一定程度上避免了车辆的无效行驶,降低了空驶里程,避免了公交站点的建设费用。同时,响应型接驳公交会根据预约需求情况选择合适车型,减少了车辆空驶率,提高了车辆和能源的利用率,在一定程度上降低了运营成本。响应型接驳公交的票价低于出租汽车,略高于常规公交车,性价比较高。

综上所述,响应型接驳公交因其灵活、个性化的服务模式,能够为城市郊区和城市外围低需求区的出行者提供优质便捷的接驳服务,同时,将提升公交分担率,产生更高的成本效益,为公交运营企业带来多方面的运营效益。

9.1.2　系统运行规则

响应型接驳公交作为一种新型的公共交通方式,充分应用现代互联网技术,实现公共交通方式的网约化、智能化、便捷化。它能较好地辅助地铁、常规公交等主流交通方式的运行,是城

市公共交通系统的有效补充,有效促进城市公共交通的多样化发展。系统具体工作流程如下:

(1)乘客通过网上预约的方式进行预订,在预约平台上提交预约信息,包括期望乘车时间和需求位置信息等。

(2)平台接收到乘客的预约信息,并对需求信息进行处理和计算,判断是否满足预约条件。若满足,则进一步确定最适合响应需求的公交车辆、行驶路线及预计到达需求点的时间;若不满足,则预约失败。

(3)平台将车辆信息和预计到达时间通过平台信息或手机短信的形式通知乘客。

(4)平台通过无线通信设备与选定的公交车辆联系,将规划的路径方案通过车辆信息终端传递给该车辆,车辆的具体位置通过卫星定位系统确定。

(5)车载信息终端保存收到的实时需求信息,驾驶员在车辆调度和路径规划系统的指引下,快速准时地到达乘客需求地点。

车辆运行模式指系统中车辆接送乘客的方式,根据系统中的乘客类型来确定。系统中的乘客类型有两类,一类是从换乘站点前往接驳站点的乘客,另一类是从接驳站点前往换乘站点的乘客。

第一种运行模式是指车辆在一个运行周期内将乘客从接驳站点接至换乘站,在另一个周期将乘客从换乘站送至接驳站,这种方式称为单周期运行,如图 9-1 所示。第二种运行模式是指车辆在一个周期内将接驳站的乘客送至换乘站,同时车辆在离开换乘站前往接驳站的时候将换乘站的乘客送至接驳站,这种方式称为双周期运行,如图 9-2 所示。第三种运行模式是第一、第二种类型的混合,如图 9-3 所示,系统中既存在第一种运行模式的车辆也存在第二种运行模式的车辆,图中车辆 A 的路径为单独送乘客,车辆 B 的路径为同时接送乘客,车辆 C 的路径为单接乘客。

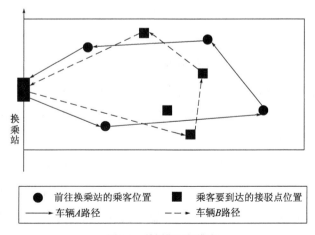

图 9-1　单周期运行模式

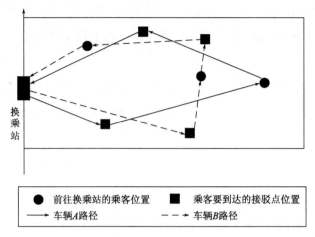

图 9-2 双周期运行模式

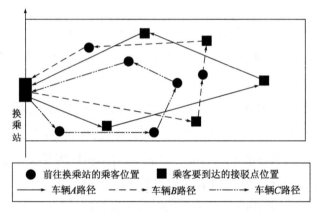

图 9-3 混合运行模式

第一种单周期运行模式在车辆路径安排上相对容易,求解容易;第二种双周期运行模式在车辆路径安排上较第一类难;第三种混合运行模式在车辆路径问题求解中最困难。相比于单周期运行模式,在混合周期运行模式下,车辆每次能载运更多的需求,即车辆单次运行时累计载运量可以大于车容量。

响应型接驳公交车辆每次运行的路线都是根据预约乘客信息灵活设计的,以保证乘客出行满意度和公交运营企业的效益,车辆行驶路径不受基准线路和固定站点限制。根据在其服务区域内是否设置一些固定的需求响应站点,将响应型接驳公交服务系统分为未设置固定需求响应站点和设置固定需求响应站点两种类型。在未设置固定需求响应站点的接驳系统中,乘客可以将服务区域内任何位置作为出行起讫点,接驳车辆根据乘客预约需求点生成行驶路径,如图 9-4 所示。在设置固定需求响应站点的接驳系统中,接驳车辆只服务到各个需求响应站点,乘客只能预约在需求响应站点上下车,车辆不接受在需求响应站点外进行上下车的预约申请,如图 9-5 所示。

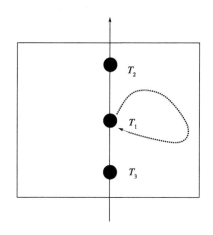 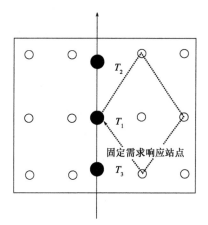

图 9-4　未设置固定需求响应站点图　　　图 9-5　设置固定需求响应站点图

响应型接驳公交的车辆运行规则主要包括车辆发车规则、车辆行驶规则、车辆路径更新规则、车辆运行时长四个方面的内容。

(1) 车辆发车规则。

响应型接驳公交发车规则的设计至关重要,将影响公交的服务水平和运营成本。若发车条件设置过高,会导致发车间隔过长,造成乘客长时间等待,乘客满意度降低;若发车间隔设置过低,发车间隔过短,会造成运营成本的增加。通常情况下,公交车的发车规则设置有以下方法:

① 按照时刻表发车。常规公交在进行规划时,会根据调查到的客流时空分布规律,制定出每班车的发车时刻表,当到达发车时刻时,车辆发车。但对于响应型接驳公交而言,客流的预约需求是动态随机产生的,不适合按照固定时刻表发车。

② 等待需求产生 t 时间后发车。这种发车规则是从第一个需求产生后开始计时,当等待时间超过设定的时间阈值 t 后发车。这种发车方式的优点是可以避免第一个需求等待时间太久,但这种发车方式下响应型接驳公交的服务质量与时间 t 的选取有很大关系。若 t 选取过长,会造成较早发出需求的乘客等候时间过长,同时可能导致这段时间内产生的需求数量过多;若 t 选取过短,车辆发车过于频繁,会造成运力资源的浪费。

③ 累计产生 n 个需求后发车。这种发车规则是从第一个需求产生后开始计数,当累计产生 n 个需求后发车。这种模式可以避免在等待时间内产生的需求过多或过少,但若 n 的取值选取过大,会造成较早预约的乘客等候时间过长。

(2) 车辆行驶规则。

响应型接驳公交需要在指定的服务区域内运行,不可超过区域范围限制,即对区域范围外的乘客需求车辆不会响应,将这种区域限制称为车辆运行的空间约束。在设定车辆运行规则时,还需要考虑是否允许车辆逆行。所谓逆行,是指与车辆原有行驶方向相反,若允许逆行,当需求点在某车辆运行方向后方,该车辆需逆向行驶响应需求;若不允许逆行,则当需求点在某车辆运行后方时,此车辆无须响应需求。从系统最优的角度讲,有逆行原则可以保证系统服务水平最优,但由于逆向行驶,将会影响车上乘客的乘车感受,同时增加运营成本,也不方便驾驶员驾驶。

(3) 车辆路径更新规则。

车辆在行车过程中,由于存在乘客新增的动态预约需求,因此需要对行驶路径进行更新,选择合适的更新规则将在很大程度上影响系统的服务水平和乘客的乘坐体验。若更新频率过高,会导致行车路线的频繁改变,不利于驾驶员的安全驾驶,同时,也会使乘客乘坐舒适感降低;若更新频率过低,容易导致新产生的需求得不到及时响应。

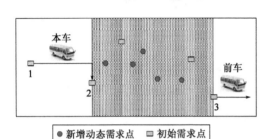

图 9-6 车辆更新规则示意图

将行驶路径更新规则设定在当车辆到达乘客预约需求点后,停车服务乘客时,进行下一阶段的行车路径更新,如图 9-6 所示。当车辆在乘客需求点 1、2 之间运行时,系统收集服务区域内产生的满足本班车运行时间的动态需求信息,并通过调度中心的路径管理与调度模块进行新路径的计算与生成。若在区域内收集到预约时间明显晚于该辆车运行时间段的需求点,则将该需求点存入系统,由后续车辆满足。当车辆在站点 2 停车时,调度中心将生成的新路径结果更新到车辆的车载移动数据终端上,以便驾驶员按照新路径行驶。在这种路径更新规则下,车辆在两需求点间运行时后台进行路径生成运算,可以保证充足的计算时间,同时,驾驶员在站点停车时查看下一阶段的行车路径,可保证行驶安全,避免了运行中路径的随意更改。

(4) 车辆运行时长。

乘客出行体验与车辆最长运行时长相关,在小服务范围接驳时,车辆运行时长一般不超过乘客采用步行到达的时长,也要照顾车内乘客的体验,一般控制在 40min 以内。

9.1.3 服务区域

服务区域是指接驳公交可以为枢纽站周边乘客提供接驳运输服务的最大行车范围。常规接驳公交通常是解决城市汽车枢纽站或大客流轨道站点的客流疏散问题,其服务区域一般为交通枢纽站点的客流发生吸引范围,站点的客流发生吸引范围是根据站点性质、规模及其周边土地利用性质等多方面的因素综合确定。结合现有研究,需求响应接驳公交系统服务区域主要分为圆形服务区域、矩形服务区域和一般服务区域三类。

(1) 圆形服务区域。与常规接驳公交类似,响应型接驳公交主要是满足前往火车站、客运站以及地铁换乘的乘客需求,其服务范围可以由交通枢纽站点的客流发生吸引范围而定。如图 9-7 所示,在低密度出行区域,需求响应接驳公交的服务区域主要在换乘站点周边 0.5~10km

的圆环形区域内。换乘站点 0.5km 以内的乘客可以步行至换乘站点,换乘站点 10km 以外的乘客乘坐其他交通方式出行。不同换乘站点的客流吸引范围不同,与枢纽的规模、性质多种因素有关。服务范围半径的大小需要根据站点的规模及周边土地利用性质确定。

(2)矩形服务区域。在服务区域方面的研究大多数为矩形区域。如图 9-8 所示,响应型接驳公交在矩形区域内进行接驳服务,车辆可以在换乘站点上下分别偏移距离 W,左右分别偏移 L 距离的矩形区域接送有需求的乘客。对于服务区域面积较大的区域往往划分为多个小的矩形区域进行研究,各个小矩形区域独自完成接驳服务。

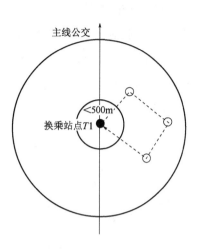

图 9-7 圆形服务区域

(3)一般服务区域。在实际应用中,城市的道路网不会是标准的棋盘式路网或者放射形路网,再加上河道、山林等自然条件的限制,响应型接驳公交的服务区域不会是标准的圆形或者矩形。响应型接驳公交服务区域的形状与大小应根据换乘站点周边实际的道路网络结构和地理地形条件来设计。如图 9-9 所示,由于换乘站点 $T1$ 周边路网的限制,服务区域为不规则形状。

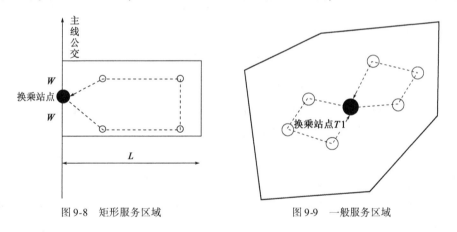

图 9-8 矩形服务区域　　　　图 9-9 一般服务区域

9.2 响应型接驳公交运行路径优化

9.2.1 响应型接驳公交路径优化问题

响应型接驳公交路径优化问题是典型的车辆路径问题,可以简单描述为:车辆调度中心根据服务区域内乘客提交的预约信息,确定适当的车辆行驶路径,接驳车辆从换乘站点出发,按照一定的顺序通过所有预约的需求响应站点,最终返回换乘站点,并且能够满足车辆最大行驶距离、车辆承载能力等约束条件,达到车辆运输费用最小、乘客满意度最高或者两者兼顾的目标。

当乘客需求量较小时,一辆接驳车就可以服务所有预约的需求响应站点,响应型接驳公交车从换乘站点出发,按照一定顺序到达需求响应站点并最终返回到原换乘站点,形成一条闭合环形有向路径。实际应用中,一辆接驳车、一条路径往往是无法完成的,因此需要多辆接驳公交、多个行驶路径来完成服务区域内的接驳服务。接驳车辆从换乘站点出发,最终返回到原换乘站点,并形成多条闭合环形路径。如图 9-10 所示,需要两辆接驳车来完成接驳服务。其中,接驳车辆 1 从换乘站点 $T1$ 出发,依次通过有预约的需求响应站点 1→2→3→6→5,最后返回换乘站点 $T1$;接驳车辆 2 从换乘站点 $T1$ 出发,依次通过有预约的需求响应站点 8→9→7→4,最后返回换乘站点 $T1$,最终形成两条环形行驶路径。

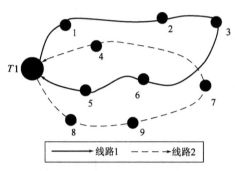

图 9-10　响应型接驳公交车辆行驶路径示意图

车辆路径优化的目标一般考虑以下内容:成本最小、效益最大、运行里程最短、服务水平最优、车辆数最少等。在响应型接驳公交运行路径模型中,优化目标的选择既要考虑公交运营企业的运营成本,也要考虑乘客的出行成本,以及带来的社会效益,因此,响应型接驳公交运行路径优化的目标函数应该是多方面的均衡。

在车辆路径优化过程中,各种资源配置不是无限的,需要加以限制,在约束范围内寻求目标最优解。一般车辆运行路径优化问题的约束包含以下内容:车辆运行时长限制、车辆运行里程限制、车辆容量限制、车辆数量限制、时间窗限制、发车时间限制、节点优先限制、车型限制。

在响应型接驳公交服务系统中,乘客进行出行预约,但接驳公交车辆并不能每一次都能在乘客预约时间窗内到达各个需求响应站点完成接驳服务。这时需要对接驳车辆到达时间进行约束,尽可能地保证每位乘客都能在自己预约时间窗内接受服务。

(1) 无时间窗。当预约乘客对出行时间没有要求时,对接驳公交车辆的到达时间也没有要求,因此可以采用无时间窗约束。例如,在一些出行需求密度较低的偏远地区(如农村、城市近郊),居民需要到需求密度高的区域(如主城区)乘坐客运汽车或火车出行,居民往往对出发时间没有过多的要求,只要求接驳公交车能够在客车或火车出发前到达换乘站点,然后换乘客车或火车等继续出行,这时可以对响应型接驳公交系统中车辆到达时间采用无时间窗约束。然而在大多数情况下,预约乘客往往会提前计划自己的出行时间,期望接驳车辆能够在自己预约的时间窗内到达需求响应站点,然后提供接驳服务。因此,采用无时间窗约束不太合理,需要设置时间窗来约束车辆的到达时间,提高乘客出行满意度。

(2) 硬时间窗。硬时间窗约束是指给定的服务时间窗内,若预约乘客能够在此时间窗范围内能够得到服务,则乘客对响应型接驳公交系统的服务满意度较高,乘客满意度为1;否则,乘客满意度为0,乘客放弃乘坐接驳公交车出行。在实际应用中,响应型接驳公交工作过程中受到很多因素的影响,接驳公交不可能每次都能在乘客预约的服务时间窗范围内对乘客进行服务。因此,采用硬时间窗约束的评价标准不能准确地反映真实的服务满意度,在响应型接驳公交路径优化模型求解过程中往往会出现无可行解的情况,一般采用软时间窗来约束接驳车辆的到达时间。

(3)软时间窗。软时间窗约束是指当预约乘客能够在期望时间窗内接受服务时,服务满意度最高,乘客满意度为1;当不在时间窗内时,乘客满意度由1逐渐降为0;在不可容忍时间窗内乘客满意度一直为0。软时间窗约束更加符合响应型接驳公交工作原理,若乘客不能在预约的期望时间窗内接受服务,则通过逐渐降低乘客满意度来反映响应型接驳公交服务水平的下降。在软时间窗约束下,需要根据实际情况合理地设置期望时间窗和可容忍时间窗的范围大小,这样才能求解出接驳公交的最优行驶路径。

引入时间惩罚函数来量化乘客满意度,乘客满意度越高则时间惩罚函数值越小,乘客满意度越低则时间惩罚函数值越大。对于有预约的重要需求响应站点,接驳车辆必须在乘客预约时间窗内到达,超出预约时间窗到达则不被接受。对于有预约的一般需求响应站点,接驳车辆可以在乘客预约时间窗内到达,也可以在其他时间到达。在时间窗内到达惩罚费用为0;不在时间窗内到达,根据偏离程度逐渐增大惩罚值。

响应型接驳公交路径优化基本流程如下:

(1)根据服务区域内各个需求响应站点的预约信息确定需求响应站点的乘客出行需求量和出行时间;

(2)根据提出预约申请的需求响应站点分布情况、乘客出行时间约束形式及服务区域内路网信息等,确定接驳方法和形式;

(3)生成初始路径优化方案,包括各接驳车辆的行驶路径、车辆时刻表和各个需求响应站点的上下车乘客数量;

(4)在路径优化过程中,还需要根据实际情况不断地检查与反馈信息,直到能满足各预约乘客的出行需求,且使整个调度系统总费用函数最小;

(5)生成各接驳车辆的最优行驶路径及到达各需求响应站点的时刻表。

9.2.2 响应型接驳公交两阶段路径规划

响应型接驳公交路径优化问题可描述如下:在给定的接驳公交服务范围内,有若干乘客提出乘车需求,公交运营调度中心需根据乘客动态需求点位置,安排车辆同时完成接送任务。在满足乘客乘车时间窗、车辆最大载客量及最大行驶距离等约束条件下,合理调度接驳车辆并生成最

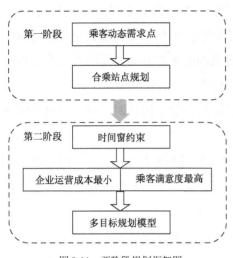

优的行驶路径,达到企业运营成本最低和乘客满意度最大的目标。该问题属于带有软时间窗的车辆路径问题,将问题分解为两个阶段进行处理,如图 9-11 所示。

第一阶段为乘客合乘站点规划。由于乘客发出的乘车需求较多,如果直接根据乘客的需求点规划车辆路径,会大大增加车辆的中途停靠次数,增加企业的运营成本和乘客的出行时间成本,影响运营效率。因此,将根据乘客的需求点的位置分布,规划出一定数量的合乘站点,用于给接驳公交车停车接送具有相似出行服务上下车乘客。

图 9-11 两阶段规划框架图

第二阶段为响应型接驳公交动态路径规划模型的构建。基于第一阶段计算出的合乘站点,并满足问题相关约束条件,建立车辆路径规划模型。动态路径规划问题实则是带有时间窗的车辆路径问题,以公交运营企业成本、乘客在途时间成本、惩罚费用三者之和最小为目标函数,建立接驳公交路径规划模型。

假设在某个时间段内,接驳公交服务区域内同时出现了多个不同位置的乘客乘车预约需求,若以这些分散的需求点为公交动态响应站点,接驳车辆则需要遍历所有的需求点来完成接送任务,大大增加了接驳公交在途中的停靠次数,严重影响运输效率。在满足乘客最大步行距离的条件下,将乘车需求点位置相近的乘客引导到同一个上车点,即合乘站点,这样一个动态响应站点就能同时满足多个不同需求的乘客,减少接驳公交因停靠次数过多造成的时间浪费,提高运输效率,进一步提升乘客满意度。

为此,采用聚类算法对乘客的分散需求点进行处理,将距离相近的出行需求聚集起来。结合道路的实际交通条件选取聚类中心,并将聚类中心作为合乘站点,在满足乘客最大步行距离的前提下为他们提供相同的乘车服务,如图 9-12 所示。

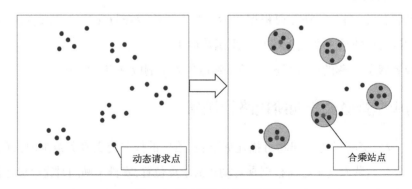

图 9-12 乘客乘降点聚类示意图

以高速铁路车站响应型接驳公交路径规划问题为例,具体问题可描述为:在给定的高速铁路车站接驳公交服务范围内,有若干乘客提出乘车需求,乘车需求类型分为两类:一类是乘客从高速铁路车站离开前往预约的目的地位置,另一类是乘客从需求点位置前往高速铁路车站乘坐高速铁路列车,公交运营调度中心需根据乘客动态需求点位置,安排车辆同时完成接送任务。

为了提高接驳公交的运行效率,已将乘客的动态需求点进行聚类处理,将需求位置相近的乘客引导到同一个上车站点,即形成合乘站点。因此,接驳车辆访问同一个合乘站点就能服务到不同的乘客,且同一个合乘站点允许不同的车辆访问,接驳车辆在完成接送任务后返回至高速铁路车站。在满足乘客乘车时间窗、车辆最大载客量及最大行驶距离等约束条件下,合理调度接驳车辆并生成最优的行驶路径。高速铁路车站响应型接驳公交系统的运行模式及接驳车辆的运行路径示意图如图9-13所示。

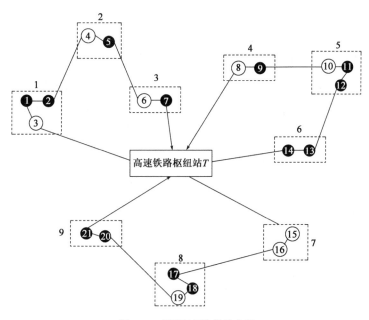

图9-13　车辆运行路径示意图

图9-13为高速铁路枢纽站同时接送模式下响应型接驳公交运行路径示意图,图中实点代表上车乘客,空点代表下车乘客,矩形代表合乘站点。图中共有3条接送线路,其中线路1访问的合乘站点以此为1→2→3,用乘客编号表示路径为3→1→2→4→5→6→7;线路2访问合乘站点4→5→6,路径为14→13→12→11→10→9→8;线路3访问的合乘站点为7→8→9,路径为15→16→17→18→19→20→21。每个合乘站点有多个乘客上下车请求,同一个合乘站点可以被多辆接驳公交访问。

目前对于组合优化问题的求解方法,应用最多的是启发式智能算法,在大规模复杂规划问题的求解中优势较为明显。目前常见的启发式智能算法主要有遗传算法、禁忌搜索算法、粒子群算法、蚁群算法、模拟退火算法等。

选取贵州省毕节市金海湖新区的毕节高速铁路接驳站作为研究区域,研究范围如图9-14所示,道路条件良好,骨架路网主要由城市主干道及次干道组成,满足响应型接驳公交的开通条件。

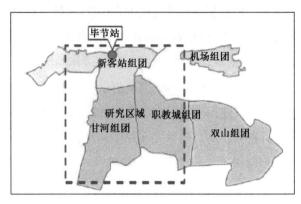

图9-14 研究区域示意图

假设在某一天8:00—9:00之间,在这些区域附近共有80位乘客发出预约请求,其中有60位乘客从预约的出行需求点前往高速铁路车站,20位乘客从高速铁路车站离开前往其预约的出行需求点。乘客期望时间窗取5min,最大可容忍时间窗取12min,时间窗均为乘客上车的时间要求。第一阶段对乘客需求点进行聚类分析,得出合乘点,得到图9-15所示的聚类结果,图中圆点表示乘客动态需求点,正方形表示聚类中心,即合乘点,图中均为相对位置。共得到20个聚类中心,即将80个乘客需求按照空间位置分配给20个合乘站点。合乘站点在路网中的具体位置如图9-16所示。

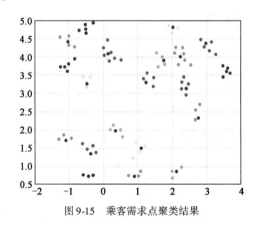

图9-15 乘客需求点聚类结果

在完成合乘站点的规划后,需要根据站点位置及乘客需求信息规划响应型接驳公交的行驶路径。选取两种车型,A型接驳公交车辆最大载客12人,发车成本取20元/辆,车辆行驶费用取1.2元/km;B型接驳公交车辆最大载客8人,发车成本取15元/辆,车辆行驶费用取1.0元/km。运用遗传算法对路径规划模型进行求解,得到目标值最优下的路线运行方案,见表9-1。

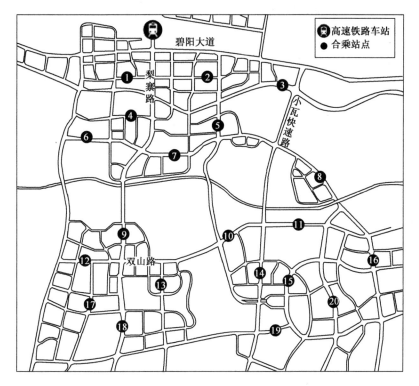

图 9-16 高速铁路车站与合成站点位置示意图

线路计算结果表　　　　　　　　　　　　　　　　　表 9-1

车辆编号	车型	运行路径	行驶距离 (km)	行驶时间 (min)	接送乘客数 (人)
k1	A	T→1→6→12→17→13→10→7→T	14.87	22	12
k2	A	T→4→6→12→18→13→15→11→2→T	18.65	28	16
k3	A	T→4→13→19→20→16→11→5T	18.42	28	17
k4	B	T→3→8→15→14→7→4→T	14.41	22	11
k5	A	T→9→13→14→15→20→8→3→T	16.11	24	14
k6	B	T→4→12→17→18→10→5→T	13.98	21	10

由表 9-1 可知,8:00—9:00 时间段内共发接驳车辆 6 辆,其中 A 型车辆 4 辆,B 型车辆 2 辆,各接驳车辆运行路径如图 9-17~图 9-22 所示,图上各点均表示在坐标系中的相对位置。

9.2.3　基于关键点的响应型接驳公交动态路径优化

在动态路径优化研究中,关键点即为车辆运行过程中动态信息变化的转折点,其作用是区分动态信息变化前后系统的状态。现状研究中,关键点包括三种类型:一是根据时间轴划分时间段,以每个时间段的结束时刻(也是下一时间段的开始时刻)为车辆行驶速度变化点,该点即为动态车辆速度变化关键点,这类关键点只与时间段划分有关;二是根据车辆服务的顾客需求点分布情况,车辆所在需求点位置即为关键点,与车辆当前所在的顾客需求点位置有关;三是实际路网中的路网节点和顾客需求点两者共同构成的关键点集合,也与车辆所在位置有关,车辆所在位置为路网节点或顾客需求点的任意位置时,该位置点即为关键点。

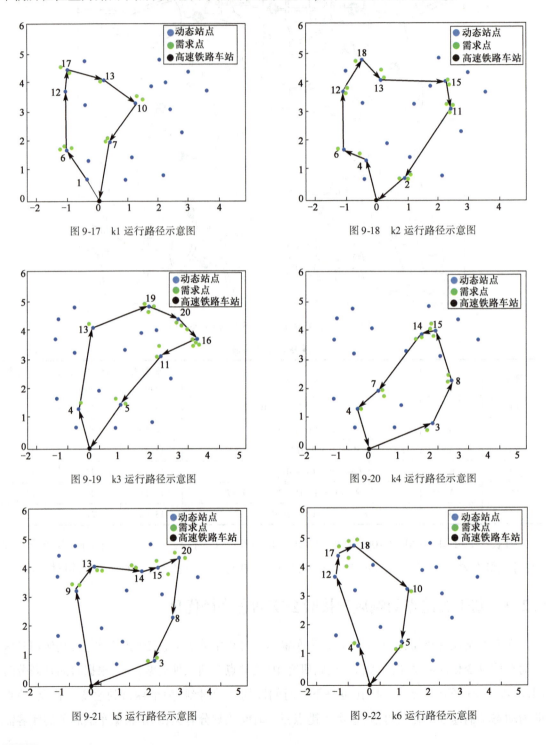

图 9-17　k1 运行路径示意图

图 9-18　k2 运行路径示意图

图 9-19　k3 运行路径示意图

图 9-20　k4 运行路径示意图

图 9-21　k5 运行路径示意图

图 9-22　k6 运行路径示意图

响应型接驳公交系统主要服务于低密度、小范围区域。当服务于城市外围路网密度低、动态交通信息更新频率较慢的路网时,交通饱和度处于较低水平且交通状态变化缓慢,动态路径更新频率过高则易导致更新前与更新后路径基本不变,没有更新的实际价值,造成无效工作量的增加。因此,针对此类服务区域,以相对距离较远的需求点为关键点进行动态路径更新较为合理。而当响应型接驳公交服务于路网密度大、动态交通信息更新频率较快且车流饱和度较大的路网时,道路网节点较多,车辆延误较大,而路网节点则是造成车辆延误的主要原因,故此类服务区域的响应型接驳公交动态路径优化很有必要考虑路网节点对车辆运行路径的影响。因此,以需求点和节点两者为关键点,通过在关键点处进行路网状态更新并优化路径具有可行性,能够通过动态路径优化使系统达到运营成本最低的目的。

基于关键点的响应型接驳公交动态路径更新规则如下:

(1) 以需求点为关键点的动态路径更新规则。车辆在关键点处,系统将新增实时需求加入预约需求集合中,车辆根据下游需求信息与实时采集的实时路况信息,选择下一个服务需求点并更新路网状态,然后根据阻抗时间优化后续接驳路径。即车辆在关键点处既要选择下一服务需求点,又要根据实时路况优化路径。车辆路径关键点示意如图9-23所示,图中已行驶路径与未行驶路径不区分颜色。

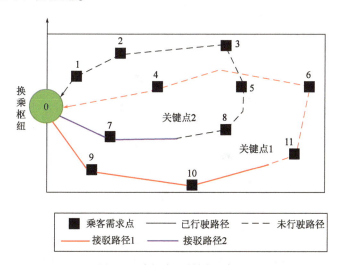

图9-23 车辆路径关键点示意图

两班次任意车辆先到达本车服务的关键点时,进行两车到达时刻比较,先到达的车辆优先在下游未服务需求点中选择下一阶段服务的需求点。然后根据实时路况信息更新路网状态,并优化当前关键点到下一需求点和后续的最优路径。更新后路径如图9-24所示,图中已行驶路径与未行驶路径不区分颜色。

(2) 以节点和需求点为关键点的动态路径更新原则。在以需求点为关键点的动态路径更新规则上,增加了路网节点为关键点。车辆在节点时,只根据实时路况信息更新路网状态,然后根据路网阻抗优化当前节点到目的地需求点的路径和后续路径,在需求点时,既要更新路径,也要选择下一阶段服务需求点。车辆路径关键点和节点如图 9-25 所示,图中已行驶路径与未行驶路径不区分颜色。

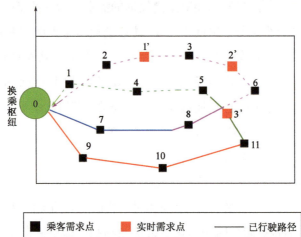

图 9-24　以需求点为关键点的路径更新示意图

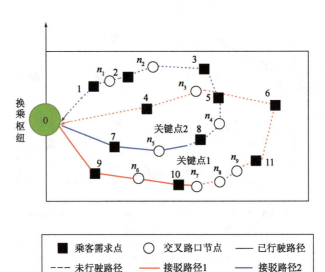

图 9-25　车辆路径关键点和节点示意图

根据更新规则更新后的路径如图 9-26 所示,图中已行驶路径和未行驶路径不区分颜色。

单接或单送模式响应型接驳公交系统,考虑路网密度的不同、动态交通信息更新频率的不同,分别构建以需求点为关键点、以需求点和节点为关键点的动态路径优化模型。研究问题可以描述为:在研究时段,一定服务区域内、一定时变路网、一定发车间隔下,单车型的响应型接驳公交系统中有 R 辆车,在满足乘客软时间窗、车辆容量和车辆数、最大行程时间等约束条件下,通过动态车辆路径优化,完成全部乘客的接送任务,并使系统总运营成本最小。其中,乘客需求包括预约需求和实时需求;仅以需求点为关键点时,服务区域的路网密度较低、动态交通信息更新频率较慢;以需求点和节点为关键点时,服务区域的路网密度较大,动态交通信息更新频率较快;车辆在关键点停靠时,系统将实时需求加入未完成的预约需求集合中(即对于上游需求点,实时需求也可认为是未完成的预约需求),并重新优化后续路径。

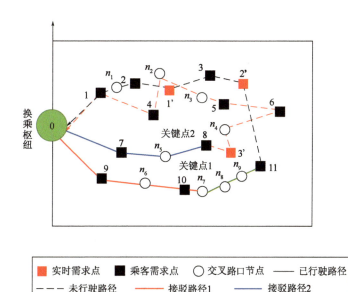

图 9-26　动态最优路径更新示意图

同时接送模式下,构建以系统总运营成本最小为目标的优化模型,约束条件包括乘客时间窗、车辆容量和车辆数,以及单程最大行程时间等。研究问题可以描述为:在研究时段,一定服务区域内、一定时变路网、一定发车间隔下,单车型的响应型接驳公交系统中有 R 辆车,在满足乘客软时间窗、车辆容量和车辆数、最大行程时间等约束条件下,通过动态车辆路径优化,完成全部乘客的接送任务,并使系统总运营成本最小。其中,离开换乘站的乘客只有预约需求,且无上车、有下车时间窗要求;前往换乘站的乘客有预约需求和实时需求,且有上车、无下车时间窗要求;车辆在需求点,可以是只单独接或单独送乘客,也可以接送同时进行。车辆在需求点停靠时,将需要接的实时需求加入未完成的预约需求集合中(对于上游需求点,实时需求也可认为是未完成的预约需求),并重新优化后续路径。

采用长沙地铁 1 号线尚双塘地铁站周边路网,综合尚双塘地铁站周边用地性质、乘客出行分布调查情况,选定出行距离为 2～5km 的路网区域,服务区域如图 9-27 所示。

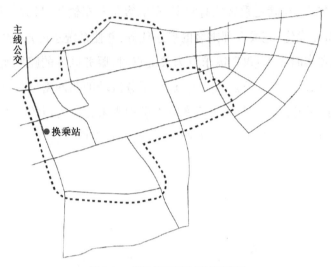

图 9-27 简化路网服务区域示意图

根据用地性质以及周边乘客出行分布调查,得到选定服务范围内拟设需求点分布,如图 9-28 所示。

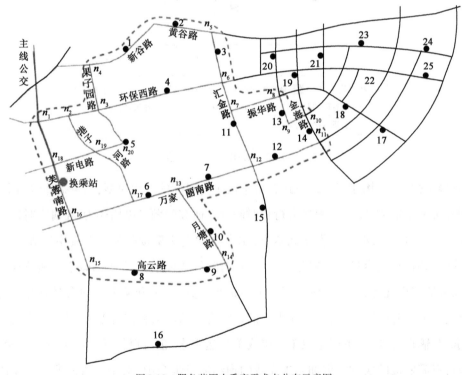

图 9-28 服务范围内乘客需求点分布示意图

模拟区域内设有 1 个换乘站点、25 个乘客需求点,系统在选择服务范围内能够响应需求的有效需求点为 14 个,有效需求点在研究时段内分布着 135 位乘客,其中前往换乘站的乘客 99 位,离开换乘站的乘客 36 位,既有预约需求也有实时需求。

单独接送模式下,以需求点为关键点的动态路径优化结果见表9-2、表9-3。

单独接乘客动态路径优化结果表　　　　　　　表9-2

发车时刻	车辆编号	车辆路径	行程时间（min）	载客量（人）	座位利用率（%）	结束时间
7:00	r_1	$0 \to n_{16,15} \to 8 \to 9 \to n_{14} \to 6 \to n_{17,19,18} \to 0$	24.1	12	80	7:25
7:05	r_2	$0 \to n_{16,17} \to 6 \to n_{13} \to 7 \to n_{12} \to 12 \to n_{11} \to 14 \to n_{10,9} \to 13 \to n_{8,7} \to 11 \to n_{12} \to \overrightarrow{7} \to n_{13} \to 6 \to n_{16,17} \to 0$	38.7	15	100	7:44
7:10	r_3	$0 \to n_{16,17} \to 6 \to n_{13} \to 7 \to n_{12} \to 11 \to n_{7,6} \to 4 \to n_{3,2,1,18} \to 0$	33.8	14	93.33	7:44
7:10	r_4	$0 \to n_{16,17} \to 6 \to n_{13} \to 10 \to n_{14} \to 9 \to 8 \to n_{15,16} \to 0$	28.9	10	66.67	7:39
7:20	r_5	$0 \to n_{16,17} \to \overrightarrow{6} \to n_{13} \to 7 \to n_{12} \to 11 \to n_{7,8} \to 13 \to n_{19,10} \to 14 \to n_{11} \to 12 \to n_{12} \to \overrightarrow{7} \to n_{13} \to 6 \to n_{17,16} \to 0$	36.4	12	80	7:57
7:25	r_6	$0 \to n_{18,19} \to 5 \to n_3 \to 4 \to n_6 \to 3 \to n_5 \to 2 \to \overrightarrow{1} \to n_{4,3,2,1,18} \to 0$	33.8	14	93.33	7:59
7:30	r_1	$0 \to n_{18,19} \to 5 \to n_{3,4} \to 1 \to \overrightarrow{2} \to n_5 \to 3 \to n_6 \to 4 \to n_{,3,2,19,18} \to 0$	32.4	14	93.33	8:03
7:30	r_7	$0 \to n_{16,17} \to 6 \to n_{17,19} \to 5 \to n_{19,18} \to 0$	16.5	8	53.33	7:57
汇总		—	244.6	99	82.5	—

注:路径中 n 表示车辆连续经过的节点,如 $n_{16,17}$ 表示车辆连续经过 n_{16}、n_{17} 节点;* 表示车辆只经过某需求点但没有乘客需求,不停车服务,如 $\overrightarrow{6}$ 表示车辆只经过6号需求点,且6号需求点没有乘客需求,车辆不停车,后同。

单独送乘客动态路径优化结果表　　　　　　　表9-3

发车时刻	车辆编号	车辆路径	行程时间（min）	载客量（人）	座位利用率（%）	结束时间
7:10	r_8	$0 \to n_{16,17} \to 6 \to n_{13} \to 10 \to n_{14} \to 9 \to 8 \to n_{15,16} \to 0$	27.6	9	60	7:38
7:20	r_9	$0 \to n_{16,17} \to \overrightarrow{6} \to n_{13} \to 7 \to n_{12} \to 11 \to n_{7,8} \to \overrightarrow{13} \to n_{9,10} \to 14 \to n_{11} \to 12 \to n_{12} \to \overrightarrow{7} \to n_{13} \to 6 \to n_{17,16} \to 0$	37.4	12	80	7:58
7:30	r_{10}	$0 \to n_{18,19} \to 5 \to n_3 \to 4 \to n_6 \to 3 \to n_5 \to 2 \to 1 \to n_{4,3,2,1,18} \to 0$	33.5	15	100	8:04
汇总		—	98.5	36	80	—

以需求点和节点为关键点的动态路径优化结果见表9-4、表9-5。通过结果比较分析,相同车辆运行模式下,以需求点和节点为关键点进行动态路径优化,能够提高系统运行效率,降低系统运营成本,但是效率提升效果并不明显。

单独接乘客动态路径优化结果表　　　　　　　　　　　　　　　　　　表 9-4

发车时刻	车辆编号	车辆路径	行程时间（min）	载客量（人）	座位利用率（%）	结束时间
7:00	r_1	$0 \to n_{16,15} \to 8 \to 9 \to n_{14} \to 10 \to n_{13} \to 6 \to n_{17,16} \to 0$	23.7	12	80	7:24
7:05	r_2	$0 \to n_{16,17} \to 6 \to n_{13} \to 7 \to n_{12} \to 12 \to n_{11} \to 14 \to n_{10,9} \to 13 \to n_{8,7} \to 11 \to n_{12} \to 7 \to n_{13} \to 6 \to n_{17,19,18} \to 0$	37.4	15	100	7:43
7:10	r_3	$0 \to n_{16,17} \to 6 \to n_{13} \to 7 \to n_{12} \to 11 \to n_{7,6} \to 4 \to n_{3,20,19,18} \to 0$	33.5	14	93.33	7:44
7:10	r_4	$0 \to n_{16,17} \to 6 \to n_{13} \to 10 \to n_{14} \to 9 \to 8 \to n_{15,16} \to 0$	28.1	10	66.67	7:39
7:20	r_5	$0 \to n_{16,17} \to 6 \to n_{13} \to 7 \to n_{12} \to 11 \to n_{7,8} \to 13 \to n_{19,10} \to 14 \to n_{11} \to 12 \to n_{12} \to 7 \to n_{13} \to 6 \to n_{17,19,18} \to 0$	37.2	12	80	7:58
7:25	r_1	$0 \to n_{18,1,2,3} \to 5 \to n_3 \to 4 \to n_6 \to 3 \to n_5 \to 2 \to 1 \to n_{4,3,2,19,18} \to 0$	31.9	14	93.33	7:57
7:30	r_6	$0 \to n_{18,19} \to 5 \to n_{3,4} \to 1 \to 2 \to n_5 \to 3 \to n_6 \to 4 \to n_{4,3,2,1,18} \to 0$	31.7	14	93.33	8:02
7:30	r_7	$0 \to n_{16,17} \to 6 \to n_{17,19} \to 5 \to n_{19,18} \to 0$	17.1	8	53.33	7:48
汇总		—	240.6	99		—

单独送乘客动态路径优化结果表　　　　　　　　　　　　　　　　　　表 9-5

发车时刻	车辆编号	车辆路径	行程时间（min）	载客量（人）	座位利用率（%）	结束时间
7:10	r_8	$0 \to n_{16,17} \to 6 \to n_{13} \to 10 \to n_{14} \to 9 \to 8 \to n_{15,16} \to 0$	27.2	9	60	7:38
7:20	r_9	$0 \to n_{16,17} \to 6 \to n_{13} \to 7 \to n_{12} \to 11 \to n_{7,8} \to 13 \to n_{9,10} \to 14 \to n_{11} \to 12 \to n_{12} \to 7 \to n_{13} \to 6 \to n_{17,16} \to 0$	36.7	12	80	7:57
7:30	r_{10}	$0 \to n_{18,19} \to 5 \to n_3 \to 4 \to n_6 \to 3 \to n_5 \to 2 \to 1 \to n_{4,3,20,19,18} \to 0$	32.1	15	100	8:03
汇总		—	96.0	36	—	—

同时接送模式下以需求点为关键点的动态路径优化结果见表 9-6。

同时接送模式下动态路径优化结果表　　　　　　　　　　　　　　　　表 9-6

发车时刻	车辆编号	车辆路径	行程时间（min）	载客量（人）	座位利用率（%）	结束时间
7:00	r_1	$0 \to n_{16,15} \to 8 \to 9 \to n_{14} \to 10 \to n_{13} \to 6 \to n_{17,16} \to 0$	24.8	16	106.67	7:25
7:05	r_2	$0 \to n_{16,17} \to 6 \to n_{13} \to 7 \to n_{12} \to 12 \to n_{11} \to 14 \to n_{10,9} \to 13 \to n_{8,7} \to 11 \to n_{12} \to 7 \to n_{13} \to 6 \to n_{17,19,18} \to 0$	39.4	17	113.33	7:45
7:10	r_3	$0 \to n_{16,17} \to 6 \to n_{13} \to 7 \to n_{12} \to 11 \to n_{7,6} \to 4 \to n_{3,21,18} \to 0$	34.6	18	120	7:45

续上表

发车时刻	车辆编号	车辆路径	行程时间(min)	载客量(人)	座位利用率(%)	结束时间
7:10	r_4	$0 \to n_{16,17} \to 6 \to n_{13} \to 10 \to n_{14} \to 9 \to 8 \to n_{15,16} \to 0$	29.1	15	100	7:40
7:20	r_5	$0 \to n_{16,17} \to 6 \to n_{13} \to 7 \to n_{12} \to 11 \to n_{7,8} \to 13 \to n_{19,10} \to 14 \to n_{11} \to 12 \to n_{12} \to 7 \to n_{13} \to 6 \to n_{17,19,18} \to 0$	36.8	20	133.33	7:57
7:25	r_6	$0 \to n_{18,1,2,3} \to 5 \to n_3 \to 4 \to n_6 \to 3 \to n_5 \to 3 \to 1 \to n_{4,3,2,1,18} \to 0$	34.5	17	113.33	7:57
7:30	r_1	$0 \to n_{18,19} \to 5 \to n_{3,4} \to 1 \to 2 \to n_5 \to 3 \to n_6 \to 4 \to n_{3,2,1,18} \to 0$	32.9	17	113.33	8:00
7:30	r_7	$0 \to n_{16,17} \to 6 \to n_{17,19} \to 5 \to n_{19,18} \to 0$	17.2	15	100	7:48
汇总		—	249.3	99	112.5	—

以需求点为关键点分别对单独接送模式、同时接送模式下的动态路径优化结果进行比较,结果见表9-7。

不同运行模式下以需求点为关键点的动态路径优化结果比较 表9-7

运行模式	发车次数	车辆数	座位平均利用率(平均,%)	总运行时间(min)	系统总成本(元)
单独接送模式(需求点)	11	10	81.82	343.1	245.31
同时接送模式(需求点)	8	7	112.5	248.3	186.92

由表9-7可知,关键点相同、车辆运行模式不同时,同时接送模式比单独接送模式所需车辆数少3辆、发车班次数也少3次,车辆座位平均利用率增加30.68%,相同车辆总运行时间减少了94.8min,系统总成本减少了58.39元,下降了23.80%。通过结果比较分析可知,相同关键点下不同运行模式下的动态路径优化,同时接送模式相比于单独接送模式,能够显著提高系统运营效率,节约系统成本,同时接送模式是更好的系统运营模式。

9.3 响应型接驳公交调度

9.3.1 响应型接驳公交两阶段调度模型的建立

研究响应型接驳公交的调度问题,问题描述为:在某一服务区域内,有一定数量的预约乘客和一定规模的响应型接驳公交车队;车队中有不同额定载客量的公交车辆;区域内的乘客需要到枢纽站点进行交通换乘,预约响应型接驳公交;公交车辆根据乘客预约需求为枢纽站点提供集散接驳服务,将区域内的预约乘客从预约需求点运送到换乘站点和将换乘乘客运送到预约需求点。

现以第 m 班车的发出时间为界,讨论第 m 班车发车前和发车后的车辆调度问题。

情形一:在第 m 班车发车前,可能存在两种类型的需求需要处理。一种是第 $m-1$ 班车已经响应过的区域内新产生的需求,另一种是第 $m-1$ 班车行驶中拒绝的需求。这两种需求将计入第 m 班车发车计划。

情形二:在第 m 班车发车后,第 $m+1$ 班车尚未发车时,若在车辆未到达区域产生乘客预约,此时,调度系统会通过判断插入此点后是否满足调度目标函数最小化,来决定是否响应此需求,若满足,则将乘客预约点插入第 m 班车的行车路径;若不满足,则将乘客预约信息计入第 $m+1$ 班车的发车计划中。若第 m 班车已经过了乘客预约点,由于车辆不能逆行,此时,乘客预约信息直接计入第 $m+1$ 班车的发车计划中。

在情形一中,对于车辆出发前已经产生的计划预约需求点,将这类需求定义为静态需求点,解决这类需求的调度问题定义为第一阶段静态调度;在情形二中,车辆出发后预约需求才产生,将这类需求定义为动态需求点,解决动态需求的调度定义为第二阶段动态调度。响应型接驳公交两阶段调度流程图如图 9-29 所示。

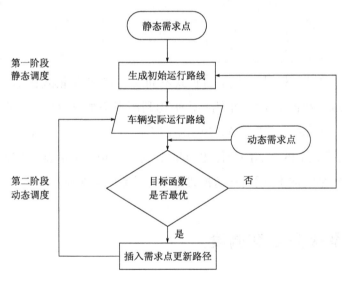

图 9-29 响应型接驳公交两阶段调度流程图

响应型公交车辆从起点驶向终点的过程中,以车辆发车时间为界,分为两个阶段。在车辆发车前,收集到的预约需求将形成调度基准线路,这是第一阶段。第二阶段是车辆在行车过程中对动态需求进行实时响应,判断是否要对此需求进行响应,并规划最优线路,不响应的站点留给后车进行服务。

第一阶段静态调度中,进行调度设计时,既要考虑乘客的满意度,又要考虑系统的运营成本。因此,在调度中要优先满足滞留乘客,尽可能地满足其他预约乘客,同时优化车辆的行驶路线,减少车辆因提前或延迟到达而造成的乘客等待时间,减少公交运营企业的经营成本,提升接驳公交的服务质量。优化目标分别为车内乘客产生的总等待时间成本最小、等车乘客产生的总等待时间成本和车辆单次运营成本与票价收益的差值最小。对于第一阶段静态调度,车内乘客的等待时间来自车辆在服务乘客过程中造成的停车等待。若车辆早于乘客预约最早乘车时刻到达预约点,车辆需要等待到预约最早乘车时刻,乘客上车后才能发出;若车辆晚于最早预约乘车时间到达,车辆服务完乘客后可直接发车。

响应型接驳公交两阶段调度模型可以转换为车辆路径问题,目前,对于车辆路径问题的求解方法有两大类,分别是精确算法和启发式算法。精确算法又称为最优化算法,指能够通过有限的计算和推理得到优化问题的最优解的算法,如分支定界法、割平面法、网络流法等;启发式算法是相对于精确算法提出的,用启发式算法解决问题时强调"满意",而不去一味地追求最优性。启发式算法可分为经典启发式算法和现代启发式算法两种。经典启发式算法主要包括节约法、两阶段法、门槛接受法等,现代启发式算法包括禁忌搜索算法、模拟退火算法、遗传算法、粒子群算法、蚁群算法、人工神经网络算法等。

9.3.2 两阶段调度模型仿真分析

依照预约需求的产生时间仿真研究系统的车辆调度问题,由于系统中存在多辆车,在服务时考虑的是前后车之间的关系,若某需求点未被前车响应,则该点将被后车响应,因此,在仿真过程将分别对第一班车和第二班车进行仿真,研究其两阶段调度。

(1)第一班车。

响应型接驳公交的运营开始时间为 6:30,因此对于第一班车,从 6:30 开始接受乘客预约需求,在实际路网中随机生成一系列预约需求点,模拟需求产生过程。假设达到发车条件时,预约需求位置和预约信息如图 9-30 和表 9-8 所示,其中,q 表示需求点的候车人数,T_e 表示乘客预约最早乘车时刻,T_i 表示乘客预约最晚乘车时刻。

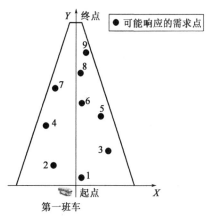

图 9-30 第一班车发车时区域内预约需求点分布

第一班车发车时区域内各预约需求点信息 表 9-8

站点编号 j	预约发布时间	(x,y)	q	T_e	T_i
0(起点)		(0,0)	0	—	—
1	6:38	(0.22,0.28)	2	6:43	6:50
2	6:35	(−0.65,0.58)	2	6:45	6:55

续上表

站点编号 j	预约发布时间	(x,y)	q	T_e	T_i
3	6:30	(0.93,1.04)	1	6:30	6:50
4	6:40	(−0.91,1.84)	1	6:55	7:10
5	6:35	(0.71,2.12)	1	6:50	7:05
6	6:35	(0.20,2.48)	1	6:40	7:00
7	6:30	(−0.62,2.92)	1	6:35	6:50
8	6:42	(0.20,3.38)	1	6:55	7:05
9	6:44	(0.32,4.03)	1	7:00	7:10
10(终点)	—	(0,4.82)	0	—	—

第一阶段静态调度采用遗传算法计算得到最优路径，如图9-31所示。

第二阶段是在第一阶段产生初始路径的基础上，当新需求产生时进行路径重新优化，当车辆每到达一个站点停车时，将更新前方预约需求。假设当车辆到达3号站点停车时，更新获得的预约需求点位置和预约信息如图9-32和表9-9所示。

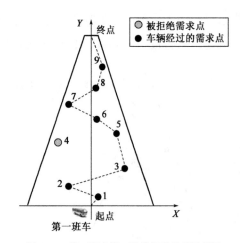

图9-31 第一班车第一阶段调度后的路径图

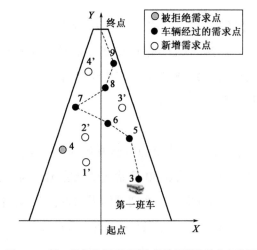

图9-32 第一班车发车后区域内新增各预约需求点位置

第一班车发车后区域内新增各预约需求点信息　　表9-9

站点编号 j	预约发布时间	(x,y)	q	T_e	T_i
1	6:50	(−0.35,1.49)	1	6:55	7:05
2	6:50	(−0.36,2.12)	1	7:00	7:15
3	6:49	(0.53,2.88)	1	6:55	7:10
4	6:51	(−0.29,3.79)	2	6:58	7:05

设计第二阶段动态调度算法,求解得到车辆更新后的行驶路径,如图 9-33 所示。

(2)第二班车。

由于存在滞留乘客,从第一班车发车起(6:46),第二班车开始收集乘客预约信息,需要收集的预约点是从起点到第一辆车已经行驶过的区域内新产生的点。当 6:56 时,共产生了 13 个需求点,达到了发车条件,故第二班车发车时刻为 6:56。预约需求分布和预约信息如图 9-34 和表 9-10 所示。

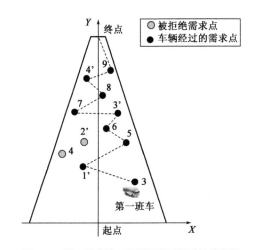
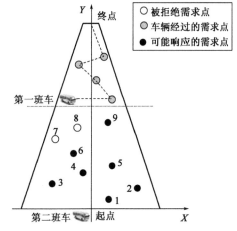

图 9-33 第一班车第二阶段调度更新后的路径图　　图 9-34 第二班车发车时区域内各预约需求点分布

第二班车发车时区域内各预约需求点信息　　表 9-10

站点编号 j	预约发布时间	(x,y)	q	T_e	T_i
1	6:50	(0.44,0.23)	1	6:55	7:05
2	6:55	(1.14,0.55)	2	7:00	7:15
3	6:50	(-0.99,0.69)	2	6:55	7:10
4	6:49	(-0.22,0.92)	1	7:00	7:10
5	6:55	(0.49,1.15)	2	6:55	7:05
6	6:50	(-0.44,1.47)	1	6:50	7:10
7	6:40	(-0.91,1.84)	1	6:55	7:10
8	6:50	(-0.36,2.12)	1	7:00	7:15
9	6:56	(0.42,2.31)	1	7:05	7:15

7 号需求点是第一班车第一阶段调度滞留下来的,8 号需求点是第一班车第二阶段调度滞留下来的,故本班车要保证这两点必须响应,求解后的最优路径如图 9-35 所示。3 号需求点被拒绝,将由第三班车响应。

第二阶段调度假设当车辆到达 4 号站点停车时,更新获得的预约需求点位置如图 9-36 所示,需求信息见表 9-11。

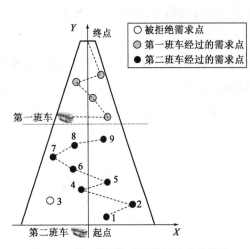
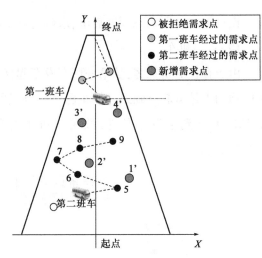

图 9-35　第二班车第一阶段调度后的路径图　　　图 9-36　第二班车发车后区域内新增预约需求点位置

第二班车发车后区域内预约需求点信息　　　　　　　　　　　　　表 9-11

站点编号 j	预约发布时间	(x,y)	q	T_e	T_i
1	6:57	(0.84,1.38)	1	7:00	7:10
2	6:59	(−0.18,1.79)	1	7:05	7:15
3	6:50	(−0.33,2.81)	1	7:00	7:15
4	6:58	(0.53,2.99)	1	7:10	7:20

求解第二阶段动态调度得到车辆更新后的行驶路径,如图 9-37 所示。

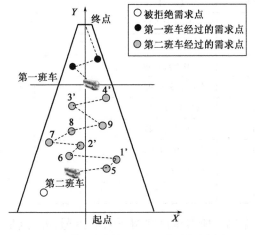

图 9-37　第二班车第二阶段调度后的路径图

按照这种发车模式,依此类推,当达到第三班车的发车条件时,即发出第三班车。两阶段调度模型,可以随着预约需求的不断产生,动态确定发车时间,在运行中根据需求的变化动态调整行驶路径。

9.4 响应型接驳公交运行路径与调度的协调优化

9.4.1 响应型接驳公交路径与调度的相互关系

响应型接驳公交运行路径与调度优化不同于常规公交的调度，常规公交只要确定了路线，就可以按照线路上的需求量直接制定定期行车时刻表进行车辆调度。响应型接驳公交的车辆运行线路与调度相互影响，如图 9-38 所示。当车辆的运行路径发生改变时，车辆的发出时间发生改变，车辆到达站点时间也发生改变，沿途装载量也发生变化，从而影响车辆的调度；车辆的发车时刻发生变化，将影响到乘客候车时长、车辆出行总时长，从而影响运行线路的安排。因此，需要对二者进行协调，建立路径与调度的协调优化模型，体现出车辆发车时刻、发出车型、运行时间等调度参数，以及运行线路、节点等运行路径参数。

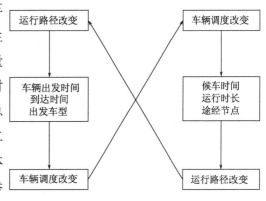

图 9-38 调度与路径相互影响

车辆调度是对车辆的发车时刻、发出车型、运行策略等进行调整，车辆路径优化是对车辆途经的节点集及走行时间或行驶里程的优化。由于车辆路径和车辆调度二者相互影响，所以很难对其进行分离，因此可以建立响应型接驳公交路径与调度协调一体化模型，在优化过程中可以进行内部协调。

在已知系统运力及需求的状况下，生成一个初始的发车时刻安排，在初始发车时刻下，按需求和模型计算当前发车时刻下的最优车辆路径，然后再生成一个新的发车时刻安排，再次计算当前发车时刻下的最优路径，比较两次发车时刻安排下的目标函数值，保留目标函数值优的发车安排及路径，再生成新的发车时刻，然后计算最优路径并与之前结果进行比较，不断迭代，直至达到迭代次数。

实际上，运行路径决定了能接送哪些需求点的乘客，这些点上乘客出行的时间要求影响了车辆的出发时间；反之，车辆的出发时间决定了能接送哪些时段出行的乘客，也就影响了车辆的运行路径。以预约型乘客为研究对象，以乘客和运营商的总效用最大为目标，以车辆容量、乘客时间窗及乘客满意度等为约束，构建运行线路和调度的一体化优化模型。

9.4.2 混合运行模式下路径与调度的协调优化

设大运量公交接驳换乘站有 M 辆接驳公交车,车辆类型有 P 类,其中车辆类型为 p 的车辆数有 M_p 辆,且 $\sum M_p = M$;在特定时间段内,服务范围同时存在 n 个预约前往换乘站的乘客、m 个预约从换乘站离开的乘客。混合运行模式下车辆路径与调度的协调优化问题可描述为:根据 $m+n$ 个乘客的预约需求安排一列车队完成接送任务,在满足乘客出行时间窗、车容量等约束下,通过车队所有班次车辆出发时间、发出车型、运行路线的协调,使系统总成本最小。而且,各班次车辆运行轨迹均为一闭合回路,车辆只能从换乘站出发,完成分配的接送任务后回到换乘站。响应型接驳公交在把地铁站/大型公交车站的乘客运送到其想要到达的接驳点,同时又要把接驳点的乘客送达地铁站/大型公交车站。

在完成上述 $m+n$ 个乘客(n 个预约前往换乘站的乘客、m 个预约从换乘站离开的乘客)的运输问题中,同时接送这 $m+n$ 个乘客,车辆运行模式为混合运行模式,即系统中可以存在单独接乘客的车辆,可以存在单独送乘客的车辆,也可以存在同时接送乘客的车辆。在这种混合运行模式下构建响应型接驳公交运行路径与调度优化模型,如图 9-39 所示。

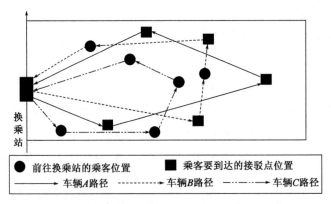

图 9-39 混合运行模式路径图

构建混合运行模式下响应型接驳公交运行路径和调度协调优化模型。目标函数以系统总成本最小为目标,包括车辆发车和行驶成本、车辆早到和晚到的惩罚成本、票价收入;以车辆容量、乘客时间窗、车辆运行时间、车辆保有量等为约束,构建了发车间隔、发出车型和运行路径的一体化协调优化模型;同时,基于遗传算法设计了协调优化模型的求解算法。

设定服务范围为半径 3.5km 的原型区域,换乘点为中心位置,存在 2 种接驳车型,A 型车 5 辆、B 型车 3 辆,随机生成 25 个接驳公交站点,如图 9-40 所示。

设定接驳时段为 7:00—8:00,在 25 个接驳站点内随机分布 60 位从接驳站点前往换乘站点的乘客,20 位从换乘站点前往接驳站点的乘客。求解得出车辆混合运行模式的车辆路径及发车时刻,见表 9-12。

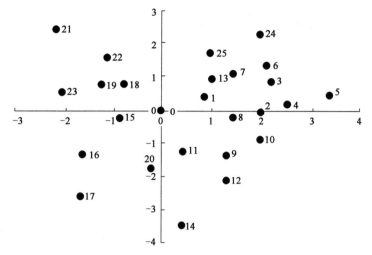

图 9-40 接驳站点平面分布示意图

车辆混合模式路径结果表　　　　　　　　　　　表 9-12

发车时间	车号	乘车路径	里程（km）	累计载客（人）	座位平均利用率（%）	结束时间
7:09	A1	0→61→62→25→7→14→13→0	8.12	6	60	7:23
7:14	B1	0→76→51→26→6→5→42→40→38→0	17.24	8	53.3	7:44
7:16	A2	0→33→18→56→67→32→3→0	17.6	6	60	7:46
7:20	A3	0→58→45→66→50→44→49→79→78→28→10→12→0	13.69	12	120	7:45
7:20	A4	0→4→2→73→71→17→80→0	9.96	6	60	7:39
7:23	B2	0→16→1→75→72→64→47→65→46→68→0	18.35	9	60	7:55
7:25	A1	0→35→36→54→70→69→52→60→57→55→43→27→0	13.48	11	110	7:46
7:30	B3	0→21→24→19→30→11→39→8→31→34→0	20.53	9	60	8:15
7:30	A5	0→23→15→59→37→53→22→0	22.18	6	60	8:08
7:40	A4	0→63→29→74→77→48→20→41→0	19.96	7	70	8:14

对算例使用相同的参数按单独接和单独送的模式进行路径优化，将计算结果与混合模式进行对比，见表9-13。

两种模式结果对比　　　　　　　　　　　表 9-13

模式	出车次数（次）	车辆数（辆）	座位平均利用率（%）	人均里程（km）	目标函数值
混合运行模式	10	8	71.3	2.01	62.4
单独送+单独接	11	10	63	2.26	74.2

结果表明，在乘客需求相同的情况下，混合运行模式相比单独送+单独接模式在出车次数、所需车辆数、座位平均利用率、人均乘车里程、成本上均有明显提升，优势明显。

9.4.3　考虑换乘时间需求的响应型接驳公交系统的协调优化

乘客换乘时间需求是响应型接驳公交提供换乘服务时应考虑的一个重要因素。从需求点前往换乘站的乘客,可分为有特定换乘班次需求的乘客和无特定换乘班次需求的乘客。第一类乘客对到达换乘站的时间有特定的要求,他们在到达换乘站后期望换乘某一特定的干线公交班次,若接驳任务中存在此类乘客,则车辆不允许晚到,晚到会产生很大的惩罚成本。第二类乘客对到达换乘站的时间无特定要求,他们到达换乘站后可换乘任意班次的干线公交,但乘客存在心理预期,车辆无晚到惩罚,但当乘客等待换乘的时间超过心理预期时,将产生惩罚成本,因此,也要尽可能地减少乘客在换乘站的等待时间。

同时,响应型接驳公交系统在收到乘客的出行申请后,调度中心根据乘客申请,在满足车辆保有量、乘客时间窗、车辆单程最大运行时间、换乘时间需求等约束的基础上,以系统总效用最大为目标,在完成全部乘客接送任务的同时,优化确定所有班次的发车时间和运行路径。系统中的车辆,可单独接或单独送乘客,也可同时接送乘客。

同时接送模式下,以乘客与运营商的系统效用加权之和最大为目标,以乘客与车辆时间窗、车辆容量等为约束,构建了考虑乘客换乘时间需求的运行路径与调度的协调优化模型,基于遗传算法设计求解算法。其中,车辆路径根据所搭乘的乘客确定,对于预约离开换乘站的乘客(送的乘客),仅考虑乘客到达目的地的时间窗,且对早到乘客不给予早到惩罚,对离开换乘站乘客的惩罚仅有晚到惩罚。对于前往换乘站的乘客(接的乘客),既要考虑乘客上车时间窗,也要考虑乘客的换乘时间要求。

长沙市地铁1号线尚双塘站周边区域如图9-41所示,区域内设置1个换乘站、16个需求点,服务区域内共有65名乘客。

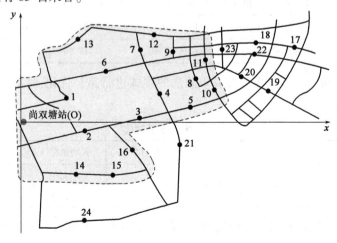

图9-41　服务区域

接驳时间设在早高峰 7:00—8:30,地铁发车间隔为 6min,设定发车从 7:00 开始,设定参数并采用遗传算法计算,得到同时接送模式下运行路径与发车间隔的优化结果,见表 9-14。

同时接送模式下运行路径与发车间隔的优化结果　　　　表 9-14

发车时间	车号	乘车路径	里程(km)	累计载客(人)	座位平均利用率(%)	结束时间
7:09	r_1	0→5→9→16→31→40→41→15→27→22→2→54→0	11.32	11	110	7:30
7:14	r_2	0→1→21→36→43→17→10→0	8.15	6	60	7:22
7:16	r_3	0→53→61→18→37→42→35→28→48	9.45	8	80	7:33
7:20	r_4	0→6→60→12→11→19→32→34→45→47→23→49→0	12.38	11	110	7:41
7:20	r_2	0→24→13→30→38→64→57→8→0	10.29	7	70	7:54
7:23	r_1	0→4→50→26→58→62→55→0	8.80	6	60	7:52
7:25	r_3	0→59→63→20→33→39→44→46→29→0	10.44	8	80	8:01
7:40	r_5	0→3→25→51→52→14→65→7→56→0	10.59	8	80	8:01

在同时接送模式下,进行有无换乘时间需求的比较,结果见表 9-15。因存在换乘时间需求,车辆运行将受到更严格的到达时间窗的约束,所以发车次数增加了 1 次,系统总效用降低了 9.42%。但因考虑了换乘时间需求,乘客对城市公共交通系统的整体满意度有所提高。

有无换乘时间需求的协调优化结果　　　　表 9-15

有无换乘时间需求	发车次数(次)	车辆数(辆)	座位平均利用率(%)	总运行时间(min)	系统总效用
有	8	5	81.25	168	62.52
无	7	5	92.86	165	68.41

9.5　多换乘站点的响应接驳公交行驶路线优化

9.5.1　多换乘站点的需求响应接驳公交描述

在基于单换乘站点的响应型接驳公交路径优化问题中,所有的接驳公交车辆均从同一个换乘站点出发依次通过有预约的需求响应站点,最终返回出发的换乘站点结束服务,形成多条环形的有向路径,如图 9-42 所示。

在基于多换乘站点的响应型接驳公交调度模型中,接驳公交车辆可以从不同的换乘站点出发,完成接驳服务后可以返回出发时的换乘站点,也可以选择到其他换乘站点进行停车,不受出发的换乘站点约束,最终形成多条环形或半圆形行驶路径,如图 9-43 所示。

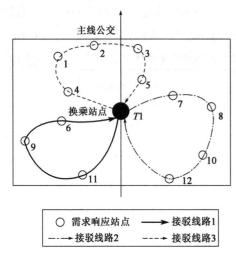
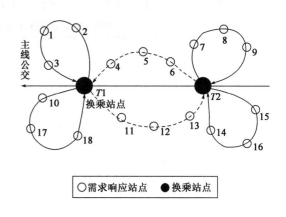

图 9-42 基于单换乘站点的响应型接驳公交行驶路线示意图

图 9-43 基于多换乘站点的响应型接驳公交行驶路线示意图

当有多个换乘站点时,响应型接驳公交路径优化问题就转化为多车场调度问题。这时,响应型接驳公交从换乘站点出发按照一定次序接送预约乘客并最终返回到换乘站点完成接驳服务,该行驶路径的终点既可以是原换乘站点,也可以是其他换乘站点。

对于多换乘点响应型接驳公交系统,因存在多个换乘点,车辆起讫点存在可选性。多换乘点响应型接驳公交依此可以分两类,一类是按单换乘点,各换乘点不协调;另一类是多换乘点之间协调。当按单换乘点方式运行时,则接驳车辆起讫点保持一致且不变;当多换乘点间协调运行时,则接驳车辆起讫点可变更,即在该班次由换乘点 A 发出的车辆可以将乘客接至换乘点 B,而该接驳车辆下一班次从换乘点 B 发出,将乘客按要求接或送至对应目的地。单换乘点响应型接驳公交中车辆起讫点只能是系统中仅含的这个换乘点,接驳车辆由换乘点出发,依次经过线路中各需求所在站点,最终回到该换乘点,运行线路为闭合回路。单换乘点系统运行路径示意图如图 9-44 所示。

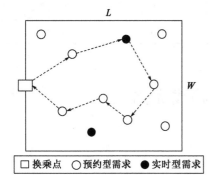

图 9-44 单换乘点系统运行路径示意图

多换乘点响应型接驳公交系统中含有多个枢纽换乘点,多换乘点响应型接驳公交中的运行路径存在以下两种形式:

(1)闭合式运行路径。多换乘点响应型接驳公交系统中各换乘点按单换乘点响应型接驳公交运行不协调时,接驳车辆的运行路径为闭合式。如图 9-45 所示,假设在 $L \times W$ 的区域内有 1 号和 2 号两个换乘点,两个换乘点可各自按单换乘点响应型接驳公交方式运行,则接驳车辆的首末站为同一个换乘点,此时运行路径为闭合式运行路径。

(2) 非闭合式运行路径。多换乘点系统中,为了更好地满足乘客出行需求,实现系统的高效运行,多换乘点可互相协调配置车辆资源,如图 9-46 所示。在满足乘客换乘点要求的前提下,接驳车辆可从 1 号换乘点出发,将目的换乘点为 2 号换乘点的乘客送至 2 号,并停泊在 2 号换乘点,下一班次再从 2 号换乘点发出,则实现了多换乘点协调中多换乘点间接驳车辆协调运行,该情形下的接驳车辆运行路径,即为非闭合式路径。

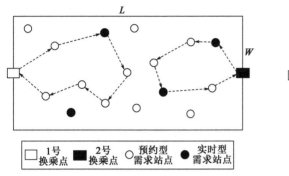

图 9-45　接驳车辆闭合式运行路径示意图

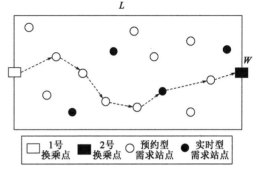

图 9-46　接驳车辆非闭合式运行路径示意图

9.5.2　多换乘站点的响应型接驳公交路径优化

基于多换乘站点的响应型接驳公交路径优化问题可以简单描述为:在一个研究区域内,有多个换乘站点和多个需求响应站点,每个换乘站点内均有一定数量的接驳公交车辆供其调配,响应型接驳公交在其服务区域内为有预约申请的居民提供接驳服务,接驳车辆在完成服务后可以返回出发的换乘站点,也可以到其他换乘站点停车。

与基于单换乘站点的响应型接驳公交路径优化问题类似,基于多换乘站点的响应型接驳公交服务系统不接受站外上下车的预约申请,并且乘客须在车辆出发前提交预约申请,预约出行起讫点必须为需求响应站点或换乘站点;车辆在行驶过程中不得超过其最大行驶距离,车内乘客数不得超出最大载客容量;当车辆到达需求响应站点和换乘站点的时间超出预约的期望时间窗时,需要对系统进行一定的时间惩罚。

当多个换乘站点的服务区域互相独立且没有任何重复时,可以将多换乘站点的响应型接驳公交路径优化问题转化为多个单换乘站点的接驳公交路径优化问题,换乘站点的接驳车辆分别在其服务区域内为有预约的乘客提供接驳服务。

当多个换乘站点 $T1$、$T2$ 的服务区域有重叠的部分时,重叠区域内的乘客既可以预约到 $T1$ 换乘站点乘坐主线公交,也可以预约到 $T2$ 换乘站点乘坐主线公交,这时候需要根据乘客提供预约信息中的终点站对乘客进行接驳服务。$T1$ 换乘站点的车辆就可以将其服务区域内预约终点站为 $T2$ 换乘站点的乘客按照一定次序接至 $T2$ 换乘站点;同样,$T2$ 换乘站点的接驳车辆也可以将服务区域内预约终点站为 T1 换乘站点的乘客按照一定次序接到 T1 换乘站点。

基于多换乘站点的响应型接驳公交车从换乘站点出发，按照一定次序通过有预约的需求响应站点对预约乘客进行接驳服务，最后可以返回出发的换乘站点结束接驳服务，也可以选择到其他换乘站点停车，最终形成多条环形或半圆形行驶路径。

基于多换乘站点的响应型接驳公交路径优化问题最后生成的多条最优行驶路径需要满足车辆起动成本、车辆运输成本和乘客时间惩罚成本总和最小，达到企业和乘客系统全局最优。

解决多换乘站点车辆路径优化模型的求解思路一般有以下两种：一是将多换乘站点路径优化问题分解为多个单换乘站点路径优化问题，最后对各个单换乘站点的最优路径进行组合；二是将多换乘站点路径优化问题看作是一个整体来研究，对多换乘站点问题进行整体研究能够求解出更优的路径，但计算量较大，求解过程较为复杂。由于需求响应站点较多，预约乘客个体性明显，且多个换乘站点有共同的服务区域，采用多个单换乘站点进行路径优化不能够达到最优效果。所以，采用整体求解方法来解决多换乘站点接驳公交路径优化问题，通过多个换枢纽联合调度运营车辆行驶路径，来减小接驳公交系统的总成本，使系统调度总成本最小，得出车辆最优行驶路径。

在基于单换乘站点的响应型接驳公交路径优化模型基础上建立基于多换乘站点的响应型接驳公交路径优化模型，其主要目的是通过对多个换站点的接驳车辆进行联合调度来进一步优化车辆行驶路径，减小接驳系统的总成本，提高接驳公交运营效率和乘客公交出行满意度。由此，以车辆起动成本、车辆运输成本和时间惩罚费用之和作为目标函数，建立基于多换乘站点的响应型接驳公交路径优化模型。

考虑了多个换乘站点之间联合调度对接驳公交系统总成本的影响，以车辆起动成本、车辆运输成本和时间惩罚费用之和最小化为目标费用函数，建立了基于多换乘站点的响应型接驳公交路径优化模型，设计了相应的遗传算法进行求解，为响应型接驳公交服务系统车辆调度模式的选择与行驶线路的设计提供一定的技术支撑。

选取南京市江宁区的双龙大道和吉印大道周边居民区作为模拟服务区域，根据服务区域内各小区居民居住情况，结合路网信息和各小区出入口位置，来设置各小区的需求响应站点的具体位置，实现居民公交出行的"门到门"服务。该服务区域内拟设定 22 个需求响应站点，需求响应站点和换乘站点的空间分布如图 9-47 所示。其中，图中红色圆点表示换乘站点，共 2 个；蓝色圆点表示需求响应站点，共 22 个。

服务区域内需求响应站点的乘客预约信息见表 9-16。

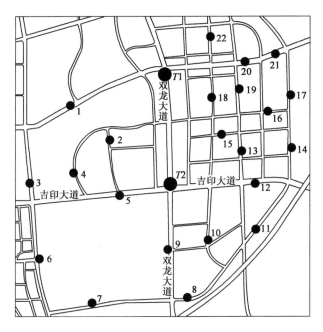

图 9-47 换乘站点和需求响应站点分布图

各需求响应站点预约信息统计表

表 9-16

站点	到 $T1$ 人数（人）	期望时间窗	可容忍时间窗	站点	到 $T2$ 人数（人）	期望时间窗	可容忍时间窗
1	1	8:03—8:05	8:00—8:10	1	2	8:03—8:05	8:00—8:10
	1	8:23—8:25	8:18—8:30	2	1	8:10—8:12	8:05—8:17
2	0	—	—	3	2	8:08—8:10	8:03—8:15
3	2	8:08—8:10	8:03—8:15	4	1	8:13—8:15	8:08—8:20
4	2	8:20—8:22	8:15—8:27	5	0	—	—
5	1	8:10—8:25	8:05—8:17	6	2	8:08—8:10	8:03—8:15
6	0	—	—	7	2	8:08—8:10	8:03—8:15
7	0	—	—		2	8:15—8:17	8:10—8:22
8	0	—	—	8	1	8:10—8:12	8:05—8:17
9	0	—	—	9	3	8:15—8:17	8:10—8:22
10	2	8:15—8:17	8:10—8:22	10	1	8:13—8:15	8:08—8:20
11	2	8:10—8:12	8:05—8:17	11	0	—	—
12	1	8:03—8:05	8:00—8:10	12	2	8:03—8:05	8:00—8:10
13	2	8:05—8:07	8:00—8:12		2	8:10—8:12	8:05—8:17
14	1	8:08—8:10	8:03—8:15	13	2	8:18—8:20	8:13—8:25
	2	8:13—8:15	8:08—8:20	14	2	8:10—8:12	8:05—8:17
15	2	8:05—8:07	8:00—8:12		1	8:03—8:05	8:00—8:10

续上表

站点	到 T1 人数（人）	期望时间窗	可容忍时间窗	站点	到 T2 人数（人）	期望时间窗	可容忍时间窗
16	2	8:08—8:10	8:03—8:15	15	2	8:08—8:10	8:03—8:15
	1	8:13—8:15	8:08—8:20	16	0	—	—
17	2	8:10—8:12	8:05—8:17	17	1	8:08—8:07	8:00—8:12
18	0	—	—		2	8:10—8:12	8:05—8:17
19	2	8:00—8:02	8:00—8:07	18	2	8:03—8:05	8:00—8:10
20	2	8:10—8:12	8:05—8:17	19	0	—	—
21	2	8:03—8:05	8:00—8:10	20	0	—	—
22	1	8:08—8:10	8:03—8:15	21	0	—	—
	2	8:20—8:22	8:25—8:27	22	0	—	—
合计	33	—	—	合计	34	—	—

当乘客对接驳公交车辆到达站点的时间没有约束时，求解结果见表9-17。运行路线图如图9-48所示。

无时间窗约束时多换乘站点接驳公交行驶路线表　　　　表9-17

返回换乘站点	数量（辆）	运行线路	行驶距离（km）	时间惩罚费用（元）	目标函数值（元）
T1	4	T1→21→20→19→22→T1 T2→5→4→3→1→T1 T2→10→11→12→16→17→T1 T2→13→14→15→T1	23.1	0	267.4
T2	4	T2→8→7→6→T2 T2→2→1→3→4→T2 T2→9→10→12→15→T2 T1→18→17→14→13→T2	26.5	0	275.5
合计	8	T1→21→20→19→22→T1 T2→5→4→3→1→T1 T2→10→11→12→16→17→T1 T2→13→14→15→T1 T2→8→7→6→T2 T2→2→1→3→4→T2 T2→9→10→12→15→T2 T1→18→17→14→13→T2	49.6	0	542.9

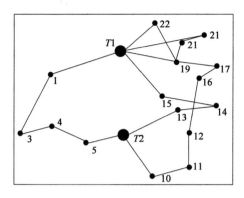
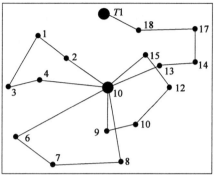

图 9-48　无时间窗约束时多换乘站点接驳公交行驶路线图

当考虑时间窗约束时,对车辆到达需求响应站点的时间采取软时间窗约束,对车辆到达换乘站点的时间采取硬时间窗约束,求解结果见表 9-18。

有时间窗约束时多换乘站点接驳公交行驶路线表　　　表 9-18

返回换乘站点	数量（辆）	运行线路	行驶距离（km）	时间惩罚费用（元）	目标函数值（元）
T1	4	T2→12→13→15→16→20→22→T1 T1→21→14→16→17→T1 T1→1→3→5→10→22→T1 T1→19→11→4→1→T1	34.9	25.1	329.8
T2	4	T1→1→3→2→4→T2 T1→18→14→12→10→13→T2 T2→6→7→8→9→T2 T2→12→14→15→17→T2	31.2	32.8	326.4
合计	8	T2→12→13→15→16→20→22→T1 T1→21→14→16→17→T1 T1→1→3→5→10→22→T1 T1→19→11→4→1→T1 T1→1→3→2→4→T2 T1→18→14→12→10→13→T2 T2→6→7→8→9→T2 T2→12→14→15→17→T2	66.1	57.9	656.2

9.5.3　混合需求下多换乘点协调的运行路径优化

乘客通过电话或手机终端发送的交通出行申请,由调度中心进行信息整合,最终传输给接驳车辆。乘客出行需求申请可分为两类,分别为预约需求和实时需求。

(1)预约需求。预约需求的乘客是根据自身交通出行需求通过电话或者手机 App 至少提前 0.5h 进行预约,调度中心在发车之前提前已知乘客需求信息,该类需求称为预约需求,即静态需求。对于这类需求的响应，接驳车辆运营企业可根据乘客需求信息提前规划车辆运行路径方案和接驳车辆调度方案。这类型乘客主要为通勤出行人群或者具有固定出行需求的一类人群，这类型乘客的出行需求是提前已知并进行预约。

(2)实时需求。实时需求的乘客预定时间则不局限于出行前。这类型乘客是根据自己当前实际交通出行需要实时进行接驳公交服务申请，即为出现在接驳车辆运行过程中的出行申请，该类需求称为动态需求。接驳车辆运营企业根据实时车辆运行情况决定接受或拒绝该类乘客需求，需要考虑车辆是否有多余空位、运行时间是否充足等因素，从而判别能否对这类实时需求提供接驳服务。

仅含预约需求情况下多换乘点响应型接驳公交系统的接驳车辆运行线路的协调优化，问题可描述为假设在一个长为 L、宽为 W 的矩形服务区域内，有多个换乘点，各个换乘点均配备一定数量的车型相同的接驳车辆，将服务区域内有出行需求的乘客接至目的换乘点，乘客随机分布在各个需求站点，且所有乘客均通过手机 App 或者网上提前至少 0.5h 预约的方式申请接驳车辆从而完成交通出行换乘，全部为预约需求，乘客有软时间窗要求、换乘点要求等，乘客的需求信息和数量信息是已知的，接驳公交根据乘客的需求提供相应的接驳服务，各换乘点发出的接驳车辆根据乘客需求信息将乘客接到换乘点过程中进行多换乘点间接驳车辆运行线路协调优化，确定各换乘点各车辆的发车时间、被响应乘客的上车时间及到达时间以及各换乘点接驳车辆响应预约需求的运行线路方案，实现预约需求下多换乘点响应型接驳公交系统接驳车辆高效地协调运行。

在路网足够发达的 $L \times W$ 矩形服务区域内有多个换乘点，各换乘点均配备一定数量的同车型接驳车辆，服务区域范围内有一定数量的预约乘客需求，多换乘点响应型接驳公交系统运行参与的两大主体分别为乘客和接驳车辆，故多换乘点响应型接驳公交运行路径协调优化的目标应为乘客满意度最大和接驳车辆运行费用综合的系统费用最小化。其中，乘客满意度可由乘客候车时间、车内乘客在需求点等待的空闲时间、乘客车上时间等过程的时间惩罚费用之和所体现，各换乘点接驳车辆的运行费用应包括接驳车辆的起动成本、车辆行驶费用、车辆在需求点的停靠费用以及车辆早到等待乘客费用。以系统总费用最小化作为预约需求下多换乘点响应型接驳公交协调优化模型的优化目标，可通过各换乘点车辆间运行线路的协调实现。建立面向预约需求的多换乘点响应型接驳公交协调优化模型需要考虑乘客软时间窗要求、换乘点要求，以及车辆的载客量、单次最大行程时间等因素的影响，则以此作为预约需求下多换乘点响应型接驳公交协调优化模型的主要约束条件；且乘客的目标换乘点与接驳车辆的终点是否一致决定了乘客的换乘点要求是否被满足，对于任意班次的接驳车辆而言，是否响应某一需求站点的乘客决定了接驳车辆的运行路径，直接影响多换乘点间接驳车辆运行线路的协调。

以多换乘点响应型接驳公交系统为研究对象，根据确定的发车时间间隔、乘客的预约需求以及软时间窗要求,在满足乘客对换乘点的要求、接驳车辆载客量、单次最大行程时间等约束下,通过各换乘点的车辆运行线路的协调,使系统总费用最低。基于模拟退火算法进行预约需求下多换乘点响应型接驳公交系统协调优化模型的求解。构建了预约需求下多换乘点响应型接驳公交运行路径协调优化模型,考虑的仅仅是提前已知的预约需求,考虑的约束有车辆容量约束、乘客的随机分布、乘客软时间窗要求、车辆单次最大行程时间要求等,优化目标是由乘客时间惩罚费用和车辆运行费用构成的系统总成本最低,并且设计了相应的模拟退火算法作为求解算法。

明确混合需求中预约需求和实时需求的界限,避免两阶段重复。在发车前至少 0.5h 已进行出行申请的乘客为预约需求,其余临近发车或在车辆运行过程中申请出行的为实时需求,第一阶段进行预约需求响应,第二阶段则以第一阶段为基础,首先基于即收即理的原则对新产生的实时需求进行响应判别,再通过插入算法寻找实时需求插入的最佳位置,从而完成多换乘点响应型接驳公交系统实时需求的响应;结合多换乘点响应型接驳公交的实际运营过程,基于车辆容量和车辆单次最大运行时间等不可忽略的实际条件建立明确的实时需求响应判别规则,科学合理地接受或拒绝实时需求响应;对被当前班次拒绝的实时申请,考虑到其对系统的负面影响,通过增加系统惩罚费用等方式体现,且本书中被当前班次拒绝的实时申请将自动转为后续车辆的预约需求而被响应,可以保障响应型接驳公交的服务水平和服务人群范围。

多换乘点响应型接驳公交有 $R1$、$R2$ 两个换乘点,服务区域设为 $5×5$ 正方形区域,各换乘点面向该区域提供出行服务,两个换乘点各配置 3 辆车。随机生成可能的需求站点数为 20 个,有出行需求的乘客基于就近原则在站点上车,换乘点及各站点位置如图 9-49 所示。

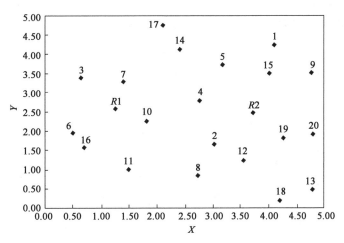

图 9-49　换乘点及需求站点位置示意图

仅含预约需求的情况下,对 20 个需求点随机生成预约信息,分别是各需求点到 $R1$ 和 $R2$ 的出行需求。比较分析两个换乘点独自运行、协调运行的最优路径和系统总成本,见表 9-19、表 9-20。

两个系统独自运行时车辆的发车时刻及路径　　　　　　　　　　表 9-19

目的换乘点	发车时刻	发车的换乘点及路径	到达时刻	目的换乘点	发车时刻	发车的换乘点及路径	到达时刻
R1	8:00	R1→12→20→1→R1	8:22	R2	8:00	R2→27→23→32→29→R2	8:25
	8:10	R1→2→19→4→14→R1	8:28		8:10	R2→21→25→31→28→R2	8:32
	8:20	R1→15→5→10→11→R1	8:39		8:20	R2→24→34→37→26→36→R2	8:44
	8:35	R1→6→3→7→16→8→R1	8:57		8:35	R2→39→33→22→30→R2	8:49
	8:50	R1→18→13→9→17→8→R1	9:20		8:50	R2→35→40→38→R2	9:07
	总人数 59 人,平均满载率=78.7%, 总运行距离=47.5km,Z1=231.47元			总人数 49 人,平均满载率=65.3%, 总运行距离=40.2km,Z1=156.79元			
	合计:总人数 108 人,平均满载率 72%,总运行距离=87.7km,Z=388.26元						

两个系统协调运行时车辆的发车时刻及路径　　　　　　　　　　表 9-20

目的换乘点	发车时刻	发车的换乘点及路径	到达时刻	目的换乘点	发车时刻	发车的换乘点及路径	到达时刻
R1	8:00	R2→1→20→12→R1	8:18	R2	8:00	R1→23→27→29→32→21→R2	8:19
	8:10	R1→19→4→14→R1	8:25		8:10	R2→25→31→28→R2	8:27
	8:20	R1→15→5→10→11→R1	8:39		8:20	R2→24→34→37→26→36→R2	8:44
	8:35	R1→6→3→7→16→8→R1	8:57		8:35	R2→39→33→22→30→R2	8:49
	8:50	R2→18→13→9→17→R1	9:12		8:50	R2→35→40→38→R2	9:07
	总人数 59 人,平均满载率=78.7%, 总运行距离=44.5km,Z3=173.98元			总人数 49 人,平均满载率=65.3%, 总运行距离=38.5km,Z4=137.52元			
	合计:总人数 108 人,平均满载率 72%,总运行距离=83km,Z=311.5元						

在预约需求基础上,系统产生新增的实时需求的站点分布,如图 9-50 所示。

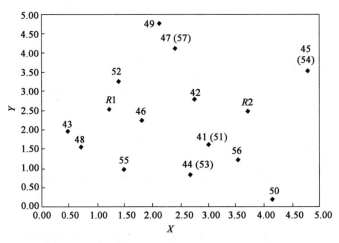

图 9-50　实时需求站点分布位置

将实时需求逐个进行判别,能接受的进行插入,比较分析两个系统独自运行、协调运行的路径情况,结果见表 9-21、表 9-22。

新增实时需求后两个系统独自运行时车辆的发车时刻及路径 表9-21

目的换乘点	发车时刻	发车的换乘点及路径	到达时刻	目的换乘点	发车时刻	发车的换乘点及路径	到达时刻
R1	8:00	R1→41→12→20→1→R1	8:26	R2	8:00	R2→27→23→53→32→29→R2	8:26
	8:10	R1→43→2→19→4→14→R1	8:31		8:10	R2→21→25→31(55)→51→28→R2	8:34
	8:20	R1→42→15→5→10→48→11→R1	8:41		8:20	R2→24→37→14(57)→26→36→R2	8:46
	8:35	R1→6→3→49→7→16→8(44)→R1	9:05		8:35	R2→54→39→33→22→30→52→R2	9:01
	8:50	R1→18→13→9→47→17→R1	9:20		8:50	R2→35→40→56→38→R2	9:08
	总人数70人，平均满载率=93.3%，总运行距离=54.8km，Z_5=294.20元				总人数58人，平均满载率=77.3%，总运行距离=49.3km，Z_6=233.76元		
合计：总人数128人，平均满载率85.3%，总运行距离=104.1km，Z=527.96元							

新增实时需求后两个系统协调运行时车辆的发车时刻及路径 表9-22

目的换乘点	发车时刻	发车的换乘点及路径	到达时刻	目的换乘点	发车时刻	发车的换乘点及路径	到达时刻
R1	8:00	R2→1→41→20→12→R1	8:21	R2	8:00	R2→27→23→53→32→29→R2	8:22
	8:10	R1→43→2→19→4→14→48→R1	8:34		8:10	R2→21→25→31(55)→51→28→R2	8:30
	8:20	R1→42→15→5→10→11→R1	8:39		8:20	R2→24→37→14(57)→26→36→R2	8:42
	8:35	R1→6→3→49→7→16→8(44)→R1	9:05		8:35	R2→54→39→33→22→30→52→R2	9:01
	8:50	R2→18→13→46→9→47→17→R1	9:17		8:50	R2→35→40→56→38→R2	9:08
	总人数72人，平均满载率=96%，总运行距离=54.1km，Z_7=240.01元				总人数58人，平均满载率=77.3%，总运行距离=50.1km，Z_8=179.86元		
合计：总人数130人，平均满载率86.7%，总运行距离=104.2km，Z=419.87元							

10 预约公交

10.1 预约公交出行系统

预约公交是指乘客在预约平台上填写出行需求信息,公交运营企业通过预约平台获取乘客出行信息,为全部乘客提供定制的公交出行服务。有乘坐预约公交意愿的居民需提前一天时间在预约平台上提交出行需求信息,预约出行时间区间可以为一天正常活动期间的任何时间区间,不受早晚时间等因素的限制。预约公交通过提供高效、舒适的公共交通服务,吸引更多的小汽车出行者采用公共交通方式出行,以减少私家车的出行比重,倡导绿色出行、节能减排、缓解交通拥堵,并提供一种"以人为本"的公交服务理念。

定制公交针对的是早晚高峰通勤者的少部分特殊群体,预约公交的定位是大部分城市居民,例如很多中午或者下午有较固定出行习惯但是坐公交、地铁等需要换乘或者公交线路站点太多线路太绕的居民都可以进行预约。预约公交具有与定制公交类似的无换乘、保证乘客一人一座和比常规公交更加灵活的运营计划、线路、停靠站、服务标准等特性,但在整个公交规划和开通运营上与定制公交有着很大的不同,主要表现在以下几个方面:

(1)乘客出行需求信息处理流程不同。定制公交首先通过需求调研系统或问卷调查采集定制公交需求数据,利用一定的模型和算法进行计算和处理,规划定制公交线路,再对外发布线路招募信息,乘客参与招募,满足开行定制公交开行条件后开行线路。预约公交则是乘客提前发布任意全天时段内的出行需求信息后,运营企业对采集到的出行需求利用一定的模型和算法进行计算和处理,规划出满足预约公交开行条件的线路,通知满足乘坐条件的乘客进行乘坐,并将上车地点、到站时间、预计到达目的地时间通过信息推送告知乘客。

(2)规划线路构成不同。定制公交线路规划时一般分为单点—单点、区域—目的区域、区域—固定地点等几种类型,单点和区域都是客流大量聚集的位置。预约公交则不会提前先选择区域属性,完全根据乘客出行需求分布进行站点和线路的规划,乘客多能够一站到达或者多站直达,尽可能在乘客出行时间成本较小的情况下,满足大多数乘客的出行需求;同时,当乘客出行需求变化,线路和停靠站点可即时调整,具有非常大的灵活性。

(3)公交站台、场站以及车辆使用不同。定制公交基本上只有起讫站两个站点,车型则根据预定的乘客数量而定,一般采用小车型。预约公交则与其他公交方式共享公交站台和公交场站,无符合站点的可以设置新的预约公交停靠站点。预约公交采用开放式运营,无须返回终点站,就近停靠公交场站;当有预约公交出行计划时,从就近公交场站发出,无预约公交出行计划时,可以充当常规公交进行使用,实现资源的有效利用。

综上,预约公交和定制公交、常规公交在服务对象、服务时间、站点规划、线路网规划、时间敏感性等方面都存在着较大的差异性,主要区别见表10-1。

预约公交、定制公交和常规公交的区别　　　　　　　　　　表10-1

出行方式	服务群体	服务时间	预约时间	中间停靠站
预约公交	全体	全天全月	前一天	按实际需求设置
定制公交	高峰通勤者	工作日早晚高峰	前一周	无
常规公交	全体	全天全月	无	按预测需求设置

出行方式	线路规划	时间敏感性	发车间隔
预约公交	数据采集及处理→线路生成→开行	很强	根据出行需求
定制公交	数据调查→采集处理→线路生成→招募→开行	较强	根据出行需求
常规公交	历史数据采集→OD预测→交通分配→线路生成	一般	固定

预约公交和常规公交、小汽车、出租汽车、定制公交等各种交通模式相比,会以更加精准地凸显乘客需求为特性的灵活线路选择、更加合理的票价和更加舒适的乘车服务等优势吸引大量乘客选择该交通出行方式。

(1)灵活性服务。预约公交直接根据乘客的具体需求设置线路走向、起始停靠站点,能根据乘客需求变化及时调整运营计划,更有效地满足乘客的实际需求,节约了乘客的出行时间。同时,预约公交站点与站点间途中行驶路径的不固定,使得可以灵活地调整行车路线避开拥堵路段,确保车辆准点到达目的地。

(2)乘坐舒适度高。预约公交采取一人一座的乘客预约方式,不会发生无座、抢座、等座等现象。预约公交车型根据实际出行乘客数量而定,乘客乘车环境舒适,出行满意度高。

(3)时间可靠性强。预约公交采用一站或者多站直达运营方式,可在公交车专用道上行驶,线路中间停靠站点数量少于常规公交线路,可以很大程度上减少乘客出行时间。此外,预约公交车准点发车、准点到达公交停靠站点,从而能够保证乘客准时出行。

（4）缩短预约时间。预约公交将公交发车方式、发车时间和发车频率交给复杂的动态的乘客出行需求变化，预约时间比定制公交大大缩短，会更有效率。

（5）缓解城市拥堵。预约公交能够吸引平时习惯私家车出行的乘客，在一定程度上能有效缓解早晚高峰时段城市交通出行压力、汽车尾气环境污染、停车难等问题。

预约公交是通过网络平台收集具有准确起讫点、出行时间的交通出行需求数据，用以确定预约公交的服务乘客、线路走向、起终站点、发车时间、车辆调度、人员安排、票价制定等运营方案，具体组织结构如下：

（1）乘客出行需求发布。乘客利用网上预约平台提交出行需求，包括起讫点、出行时间、期望到达时间、出行人数等出行信息。

（2）线路的生成和优化。通过预约平台采集乘客出行需求信息并处理，连接各起讫点确定线路大致走向，确定符合条件的乘客上下车停靠站点，并选取线路的起终点，建立线路生成模型并生成预约线路集。考虑公交企业运营成本和乘客出行成本，对生成的线路集进行优化和调整，最终形成线路开行方案。在早晚高峰时段尽量多选取公交车专用道来保证运营效率。

（3）乘客出行需求反馈。公交运营企业确定线路开行方案后，及时将上车站点、到站时间等信息反馈给满足乘坐的乘客，确保乘客能够准点到达合乘站点等待乘车。

（4）发车时刻表编制。预约公交的发车时间和发车频率是根据乘客出行需求确定的，没有固定的发车频率。以匹配乘客出行时间需求为目标，编制合理的时刻表，满足尽可能多的乘客预约出行时间需求。

（5）车辆调度。预约公交的车辆调度通过最小化运营车辆数量来节约运营企业的运营成本。预约公交车型可以根据实际需要改变，如果出行需求量较大，可以直接使用常规公交车辆车型，采用一人一座的运营方式，车内配置应注重乘车的舒适性和实用性。

（6）人员排班。常规公交的人员排班问题通常是根据时刻表选取驾驶员将其与车辆和发车时间相匹配，从而完成预约时间内的公交运营。预约公交排班问题相较于常规公交相对简单。

（7）票价定制。合理的票价系统能有效吸引乘客出行方式向预约公交转移，预约公交票价应高于常规公交票价，但低于私家车或出租汽车出行费用，通常根据出行距离决定，出行距离越长，票价越高。预约公交采用分段计价方式，且预约次数越多，优惠力度越大。

预约公交从规划到运营是一个系统决策过程，各个环节紧密联系并按照一定顺序进行，运营方案的合理规划设计能有效提高预约公交的经济、社会效益。具体的规划运营流程如图10-1所示。

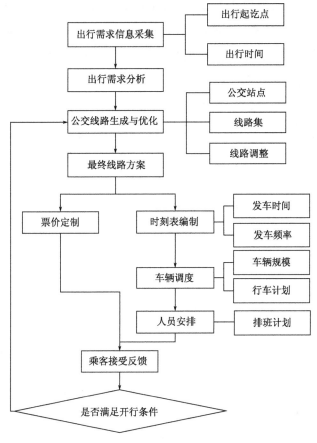

图 10-1　预约公交规划运营流程图

10.2　预约公交线路生成与优化

预约公交能够成功运营离不开线路的规划,时间的敏感性、公交停靠站点的确定以及线路的生成是否合理对系统的正常运行起着关键性的作用,不但影响着预约公交的运行效率,也影响着预约乘客的行程时间和乘客满意度。预约公交线路规划与生成的基本原则如下:

(1) 预约公交线路设计理念必须体现"以人为本"的城市公共交通服务思想,体现线路生成合理性、灵活性、便捷性相结合的原则。

(2) 预约公交线路规划必须综合考虑整个城市交通系统的现状和未来发展趋势,充分考虑与常规公交、定制公交等辅助公交的客运模式的客流分配。

(3) 预约公交线路设计力求为居民提供出行服务效率最大化,利用最小的公交资源投入获得最大的居民出行服务产出。

预约公交的线路生成是预约公交运营过程中最重要的一步,是进行预约公交系统其他运营计划制定的基础,合理的线路布局能增强预约公交的吸引力,提高预约公交出行率,有效利用道路资源,减少环境污染,不仅为乘客提供舒适快捷的服务,保障公交运营企业的经济效益,还能带来一定的社会效益。具体思路如下:

(1) 出行需求数据采集及处理。乘客出行需求是预约公交线路设置和预约公交运营的前提和基础,公交运营企业通过预约公交系统平台获取乘客出行需求数据并进行数据处理与分析,将所采集到的数据进行量化,为预约公交线路生成提供数据支撑。

(2) 预约公交车辆停靠站点确定。预约公交采用乘客无换乘一站直达或者多站直达的运营方式,若线路站点设置过多,虽能减少乘客的走行时间和距离,但频繁地停站也会浪费乘客的出行时间,有违预约公交开行的初衷。根据乘客出行起点和目的地的分布情况,将相近的需求集中到一个站点,合理设置停靠站点覆盖半径。

(3) 出行站点 OD 表的生成。根据预约乘客出行信息,可以得出起讫点 OD 矩阵,公交停靠站点确定后,可以转化为乘客出行站点 OD 矩阵,得出各 OD 间站点客流量,预约公交线路的生成主要依据乘客的站点 OD 矩阵数据。

(4) 建立线路生成模型。预约公交能够针对乘客个体本身给乘客提供舒适、快捷的乘车环境,兼顾公交运营企业收益和乘客出行需求,建立以线路载客量最大化的目标函数。

(5) 设计模型求解算法。预约公交线路生成问题可以归为最优路径选择问题。

预约公交线网的合理布设可以缩短乘客出行距离,节省出行时间,使交通均衡分布,节约乘客出行成本和企业运营成本。将乘客出行需求附近的常规公交站点或新增合乘站点作为候选线路的控制点,以预约乘客实际出行需求为主要依据,通过建立预约公交线路生成模型,剔除不符合条件约束出行请求,结合道路交通和运行时间的道路交通运行情况,提出响应乘客出行需求的走行方案,确定开通线路条数、每条线路的线路走向、停靠站点以及每个站点相对应的上下车人数。

预约公交线路生成过程如图 10-2 所示。

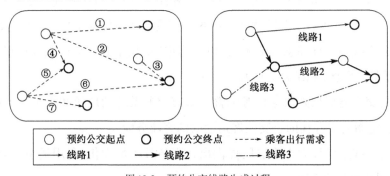

图 10-2 预约公交线路生成过程

预约公交线路生成设计问题中的约束条件,包括预约公交车线路长度约束、预约公交线路站点约束、公交满载率约束、预约公交车辆到站时间、乘客总出行时间等。预约公交线路生成模型的目标函数可以使预约公交线路客流量最大。

预约公交线路生成与优化是一个复杂的过程,受到多方面因素的影响,预约线路优化主要考虑以下几大因素:

(1)交通出行需求。预约乘客出行需求包括出行分布、出行时间、出行数量和出行路径的选择,是预约公交线路规划的依据,也是首要考虑的因素。合理的预约公交线路网布局应满足大多数预约乘客的交通出行需求,具有服务范围广、无换乘、线路非直线系数小、出行时间短、舒适性和可达性高(步行距离短)等特点。

(2)站点及场站条件。预约公交涵盖在常规公交场站管辖服务范围内,借助常规公交停靠站点进行上下客,预约公交车辆和普通常规固定路线公交车共享公交场站,常规公交场站应给预约公交车辆预留一部分停放运营空间。

(3)车辆条件。车辆条件包括车辆长度、宽度等物理特性以及车辆座位数、额定载客量等载客和车队拥有车辆数等。预约公交根据乘客客流量选定车辆类型,车辆总数,车辆的载客能力和路线的配车数决定着公交企业运营的成本,也是预约公交线路网优化的限制条件。

(4)运营效率。运营公交效率是指公交线网每千米或者每班次投入获得的服务效益,如开行线路条数、每天或者每月行驶次数、每车次载客人数、每车千米收入、每车次收入、运营成本效益比等。运营效率能够反映预约公交开行路线的运营状况,还能够反映出路线经过地区的客运需求量和路线的服务吸引能力。

(5)道路交通运行。在城市道路上,路面交通流中的私家车、大型客车、货车、公交车等车辆的混入,行车过程中的超车现象,交通流量的变化,车道设置不合理,交通管制混乱等现象的出现,使道路的通行能力、公交车辆行车速度受到很大影响,而这些因素统称为道路的交通条件影响因素。预约公交线路生成和优化涉及车辆到站时间,而道路交通运行情况是影响车辆到站时间的最主要因素。

(6)人口年龄组成。预约公交开行的宗旨是在无换乘的情况下,尽可能满足大多数乘客方便、快捷的出行服务,也尽可能实现"门对门"服务,减少乘客走行距离,但这一问题又不可避免。乘客的性别、年龄、收入水平等各方面的差异,影响着乘客对出行时间、到达时间、走行距离、票价的感知和接受水平,这对预约公交线路网的优化有着不可忽视的影响。

预约公交有其自身特点,线路生成时需同时满足预约乘客出行空间需求和出行时间需求。为保证满足乘客需求,如何精细化每辆预约公交的停靠站点和到达每一个停靠站的行车时刻,是线路优化的一方面。

预约公交作为辅助公交的一种,在线路生成和优化的过程中要兼顾公交运营企业的成本和利益。在生成预约公交线路集后,根据预约乘客的出行信息、预约公交与常规公交共享资源协同能力、公交企业运营成本等方面,建立多目标线路优化模型,以达到乘客的出行时间最短、运营成本最低、社会效益最好的系统最优目的。由于预约公交乘客出行需求具有时间约束性,当预约公交的乘客出行需求减少或增加时,预约公交的停靠站点和线路需求重新生成或者优化,因此,预约公交线路网络会根据乘客需求变动时常处于变化当中。

预约公交线路优化流程如图10-3所示。

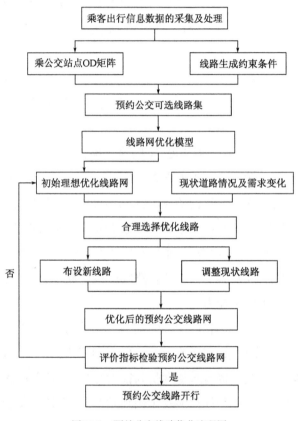

图10-3 预约公交线路优化流程图

10.3 实时预约公交系统的构建

利用智能预约方式来实时预约公交的系统,可以实现居民在出行时实时预约公交,同时降低公交发车频率,减少乘客在站台的等待时间。实时预约公交系统适用于城市外围非高峰期等客流稀疏的时空环境,可以有效地缓解传统公交在此类情况下的弊病,例如高空载率、无效停靠站、候车时间偏长和走行距离长等,同时提高公交的运营效率、降低公交运营企业的运营成本,并且可以为出行者尤其是老幼、残疾人等群体提供更加便利的公共交通服务,符合公共交通智能化、人性化和个性化的发展需求。

所谓"实时预约",是指乘客可以在公交运营期间的任意时刻利用预约手段(如手机App和站台预约装置)实时地向公交调度系统发送实时预约请求,然后调度系统经过信息处理,将匹配的公交车辆相关信息实时反馈给乘客。实时预约公交系统取用预约人数和最大发车间隔相结合灵活的发车条件,且在固定初始路线周围额外合理设置可预约站点,从而有效地满足城市外围非高峰期等低密度时空下的居民出行需求并缩短乘客站台等待时间,减少公交运营企业的运营成本和乘客的出行成本,提高公交运营企业的服务水平和公交系统的吸引力,实现公交运营企业和乘客的双赢。实时预约公交系统是一种创新性的公交服务模式,响应了城市公共交通多层次发展的需求。

当乘客有出行需求时,可以利用手机App将出行起讫点、人数等乘客信息通过网络发送至数据管理子系统,经存储、处理后再发送到调度中心系统,或者直接利用站台预约装置发送请求。调度中心系统接收到预约请求信息后进行信息处理与模型计算,决策出可供乘客选择的公交方案,然后将方案反馈给乘客端,由乘客选择符合个人要求的方案并反馈给调度中心系统,调度中心系统将响应公交车辆的实时信息发送至乘客端,同时将调度信息发送至车载终端。公交车辆可以结合车辆定位技术、检测技术和无线发射技术等将其所在地理位置、车上乘客数等信息实时反馈给调度中心系统,系统储存、处理信息数据并利用模型算法进行计算决策。车辆在行驶途中会随机收到乘客的请求,调度中心系统会根据乘客请求信息、车辆实时信息和模型决策信息等对公交车进行实时管控,从而实时响应乘客的预约请求。

实时预约公交系统模式规定了公交车辆在运行途中可以偏移路径去响应乘客发出的实时请求,是否允许绕路会影响公交的行程时间、乘客候车和乘车事件。

当公交车在驶向下一个目的地站点的途中,出现了新的请求时,车辆是必须先去下一个目的地站点再去响应新的请求点,还是可以根据情况先去响应新的请求点再去下一个目的地站点,即是否允许绕路问题。如果允许绕路,根据需要可以绕路先去新的请求站点;如果不允许绕路,那么当新的请求出现时,公交车必须先达到原目的地,之后才能响应新的动态请求。假设图10-4为一个公交服务区域路网图,"起点"位置用数值"0"表示,而某路公交的初始路线为"0→1→5→9→10",若当公交从停车场驶向站点1的途中收到了可预约站点4的指令,若允许绕路,公交行驶路线为"0→1→4→5→9→10";若不允

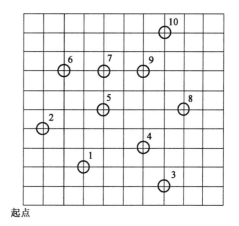

图10-4 公交服务区域路网

许绕路,公交行驶路线为"0→1→5→4→9→10"。由此可以看出,允许绕路策略可以使实时预约公交路线更加灵活,并且更加高效地响应新客户的请求,故采取允许绕路的策略。

为了具有较准确的针对性和目的性,做如下假设条件说明:①在非高峰期时段内的出行需求较少,没有传统的公交车等运行干扰;②在不同的预约条件和客流需求下,可预约公交站点有被多条线路公交响应的机会;③系统中可预约站点服务的对象主要为发送预约请求的乘客,非预约乘客暂不考虑;④预约过程中供乘客选择的公交方案按大约到站时间由短至长排序;⑤每位乘客在发出动态请求时,乘客的等待即时开始。

详细分析从乘客预约开始到乘客上车之间实时预约公交系统的运营调度流程,公交车辆、公交调度中心系统和请求者三者之间的工作流程如图10-5所示。

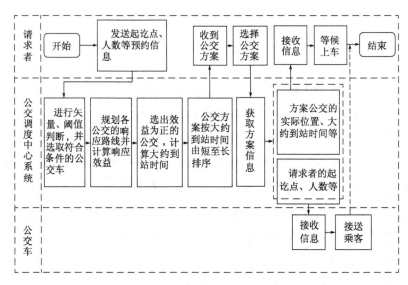

图10-5 实时预约公交系统工作流程

结合流程图,实时预约公交系统的运行调度流程如下:

(1)当乘客有出行需求时,可以在合适的地点利用移动设备App或者站台预约装置将起讫点和人数等信息发送给公交调度中心系统。调度中心系统接到新请求后,将乘客发送的位置信息结合车辆服务范围和车上人数,选出部分符合条件的公交车辆。

(2)调度中心系统利用最短路径算法为选出的车辆去响应新请求点规划出各自的响应路线,并利用判断函数计算各公交按照响应路线去响应新请求点的效益。效益的正负,表明了车上和车下乘客、公交运营企业等整个系统对于响应新请求的可接受度,效益为正则说明可接受,效益为负则表示不可接受。

(3)计算出待选公交当前位置到达新请求站点的大约到站时间,然后将待选公交信息按照大约到站时间由短至长排序以作为乘客的公交选择方案,然后发送到乘客手机App端。

(4)乘客可结合公交到站时间和自身的时间需求来选择合适的公交方案,从而完成实时公交的预约。乘客按照大约到站时间及时到达站点等待上车即可。

（5）公交调度中心系统接收乘客的公交方案选择信息，并将选定的公交车辆响应路线和新请求的起讫点发送至公交的车载终端，驾驶员根据线路地图进行驾驶，响应请求；同时，调度中心系统还会把公交的实时位置、大约到站时间等信息发送至请求者的手机 App 或者站台预约装置上，便于请求者合理安排乘车时间。

乘客向公交调度中心实时发出预约请求，调度中心系统接受信息并计算出由当前正在运行且满足阈值条件的公交车辆前去响应。由于在计算时会涉及公交车辆偏离初始路线去响应新请求点所造成的额外行驶距离、耗油等参数，因此，在计算前需要先利用路径优化算法将新的请求点插入到公交当前运行的路径中，并且车辆从出发站驶出时也需要利用路径优化算法将固定的初始路线和新请求点结合起来。在满足实时预约公交响应条件的情况下，公交车行驶的最优路径会受到多种因素的影响，例如道路交通拥堵情况、道路维修、事故占道等，而且最优路径还可以分为时间最短最优路径和距离最短最优路径。

11 出行方式间关系分析

11.1 居民出行方式选择过程

出行方式特性包括运输成本、可到达范围、运行速度、载重能力、占用土地面积和环境外部成本等可直接测量的因素,也包括舒适度、安全度等不可直接量化的因素。不同出行方式的技术经济特性具有较大差异,出行者可以根据自身出行的特性与各出行方式的特性进行对比,选择最适合的出行方式。

居民的出行选择决策,就是在可供选择的出行方案中,选出能够使得自己出行需求得到最大满足的出行方式,以达到自己出行目的的决策过程。在这一过程,出行者首先按照出行目的的要求,结合自身的条件、交通运输的状况、以前的或其他人的经验,建立出行决策的标准(原则和态度),然后作出理性的决策。

出行者总是试图选择能够最大限度满足其愿望的方式出行。当某一种出行方式获得满足的程度大于另外一种出行方式时,前者的效用大于后者,其被选择的概率就越大;反之则小于后者,其被选择的概率就越小。

出行者对于选择的不同出行方式也存在一定的偏好,当出行者遇到出行决策问题时,如果出行方式偏好满足出行者的时空约束,出行者会选择该方式,在这种情况下,出行者的偏好对出行者的决策起到了很好的引导作用。每次出行活动结束后,如果出行一切顺利,则这次出行会加强出行者对该出行方式偏好的忠诚度;如果出行并不顺利,例如未按时到达或道路拥堵时间较长,则会降低出行者对该出行方式偏好的忠诚度。

居民出行方式选择的基本过程是:居民由于自身的需要产生出行需求,然后结合自己的社会经济条件、历史经验、交通运输的历史供给情况等,确定适合自己的出行方式集合以及预期各种出行方式会产生的效用,在此基础上结合出行目的建立选择标准,最终确定最适合自己的出行方式。

城市交通结构与城市居民出行选择,两者其实是一个问题的不同层面,城市交通结构指的是城市内所有交通方式所占比例的集合,而交通方式所占比例具体就反映到城市居民出行选择上来,由此可知城市交通结构是宏观表征,居民出行选择是其微观体现。城市内居民产生的所有交通需求通过每个出行者选择的交通方式构成了各交通方式的占比,即城市客运交通结构。

居民出行行为受个人属性、出行特征、交通设施的服务特性三大方面的影响。其中,个人属性包括性别、年龄、收入、职业、车辆拥有情况等因素;出行特征包括出行目的、距离、出行时间分布(出发时间)及偏好等因素;交通设施的服务特性包括费用、时间、舒适性、可靠性、可达性及安全性等。

居民在明确当前出行需求之后,生成可满足该需求的方案集。在确定决策目标后,出行者会通过过去的经验、朋友或互联网等进行收集出行所需信息、安排详细的出行方案,并通过综合分析和评价各种出行方案的效用,选定最后的出发时间、出行方式和路径等。出行者的出行决策过程如图11-1所示。

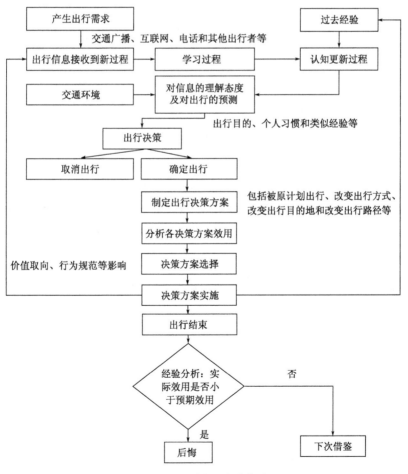

图11-1 出行者的出行决策过程

11.2 基于条件变量的个体出行方式选择

11.2.1 个体出行方式选择的条件变量

出行是个体为了满足个人需求选择合适的出行方式进行空间上的移动。当个体产生出行需求时,出行者将考虑在何时、选择何种出行方式、通过何种路径到达目的地,在此过程中,个体出行者基于不同需求可能选择不同的出行方式。

现有出行方式选择研究中,在进行决策时往往在给定的多个备选出行方式选择方案集中进行对比,并未说明备选出行方式选择方案集中出行方式的选择依据,存在忽略部分出行方式的可能,进而导致出行方式选择结果与实际选择有较大偏差。也存在部分出行方式不可选择却仍将其作为备选出行方式之一,进而导致增加出行方式决策时的计算量。因此,需要将出行方式因主、客观因素引起的出行方式无法选择情况进行说明,完善备选出行方式选择方案集,使出行方式选择结果更贴合实际。

为完成出行目的,在进行出行方式选择前,出行者需判断当前出行方式是否支持出行,能否选择该出行方式进行出行活动,进而在可选择范围内的出行方式作出决策,选择一种出行方式完成出行。出行方式支持当前出行活动与否,需根据出行方式出行的客观条件判断。

条件变量定义为出行行为选择中,引起出行方式选择变化的变量,以 cv(conditional variable)表示。通过对影响出行方式选择的客观因素进行分析,出行方式的条件变量由基础支持、出行可达、政策法规、操作行为、停放约束、支付能力六个参数共同决定。

(1)基础支持。通过基础支持来表征出行方式的开通支持状态,以 cv_1 表示,$cv_1 = (0,1)$,其中 0 代表不支持该出行方式,1 代表支持该出行方式。如出行方式为摩托车,若已购买摩托车,则摩托车为拥有状态。

(2)出行可达。出行方式能否到达出行终点周边可达范围,可通过出行路径进行判断,以 cv_2 表示,$cv_2 = (0,1)$,其中 0 代表不可达,1 代表可达。如出行方式为地铁,若出行起讫点包含在地铁线路的可达范围内,则地铁能够到达出行周边的可达范围。

(3)政策法规。政策法规的相关规定对出行方式是否有限制,以 cv_3 表示,$cv_3 = (0,1)$,其中 0 代表不满足政策法规的限制要求,1 代表满足政策的限制要求。如出行方式为私家车,若出行者持有机动车驾驶证且当前无限行规定,则私家车满足出行法规的要求。

(4)出行操作。出行方式是否需要操作条件,以 cv_4 表示,$cv_4 = (0,1)$,其中 0 代表不满足操作条件,1代表满足操作条件。如出行方式为共享单车,若出行者能使用对应App骑行共享单车,则满足操作条件。

(5)出行停放。出行方式是否满足停放要求,以 cv_5 表示, $cv_5 = (0,1)$,其中 0 代表不满足停放要求,1 代表满足停放要求。如出行方式为公交,公交满足停放要求。

(6)支付能力。能否支付出行方式的出行费用,以 cv_6 表示, $cv_6 = (0,1)$,其中 0 代表无法支付,1 能够有效支付。如出行方式为摩托车时,为私家出行工具,无须支付费用。

提出条件变量的计算公式如下:

$$cv = \begin{cases} 1 & \forall cv_i = 1,该出行方式可选 \\ 0 & \exists cv_i = 0,出行方式不可选 \end{cases} \quad (11-1)$$

11.2.2 基于条件变量的出行方式选择

为使出行方式选择更具合理性与科学性,基于条件变量构建出行方式选择流程,对应流程图如图 11-2 所示。

步骤 1:确定出行起讫点。基于个体出行需求,明确个体的出行起点和出行终点。

步骤 2:出行方式初始集。根据当前城市居民出行方式,列举出行方式初始集。

步骤 3:确定条件变量参数。基于个体出行特征及出行方式的客观影响因素,确定各出行方式条件变量参数的取值。

步骤 4:出行方式可选集。计算出行方式条件变量,筛选满足约束条件的出行方式,得到出行方式可选集。

步骤 5:出行方式决策。计算出行方式可选集中各出行方式效用值,基于随机效用最大化作出决策。

步骤 6:输出出行方式选择结果。

如图 11-3 所示的一个道路网络空间,当前未开通出租汽车合乘、定制公交、BRT,不支持共享汽车,出行者均能够对可用的出行方式进行有效支付。假定存在 5 个出行者,出行特征见表 11-1。

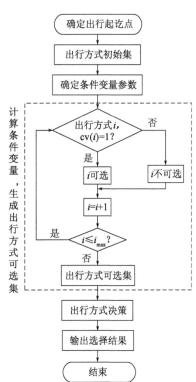

图 11-2 基于条件变量的出行方式选择流程

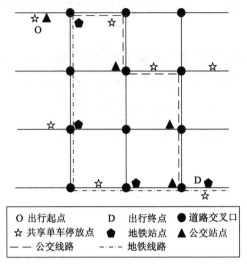

○ 出行起点　　D 出行终点　● 道路交叉口
☆ 共享单车停放点　⬟ 地铁站点　▲ 公交站点
—— 公交线路　　-·-·- 地铁线路

图 11-3　道路交通布局示意图

个体出行者出行特征　　　　　　　　　　　　　　　表 11-1

出行者	驾驶证	私家车	自行车	摩托车	出行操作
1	有	有	无	无	可操作
2	有	无	无	无	可操作
3	有	无	无	有	可操作
4	有	无	有	无	可操作
5	无	有	无	无	不可操作

根据出行选择流程,当个体出行者确定出行起讫点后,建立出行方式初选集 $\{a_i, i=1,2,3,\cdots,13\}$,其中 a_i 代表出行方式,假定出行方式具体包含的私家出行方式、公共交通出行方式、共享交通,则 i 对应的出行方式见表 11-2。

i 值代表的出行方式　　　　　　　　　　　　　　表 11-2

出行方式	步行	公交	地铁	巡游车	私家车	自行车	摩托车
i	1	2	3	4	5	6	7
出行方式	网约车	共享单车	共享汽车	出租汽车合乘	定制公交	BRT	—
i	8	9	10	11	12	13	—

根据条件变量得到各出行者不同出行方式的条件变量取值,见表 11-3。

个体出行者出行方式条件变量　　　　　　　　　　表 11-3

条件变量	出行者1	出行者2	出行者3	出行者4	出行者5
cv($i=1$)	(1,1,1,1,1,1)	(1,1,1,1,1,1)	(1,1,1,1,1,1)	(1,1,1,1,1,1)	(1,1,1,1,1,1)
cv($i=2$)	(1,1,1,1,1,1)	(1,1,1,1,1,1)	(1,1,1,1,1,1)	(1,1,1,1,1,1)	(1,1,1,1,1,1)
cv($i=3$)	(1,1,1,1,1,1)	(1,1,1,1,1,1)	(1,1,1,1,1,1)	(1,1,1,1,1,1)	(1,1,1,1,1,1)
cv($i=4$)	(1,1,1,1,1,1)	(1,1,1,1,1,1)	(1,1,1,1,1,1)	(1,1,1,1,1,1)	(1,1,1,1,1,1)

续上表

条件变量	出行者1	出行者2	出行者3	出行者4	出行者5
cv($i=5$)	(1,1,1,1,1,1)	(0,1,1,1,1,1)	(0,1,1,1,1,1)	(0,1,0,1,1,1)	(1,1,0,0,1,1)
cv($i=6$)	(0,1,1,1,1,1)	(0,1,1,1,1,1)	(0,1,1,1,1,1)	(1,1,1,1,1,1)	(0,1,1,0,1,1)
cv($i=7$)	(0,1,1,1,1,1)	(0,1,1,1,1,1)	(1,1,1,1,1,1)	(0,1,1,1,1,1)	(0,1,1,0,1,1)
cv($i=8$)	(1,1,1,1,1,1)	(1,1,1,1,1,1)	(1,1,1,1,1,1)	(1,1,1,1,1,1)	(1,1,1,0,1,1)
cv($i=9$)	(1,1,1,1,1,1)	(1,1,1,1,1,1)	(1,1,1,1,1,1)	(0,1,1,1,1,1)	(0,1,1,0,1,1)
cv($i=10$)	(0,1,1,1,1,1)	(0,1,1,1,1,1)	(0,1,1,1,1,1)	(0,1,1,1,1,1)	(0,1,1,0,1,1)
cv($i=11$)	(0,1,1,1,1,1)	(0,1,1,1,1,1)	(0,1,1,1,1,1)	(0,1,1,1,1,1)	(0,1,1,1,1,1)
cv($i=12$)	(0,1,1,1,1,1)	(0,0,1,1,1,1)	(0,1,1,1,1,1)	(0,1,1,1,1,1)	(0,1,1,1,1,1)
cv($i=13$)	(0,1,1,1,1,1)	(0,0,1,1,1,1)	(0,1,1,1,1,1)	(0,1,1,1,1,1)	(0,1,1,1,1,1)

得到个体出行者 1 出行方式可选集为 $A\{a_i, i=1,2,3,4,5,8,9\}$，个体出行者 2 出行方式可选集为 $A\{a_i, i=1,2,3,4,8,9\}$，个体出行者 3 出行方式可选集为 $A\{a_i, i=1,2,3,4,7,8,9\}$，个体出行者 4 出行方式可选集为 $A\{a_i, i=1,2,3,4,6\}$，个体出行者 5 出行方式可选集为 $A\{a_i, i=1,2,3,4\}$。

得到出行方式可选集后利用决策方法对出行方式进行决策，利用随机效用最大化对出行方式进行最终决策，为简化计算，随机效用计算公式如下所示：

$$U_{in} = Con + \lambda_1 Time + \lambda_2 Fee + \lambda_3 Com \tag{11-2}$$

式中：U_{in}——随机效用值；

Con——常数项；

Time——出行时间；

Fee——出行费用；

Com——舒适度；

λ_1、λ_2、λ_3——各参数的系数。

随机效用函数的参数及对应系数的取值见表 11-4。

效用函数参数及对应系数取值　　　　表 11-4

出行方式	Con	λ_1	λ_2	λ_3	出行时间	出行费用	舒适度
步行	2.565	−0.5	−0.8	0.5	100	0	0.5
公交	0.247	−0.5	−0.8	2	50	2	2
地铁	0.128	−0.5	−0.8	2.5	30	4	3
巡游车	−3.389	−0.5	−0.5	3	15	15	5
私家车	−1.895	−0.5	−0.5	4	10	8	6
自行车	0.615	−0.5	−0.8	1.5	70	0	1
摩托车	0.385	−0.5	−0.8	1.8	55	2	4
网约车	−2.852	−0.5	−0.5	3	14	15	5
共享单车	0.899	−0.5	−0.8	1	75	1	1.5

根据表 11-4 计算各出行方式的效用值,结果见表 11-5。

出行方式效用值 表 11-5

效用值	出行者 1	出行者 2	出行者 3	出行者 4	出行者 5
步行	-47.185	-47.185	-47.185	-47.185	-47.185
公交	-22.353	-22.353	-22.353	-22.353	-22.353
地铁	-10.572	-10.572	-10.572	-10.572	-10.572
巡游车	-3.389	-3.389	-3.389	-3.389	-3.389
私家车	13.105	—	—	—	—
自行车	—	—	-32.885	—	—
摩托车	—	—	-21.515	—	—
网约车	-2.352	-2.352	-2.352	—	—
共享单车	-35.901	-35.901	-35.901	—	—

出行者应选择随机效用最大的出行方式作为最终的出行方式,则个体出行者 1 应选择私家车出行,个体出行者 2、3 应选择网约车出行,个体出行者 4、5 应选择巡游车出行。

结合条件变量的出行方式筛选的计算结果可以看出,不同出行者其可选择出行方案并不相同,基于条件变量能够有效地筛选出当前能够利用的出行方式,使得选出的出行方式更具科学性与合理性。个体出行者 5 通过条件变量剔除了 9 种不可选择的出行方式,对比出行者 1,其大大减少了效用函数的计算量,提高了决策效率。最终的出行决策结果与实际情况相符,因此,基于条件变量对出行方式进行选择是有效且合理的,使得出行方式选择有据可依。

11.3 出行方式协同合作

出行方式的协同合作关系主要表现在出行模式由单一出行方式向组合出行方式转变,充分发掘单一交通方式的优势,从而提高出行全过程的综合效益。共享交通方式与传统出行方式的协同主要表现在共享自行车与公交车和地铁的接驳中,"共享交通+公共交通"的组合出行方式包括共享自行车+公交车、共享自行车+地铁和网约车+地铁。根据不同类型城市出行结构,共享交通接驳的比例随着城市规模和经济发展水平的提高而增大,说明在大城市的出行中,共享交通的接驳协同优势发挥得更为明显。

共享交通接驳的公共交通主体出行方式的适应距离较单一公共交通出行模式距离长度上限、距离值域范围均有所改变,具体结果见表 11-6。可以看到,不同共享交通方式与公共交通方式的协同效应有所差别。共享自行车能够有效地延长公共交通服务的适应出行距离长度,扩大公共交通服务的适应出行距离范围,对拓展公共交通服务的辐射范围具有重要意义。在网约车与地铁的协同方式中,适应的最长距离和距离范围均有所下降,这是因为网约车的优点主要在于舒适、快速,因此其对协同效应的贡献主要是提高接驳效率和提升出行过程舒适性。两种机动化方式相组合,适应距离下限必然有所提高,而受网约车服务的费用较高和服务范围的中心集中性约束,网约车接驳的距离和区域范围均有上限,即很难在离地铁沿线过远又过于边缘的地方采用此种方式出行,因此其出行适应范围距离上限也不会有太多变动,甚至有所降低。

共享交通接驳的公共交通主体出行方式适应距离提升汇总　　表 11-6

出行方式	适应距离范围(km)	最长距离提升数值(km)	适应距离提升比例(%)	适应距离值域长度(km)
公共汽车	1.9～19.1	—	—	17.2
地铁	2.1～33.8	—	—	31.7
共享单车+公交	1.8～20.3	1.2	6.28	18.5
共享单车+地铁	3.8～40.9	7.1	21.00	37.1
网约车+地铁	17.9～30	−3.8	−11.24	12.1

共享出行方式与公共交通协同出行效应的另一方面表现在出行效率的提高。设出行总距离为 L,其中公共交通站点一端接驳距离为 l_0。为了简化分析,假设两端接驳距离相同,不同接驳方式到站后的公共交通候车时间相同。则可得到当在一端接驳中使用共享出行方式时的接驳时间效率提升:

$$E_t = \frac{t_{walk} - t_i}{t_{walk}} = \frac{\frac{l_0}{v_{walk}} - \frac{l_0}{v_i}}{\frac{l_0}{v_{walk}}} = \frac{\frac{1}{v_{walk}} - \frac{1}{v_i}}{\frac{1}{v_{walk}}} = 1 - \frac{v_{walk}}{v_i} \quad (11\text{-}3)$$

式中:E_t——接驳时间提升效率;

　　v_i——共享交通接驳方式的速度;

　　t_i——对应方式的接驳时间;

　　i——可为共享单车或网约车;

　　t_{walk}——步行接驳时间。

接驳时间提升效率仅与接驳交通工具的速度比有关,参考各出行方式速度取值范围可得,在单侧公共交通接驳中使用共享单车,接驳效率提升 28.6%～66.7%;单侧使用网约车接驳时,接驳效率提升 81.4%～90.7%。由此可知,网约车能够极大程度地提升接驳效率,从而提升出行全过程的效率。

就出行全过程而言,出行时间效率提升计算:

$$E_C = \frac{(2t_{walk} + t_j + t_w) - (t_{i1} + t_j + t_w + t_{i2})}{2t_{walk} + t_j + t_w} = \frac{2t_{walk} - (t_{i1} + t_{i2})}{2t_{walk} + t_j + t_w}$$

$$= \frac{\frac{2l_0}{v_{walk}} - \left(\frac{l_0}{v_{i1}} + \frac{l_0}{v_{i2}}\right)}{\frac{2l_0}{v_{walk}} + \frac{L - 2l_0}{v_j} + t_w} = \frac{\frac{2}{v_{walk}} - \left(\frac{1}{v_{i1}} + \frac{1}{v_{i2}}\right)}{\frac{2}{v_{walk}} + \frac{L/l_0 - 2}{v_j} + \frac{t_w}{l_0}} \quad (11\text{-}4)$$

式中：E_C——出行全过程的时间提升效率；

v_j——所选择的公共交通方式的运行速度；

t_j——公共交通运行的时间；

j——公交车或地铁；

t_w——公交地铁候车时间；

v_{i1}——第一段接驳路程中选择的出行方式速度；

v_{i2}——第二段接驳路程中选择的出行方式速度；

i——步行、共享单车或网约车。

可以看出，出行时间效率的提升不仅与所选接驳出行方式和主体公共交通方式的速度特性有关，也与出行距离、接驳距离有关。

11.4 出行方式竞争关系

居民出行时，或借助公共交通工具，或借助私人交通工具。前者具有经济、环保等特点，但不够快捷、方便，只能实现"站到站"出行，可达性受到一定限制；后者则具有方便、快捷、舒适等特点，而且能够实现"点对点"出行，但也产生了道路拥堵、环境污染、使用成本高等问题。相比之下，共享出行兼具公共交通和私人交通的优点，又巧妙地补充了二者的缺点。

随着城市出行方式选择集的扩大，各出行方式在距离、费用、效率等维度上也存在相互竞争关系。出行者结合个人自身情况，作出最终出行方式决策，共享出行方式的崛起也势必会在出行中对原有出行结构和出行方式造成冲击。表 11-7 为基于调查数据的共享交通出行方式对原有出行方式的替代情况，可以看出，主要的替代关系是共享单车替代了步行、公交车、私人自行车和电动自行车；网约车替代了公交车、电动自行车、私家车、地铁。

共享交通出行方式对于原有出行方式的替代情况（单位：%）　　表 11-7

替代品	出行方式							
	步行	私人自行车	电动自行车	私家车	公交车	地铁	巡游车	总计
共享单车	30.7	12.8	18.6	6.2	20.6	8.8	2.3	100.0
网约车	10.4	9.6	20.0	18.4	20.8	17.6	3.2	100.0

从表 11-7 中可以看出，共享单车与网约车对于公交车的替代性都极强，均超过 20%，一方面是因为这几种出行方式在适应的出行距离和综合效益上竞争性较强。在出行群体中，一般均享受各出行方式的经常性使用优惠（如公交 IC 卡、共享自行车骑行卡），因此共享单车和公交车在出行费用方面具有可比性，共享单车仍略占优势。而在交通工具速度和效率方面，公交

车受城市交通拥堵的影响较大，与共享单车仍具有较强的竞争性，而网约车的出行效率和舒适度远高于公交车。另一方面也说明现有的公交车服务在出行高峰时段中不占据优势，存在较多劣势，如运行速度低、准点性差、车内拥挤舒适度差，因此可替代性极强，公交服务品质亟待提升。

共享出行方式与传统出行方式在出行中的主要竞争关系及竞争出行距离见表 11-8。说明存在主要竞争关系的出行方式在距离、效率和经济综合考虑后，具有可比性。

共享交通出行方式与传统出行方式的主要竞争关系及竞争出行距离　　　　表 11-8

竞争关系组别	竞争出行方式 1	竞争出行方式 2	重合的距离范围(km)
1	共享单车	私人自行车	0.6~5.7
		公交车	1.9~5.7
		电动自行车	0.6~5.7
2	网约车	公交车	3~19.1
		电动自行车	3~11.6
		私家车	3~21
		地铁	3~21
3	共享自行车	网约车	3~5.7

根据表 11-8，共享出行方式与电动自行车之间的竞争性也较强，这是因为电动自行车作为半机动化的出行方式，其交通工具特征处于非机动交通工具与交通工具的过渡地带。在短距离出行中，与共享自行车的适应距离存在较大范围的重合；在中距离出行中，它与网约车的适应距离大范围重合。共享自行车在竞争距离范围内更具出行费用优势，网约车在舒适性和出行效率方面更占据优势，因此当新的共享出行方式引入时，选择更为多元化，原本的电动自行车出行群体中，经济敏感型和注重舒适效率型向共享交通转换。

除了共享出行方式与传统出行方式之间存在竞争关系，网约车与共享自行车之间也存在竞争关系。由于这两种共享出行方式均存在短距离出行优势，在一定距离范围内，出行时间（效率）的差异性较小，但在出行经济性、舒适性、体力需求和特殊场景（雨雪天气、夜晚）的适应性有所差异，因此在 3~5.7km 的出行中存在较强的竞争关系，给予个性化的出行需求更多元化的选择。

11.5　出行方式转换机理

通过分析共享出行方式与既有出行方式的竞争与合作关系，说明共享出行方式对于城市交通的出行方式结构和出行模式的转变都具有较大影响。在出行者的方式选择决策从传统出行方式向共享出行方式转换时，涉及结合个体情况的综合考虑。

11.5.1 出行方式选择标准

出行者最重视的因素是时间与费用,即在出行者的决策过程中,大多数出行者考虑的是出行的高效性和经济性。然而一般情况下这两个因素负相关,出行效率越高的出行方式,一般经济性越低,因此需要寻求两者的平衡点,即在出行费用和出行时间可接受的范围内,寻求综合出行成本最优。综合出行成本由出行费用和出行时间成本两部分组成,可表示为:

$$C = \alpha F + \beta T \tag{11-5}$$

$$T = \overline{C_{k0}} t = \frac{\overline{Income}}{t_{work}} t \tag{11-6}$$

式中:C——综合出行成本;
F——直接出行费用;
T——出行时间成本;
α, β——待定系数;
$\overline{C_{k0}}$——第 k 种出行方式的平均单位时间价值;
t——出行时间;
$\overline{Income}$——平均月收入;
t_{work}——每月工作时长,一月按 4 周计,每周工作时长 = 一周工作天数 × 一日工作时长。

直接出行费用 F 主要包括车票、平均一次出行所分担的车辆购置费用、车辆动力能源耗损费用等。

将出行时间成本统一成以直接出行费用为基础的综合函数,根据调查问卷中出行费用和出行时间的量化表打分结果做平均处理,从而标定待定系数。即 $\alpha = 1, \beta = \frac{4.25}{3.69} = 1.15$。由此也说明在大多数出行者的综合考虑中,出行时间的长短较直接出行费用更为重要。

11.5.2 各出行方式的综合出行成本

(1)共享自行车的综合出行成本。共享自行车的直接出行费用主要是需要支付的使用费用。假设共享自行车出行方式都是骑行卡用户,月卡参考价格为 12 元,则单次出行费用为 0.3 元,出行时间主要由找车时间和骑行时间组成。找车时间为 0~3min,取均值 1.5min。共享自行车的综合出行成本为:

$$C_1 = F_1 + 1.15\overline{C_{10}}(t_{11} + t_{12}) = F_1 + 1.15\overline{C_{10}}\left(t_{11} + \frac{L}{v_{bike}}\right) \tag{11-7}$$

式中:t_{11}——找车时间;

t_{12}——骑行时间；

$\overline{C_{10}}$——共享自行车出行群体的平均单位时间价值；

L——出行距离；

v_{bike}——自行车骑行速度，取值为 7~12km/h。

（2）私人自行车的综合出行成本。私人自行车的直接出行费用主要包括车辆购置、维修费用和停车费用。根据调查，自行车购置的平均费用为385.4元，平均使用寿命为3~5年，年均维修费用为26.2元，则平均一次出行的车辆购置和维修成本为0.26元，平均一次出行的停车费用为0.03元。自行车的直接出行费用为 $F_2 = 0.29$ 元。出行时间主要由骑行时间和车辆存取时间组成，车辆存取时间取1.25min，则私人自行车的综合出行成本为：

$$C_2 = F_2 + 1.15\overline{C_{20}}(t_{21}+t_{22}) = F_2 + 1.15\overline{C_{20}}\left(\frac{L}{v_{\text{bike}}}+t_{22}\right) \quad (11\text{-}8)$$

式中：t_{21}——自行车骑行时间；

t_{22}——车辆存取时间；

$\overline{C_{20}}$——私人自行车出行群体的平均单位时间价值。

（3）电动自行车的综合出行成本。电动自行车的综合出行成本组成部分与私人自行车类似，直接出行费用中还包括电动车的行驶耗电费用。根据电动自行车的每百公里耗电量为1.2~2kW·h，居民用电价格在0.5~0.7元/kW·h之间，则电动自行车的电耗费用为0.0096元/km；根据调查，电动自行车的平均购置费用为2321.1元，平均使用寿命为3~5年，年均维修费用为52.4元，平均一次出行的车辆购置和维修成本为1.32元。平均一次停车费用为0.38元，则电动自行车的直接出行费用 $F_3 = 1.7 + 0.0096L$，车辆存取时间与私人自行车类似，取1.25min。电动自行车的综合出行成本为：

$$C_3 = F_3 + 1.15\overline{C_{30}}(t_{31}+t_{32}) = F_3 + 1.15\overline{C_{30}}\left(\frac{L}{v_{\text{ele-bike}}}+t_{32}\right) \quad (11\text{-}9)$$

式中：t_{31}——电动自行车骑行时间；

t_{32}——车辆存取时间；

$\overline{C_{30}}$——电动自行车出行群体的平均单位时间价值；

$v_{\text{ele-bike}}$——电动自行车的行驶速度，取 12~16km/h。

（4）公交车综合出行成本。公交车的直接出行费用主要是支付车票费用，公交车采用全程一票制或按里程分段计费两种计费方式，根据调查，公交车的平均出行费用为1.32元。出行时间主要包括站点接驳时间、车辆等候时间和车辆行驶时间，若有换乘还包括换乘时间。根据调查结果，公交车出行的受访者平均换乘次数 $\overline{n}$ 为0.56次，平均候车时间为5min，两端公交接驳总距离 l_0 为600m，接驳时间为 $t_{41} = 0.6/4 = 0.15\text{h} = 9\text{min}$。公交车的综合出行成本为：

$$C_4 = F_4 + 1.15\overline{C_{40}}(t_{41}+t_{42}+t_{43}) = F_4 + 1.15\overline{C_{40}}\left[t_{41} + \frac{L-l_0}{v_{bus}} + (1+\overline{n})t_{43}\right] \quad (11\text{-}10)$$

式中:t_{41}——公交出行的总接驳时间;

t_{42}——公交车行驶时间;

t_{43}——候车总时间(含换乘);

$\overline{C_{40}}$——公交车出行群体的平均单位时间价值;

v_{bus}——公交车的行驶速度,取 13.2~21.2km/h。

结合每日工作时长、每周工作天数以及月收入指标计算每种出行方式的单位时间价值,并标定每种出行方式的综合出行成本函数,结果见表 11-9。

表 11-9 共享单车及其竞争出行方式综合出行成本效用函数

出行方式	现状出行群体平均单位时间价值$\overline{C_{k0}}$(元/min)	综合出行成本效用函数(元)
共享自行车	0.80	$C_1 = 0.3 + 1.15\overline{C_0} \times \left(1.5 + \frac{L}{v_{bike}} \times 60\right)$
私人自行车	0.64	$C_2 = 0.29 + 1.15\overline{C_0} \times \left(1.25 + \frac{L}{v_{bike}} \times 60\right)$
电动自行车	0.49	$C_3 = 1.7 + 0.0096L + 1.15\overline{C_0} \times \left(1.25 + \frac{L}{v_{ele-bike}} \times 60\right)$
公交车	0.46	$C_4 = 1.32 + 1.15\overline{C_0} \times \left(16.8 + \frac{L-0.6}{v_{bus}} \times 60\right)$

注:$\overline{C_{k0}}$为选择该出行方式的平均单位时间价值。

11.5.3 竞争出行方式的转换条件

若要实现传统出行竞争方式向共享单车方式转换,则需要使得共享单车的综合出行成本小于现有出行方式的综合出行成本。综合出行成本中的单位时间价值与个人的收入水平有关,即在计算综合出行成本的差值 ΔC 时要将原有方式的平均单位时间价值代入共享自行车综合成本效用函数中,即:

$$\Delta C = C_k - C_1' \quad (11\text{-}11)$$

$$C_1' = 0.3 + 1.15\overline{C_{k0}} \times \left(1.5 + \frac{L}{v_{bike}}\right) \quad (11\text{-}12)$$

当 $k=2,3,4, \Delta C = 0$ 时,原有出行方式综合出行成本与共享单车相当。若 $\Delta C > 0$,原有出行方式的综合成本大于共享单车综合成本,此时出行方式选择向共享单车方式转移。若 $\Delta C < 0$,则原有出行方式的综合成本小于共享单车方式,该部分出行者的出行方式选择维持不变。

各出行方式的综合出行成本效用函数与出行距离长度、出行群体平均单位时间价值和各出行方式的高峰行驶速度相关。以 $\Delta C = 0$ 为临界判断条件,得到基于调查数据的共享单车及其竞争出行方式的转换出行时间和距离范围,在该范围内,竞争出行方式之间存在较强的竞争力,见表11-10。

共享单车及其竞争出行方式的参考竞争出行时间和距离范围　　　　表 11-10

竞争出行方式	私人自行车	电动自行车	公交车
竞争出行距离(km)	0~4.4	0~1.02	2.7~32
转换出行时间(min)	0~39.5	1.3~8.7	15~115

考虑综合出行成本的条件下,不同出行方式与共享自行车的竞争距离和时间范围有所不同,这除了和每种出行方式的本身速度特性、可达性和出行经济成本有关,还和该种出行方式在城市高峰时段受交通环境影响的运行速度波动程度有关。

从表11-10中可知,私人自行车和共享自行车的速度特性和直接出行费用差异不大,因此其竞争距离范围基本覆盖自行车交通工具适应的5km以下的短途出行范围。因此,共享单车相较于私人自行车,有无须购买维护车辆的优势,能够长期保持车辆使用状态良好;但是也存在车辆获取难易程度波动大(如找车难)的问题。因此,私人自行车出行者有极大的可能在出行决策过程中在共享单车与私人自行车中切换。

电动自行车与共享单车的竞争范围为0~1.02km,尽管电动自行车的直接出行费用远高于共享单车,但是其拥有较大的速度优势,能够较大程度地提高出行效率,因此在1km以上的出行中,电动自行车出行群体转向共享单车的可能性较小。

公交车与共享单车的竞争距离范围为2.7~32km,竞争距离上限已远超出自行车交通工具本身适应的出行距离,这是因为基于高德地图50城的高峰公交车运营速度差异较大,在13.2~21.2km/h之间波动,当公交车取速度下限值,共享单车取速度上限值时,就会出现转换条件取值极高的情况。这对应的实际出行场景是在部分城市的拥堵区域,公交车的运行速度很低,而体力较好的共享单车骑行者骑行速度较快,此时公交车的出行效率与共享单车无异。表11-10中的公交车与共享单车竞争数据说明,不同城市和区域的高峰拥挤程度和公交车运行速度波动程度不同,共享单车在出行中十分具有竞争力,尤其是对于体力较好的男性、年轻通勤者。因此,在原有的公交车出行者中,有较大比例的人群极有可能转移到共享单车出行群体中。

通过对于各出行方式的综合出行成本效用函数的分析可知,要提高某一种出行方式的竞争力主要有三条途径:一为降低出行费用;二为提高城市高峰时段的运行速度,提高出行效率;三是降低高峰出行的速度波动幅度,保证平稳度,提高准点性、可靠性。对于共享单车而言,提升出行中竞争力的途径主要是降低骑行费用、提升车辆性能、优化车辆供给投放布局;对于公交车而言，则是需要通过各种手段如建设公交车专用道、公交优先信号灯，从而降低运营速度的波动程度和衰减，提升公交服务的可靠性。

深入剖析出行方式选择的影响因素是从需求侧了解出行者的出行方式选择决策的内因，并有助于从中寻找同类型出行者的出行共性以支持出行供给决策，实现供需信息的高效精确匹配。出行方式之间的转换、协同机理，是正确认识共享交通的发展定位、妥善处理共享出行方式与传统出行方式间的关系、引导形成合理的出行方式结构的理论支撑。

参 考 文 献

[1] 葛颖恩,陈志建,张鹏.共享交通的运营与管理综述[J].上海大学学报(自然科学版),2020(6):311-327.

[2] 刘志广.城市中心区典型商场配建停车泊位共享时间窗口研究[D].南京:东南大学,2016.

[3] 薛行健,欧心泉,晏克非.基于泊位共享的新城区停车需求预测[J].城市交通,2010(9):52-56.

[4] 秦焕美,关宏志,孙文亮,等.城市混合用地停车共享需求模型——以北京市华贸中心为例[J].北京工业大学学报,2011(8):1184-1189.

[5] 冯树民,王彪.基于泊位共享的停车需求预测方法研究[J].山西建筑,2015(11):1-3.

[6] 陈帅.城市中心区混合用地停车共享方案研究[D].上海:上海交通大学,2016.

[7] 何鹏.面向泊位共享的医院配建停车时间窗口化研究[D].南京:东南大学,2016.

[8] 王凌苏.共享单车交通量预测与停放点选址研究[D].北京:北京交通大学,2020.

[9] 王冲.接驳公共交通的共享单车特性及调度研究[D].济南:山东建筑大学,2019.

[10] 潘文伟.共享单车电子围栏站点选址规划与调度路径优化研究[D].杭州:浙江理工大学,2020.

[11] 李佳骏.共享单车投放密度与居民出行行为交互研究[D].大连:大连海事大学,2020.

[12] 薛行健,刘雪娇,曾歆媛,等.混合用地共享单车泊位配建方法[J].交通与运输,2020(9):37-40.

[13] 史越.共享单车需求预测及调度方法研究[D].北京:北京交通大学,2019.

[14] 胡宇.汽车共享下的城市混合交通网络均衡分析[D].上海:上海大学,2018.

[15] 秦利华.城市共享汽车用户使用意向分析及网点布局设计研究[D].重庆:重庆交通大学,2019.

[16] 宋阳.汽车租赁网点规划布局理论与方法[D].北京:北京交通大学,2012.

[17] 且丽莎.基于"汽车共享"的空车调配问题研究[D].成都:西南交通大学,2010.

[18] 望茜茜.不确定条件下分时租赁汽车迁移配置决策研究[D].长沙:湖南大学,2019.

[19] 王静娜.共享电动汽车租赁网点选址和车辆调度联合优化研究[D].北京:北京交通大学,2019.

[20] 唐婕,曹瑾鑫.共享汽车联合调度优化研究[J].系统仿真学报,2021(8):1959-1968.

[21] 徐文.共享汽车网点选址与调度方法研究[D].南京:东南大学,2019.

[22] 崔晓敏.基于需求预测的单向共享电动汽车车辆调度方法研究[D].大连:大连理工大

[23] 王婷婷.网约车用户满意度模型构建研究[D].太原:山西财经大学,2019.

[24] 孟凯.基于深度学习的网约车成交量预测方法的研究[D].西安:长安大学,2019.

[25] 张逢笑.基于深度神经网络的网约车出行需求预测方法研究[D].西安:长安大学,2019.

[26] 马富功.基于时空网络的网约车调度优化[D].兰州:兰州交通大学,2020.

[27] 夏薇.兼顾平台利益和司机个体利益的网约车调度优化问题研究[D].南京:东南大学,2019.

[28] 吕梦茹.基于出行需求分析的网约拼车匹配与路径优化问题研究[D].成都:西南交通大学,2018.

[29] 何彦刚.网约车合乘路径鲁棒优化[D].兰州:兰州交通大学,2019.

[30] 王吉悦.基于机场情景下的拼车匹配方案研究[D].成都:西南交通大学,2019.

[31] 王世龙.城际网约拼车末端路径优化研究[D].成都:西南交通大学,2019.

[32] 张亦楠.出租车合乘模式下智能匹配问题的研究与实现[D].青岛:中国海洋大学,2014.

[33] 王银虎.合乘出租车动态调度模型与算法研究[D].北京:北京交通大学,2018.

[34] 张斌.基于需求驱动的出租车动态合乘问题研究[D].北京:北京交通大学,2018.

[35] 邵婷婷.基于智能算法的车辆合乘研究与设计[D].南昌:东华理工大学,2014.

[36] 王丽珍.大城市出租车静态和动态合乘模式的探讨[D].长沙:长沙理工大学,2014.

[37] 刘华杰.出租车合乘费率化问题研究[D].兰州:兰州交通大学,2012.

[38] 洪麟琳.基于合乘模式的出租车定价研究[D].哈尔滨:哈尔滨工业大学,2012.

[39] 刘佳.出租车合乘方式及定价模型优化研究[D].重庆:重庆交通大学,2016.

[40] 涂文苑.定制公交的线网规划研究[D].北京:北京交通大学,2016.

[41] 安桐.城市定制公交运营系统及线路设计研究[D].长沙:长沙理工大学,2016.

[42] 李佳玲.定制公交服务的规划方法研究[D].昆明:昆明理工大学,2014.

[43] 马继辉,王飞,王娇,等.定制公交站点和线路规划研究[J].城市公共交通,2017(2):21-25.

[44] 李莎.定制公交线网的建模与智能优化算法研究[D].广州:华南理工大学,2017.

[45] 赵茂林,陈明明.多种开行模式下定制公交线网规划方法[J].交通工程,2020(6):46-51,57.

[46] 陈栩.考虑多样化运营模式的定制公交线网规划研究[D].广州:华南理工大学,2017.

[47] 潘述亮,俞洁,卢小林,等.灵活型公交服务系统及其研究进展综述[J].城市交通,2014(2):62-68,58.

[48] 余静财.可变线路公交设置条件及车辆调度模型研究[D].西安:长安大学,2019.

[49] 于乐乐.可变线路公交动态站点选取与时刻表编制研究[D].南京:东南大学,2018.

[50] 聂瑶.可变线路式公交车辆路径优化[D].长沙:长沙理工大学,2018.

[51] 丁继强.可变线路式定制公交调度算法研究与系统设计[D].南京:南京林业大学,2018.

[52] 贺韵竹.城市化进程中公交服务商业模式创新研究[D].大连:大连海事大学,2020.

[53] 韩博文.固定目的地需求响应式公交调度研究[D].广州:华南理工大学,2018.

[54] 王颖.需求响应型公共交通系统框架设计及适应性评价关键技术研究[D].济南:山东大学,2012.

[55] 詹静.低需求区域发展需求响应式公交运营模式及适应性研究[D].重庆:重庆交通大学,2016.

[56] 李星.高铁站需求响应式接驳公交动态路径规划研究[D].重庆:重庆交通大学,2021.

[57] 范文豪.需求响应式接驳公交路径优化模型研究[D].南京:东南大学,2017.

[58] 向健.响应型接驳公交动态路径优化方法研究[D].长沙:长沙理工大学,2019.

[59] 芒烈.面向轨道交通站点的需求响应型接驳公交系统调度方法[D].长春:吉林大学,2017.

[60] 陈涛.混合运行模式下响应型接驳公交运行线路与调度研究[D].长沙:长沙理工大学,2019.

[61] 付康林,程向昕,陈涛,等.考虑换乘时间需求的响应型接驳公交系统的协调优化[J].长沙理工大学学报(自然科学版),2021(9):69-78.

[62] 宋名群.混合需求下多换乘点响应接驳型公交运行线路的协调优化[D].长沙:长沙理工大学,2019.

[63] 刘航宇.预约公交线路生成与优化研究[D].重庆:重庆交通大学,2017.

[64] 胡松.城市外围非高峰期实时预约公交系统研究[D].重庆:重庆交通大学,2018.

[65] 阳锡光.居民出行方式排序选择模型研究[D].广州:华南理工大学,2012.

[66] 秦依.基于城市共享交通的居民通勤出行方式选择预测方法研究[D].南京:东南大学,2020.